JATI 認定トレーニング指導者オフィシャルテキスト　TRAINING INSTRUCTORS' TEXTBOOK

トレーニング指導者テキスト ［理論編］

NPO法人 日本トレーニング指導者協会 編著

3訂版

JATI

Japan Association of Training Instructors

大修館書店

執筆者紹介 (執筆順)

長谷川　裕　　龍谷大学スポーツサイエンスコース教授………………1章

大山下圭悟　　筑波大学体育系准教授……………………………………2章

山下　大地　　国立スポーツ科学センタースポーツ科学・研究部研究員 … 3章

榎木　泰介　　大阪教育大学健康安全科学講座准教授………………4章1節

石井　直方　　東京大学名誉教授……………………………………4章2節

杉浦　克己　　立教大学スポーツウエルネス学部教授………………5章

真田　樹義　　立命館大学スポーツ健康科学部教授…………………6章1節

山本　利春　　国際武道大学体育学部教授……………………6章2節・3節

清水　伸子　　国際武道大学体育学部特任助教………………6章2節・3節

土屋　裕睦　　大阪体育大学スポーツ科学研究科教授………………7章

序　文

　特定非営利活動法人日本トレーニング指導者協会（JATI：Japan Association of Training Instructors）は2006年に設立され、翌年から国内の実状と将来の展望を踏まえ、日本の現場において本当に役立つ指導者資格を確立することを目指して「JATI認定トレーニング指導者」の認定事業を開始した。現在、トレーニング指導に関わる数多くの方々がこの資格を取得しており、国内におけるトレーニング指導者資格のスタンダードとして位置づけられるようになってきている。

　JATI認定トレーニング指導者とは、「対象や目的に応じた科学的根拠に基づく適切な身体運動のプログラムを作成し、これを効果的に指導・運営するための知識と技能を有する専門家」と定義される。本書は、この資格を取得するために必要とされる知識と技能を習得するための養成講習会のカリキュラムに基づき、その教本として制作されたものである。

　本書は、上述した養成講習会の一般科目の内容に相当する「理論編」と、専門科目の内容に相当する「実践編」の2冊1組で構成されている。理論編は、トレーニング指導者が科学的根拠に基づいて活動するためのバックグラウンドとなる必須事項を精選し、現場的な視点で解説されている。また、実践編については、現場におけるトレーニング指導の実務をふまえ、トレーニング指導者論、測定と評価、トレーニング理論とプログラム、トレーニングの実技と指導法に関する内容が網羅されている。

　本書が、トレーニング指導者を目指す人はもとより、すでにトレーニング指導者として活動している人、競技スポーツのコーチや選手、健康増進分野の運動指導者、学校の教員の方々などに存分に活用されることを願っている。

[3訂版の刊行にあたって]

　幸いにも本書の初版、改訂版は、刊行以降15年間にわたり、JATI認定トレーニング指導者の取得を目指す方をはじめ、多くの皆様にお役立ていただいた。

　今回の3訂版では、スポーツ科学やトレーニングの実践に関わる最新情報を反映させたほか、より現場のトレーニング指導に役立つように改訂を行った。

　最後に、執筆の労を賜った著者の皆様、写真撮影や資料提供にご協力いただいた方々、そして、出版に際して多大なご高配をいただいた大修館書店に心より感謝の意を表したい。

2022年12月
特定非営利活動法人
日本トレーニング指導者協会

JATI認定トレーニング指導者の資格概要

特定非営利活動法人日本トレーニング指導者協会（JATI）について

2006年設立。競技スポーツとフィットネスの分野で活動するトレーニング指導者や、これを目指す人を主な対象として、トレーニング指導者の社会的地位の向上、知識・技能の向上、交流の促進、相互扶助などを目的に、トレーニング指導者の資格認定、教育・研修、研究・国際、キャリア支援などの各種事業を展開しています。

[事務局]

〒106-0041　東京都港区麻布台3-5-5-907

TEL：03-6277-7712

FAX：03-6277-7713

e-mail：info@jati.jp

オフィシャルサイト　https://www.jati.jp/

JATI認定トレーニング指導者について

一般人からトップアスリートまで、あらゆる対象や目的に応じて、科学的根拠に基づく適切な運動プログラムの作成と指導ができる専門家であることを証明する資格です。

1 資格の種類

1）トレーニング指導者（JATI-ATI）
Accredited Training Instructor

対象や目的に応じて、科学的根拠に基づく適切な運動プログラムを作成・指導するために必要な知識を習得したと認められた方に授与されます。スポーツ選手や一般人を対象としたトレーニング指導の専門家として活動するための基礎資格として位置づけられます。

2）上級トレーニング指導者（JATI-AATI）
Advanced Accredited Training Instructor

対象や目的に応じて、科学的根拠に基づく適切な運動プログラムを作成・指導するために必要とされる高度な知識を有するとともに、実技のデモンストレーション技能や指導技能を十分に習得したと認められた方に授与されます。トレーニング指導の専門家として高いレベルの知識と技能を有し、後進への指導を行う能力も有することを証明する上級資格として位置づけられます。ハイレベルなアスリートを対象としたトレーニング指導者、大学や専門学校などにてトレーニング指導者の教育・養成に携わる方、フィットネスクラブのチーフインストラクターなどに推奨されます。

3）特別上級トレーニング指導者（JATI-SATI）
Senior Accredited Training Instructor

トレーニング指導者として必要とされるきわめて高度な知識および技能を有するとともに、長期にわたる実務経験と優れた指導実績を保持していることを認められた方に授与されます。国内を代表するトレーニング指導者として、業界の社会的地位向上を担う最上級資格として位置づけられます。国際レベルのトップアスリートを指導するトレーニング指導者、大学や専門学校などにおけるトレーニング指導者の教育・養成統括担当者、フィットネスクラブにおけるインストラクターの教育研修担当者などに推奨されます。

4）准トレーニング指導者（JATI-ASATI）
Associate Accredited Training Instructor

JATI有資格者が行うトレーニング指導業務を補助することが可能な知識や技能に関する学習を修了した証明として発行される称号であり、認定資格ではありません。この称号保有者は、「トレーニング指導者（JATI-ATI、AATI、SATI）」有資格者に帯同し、その管理監督の下でトレーニング指導のサポート業務に従事する他、JATI有資格

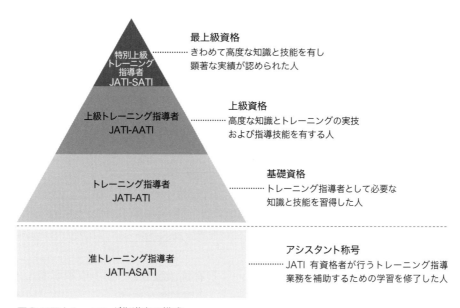

図●JATIトレーニング指導者の構成

者のアシスタントとしてトレーニング指導関連業務の補助全般を担うことが期待されます。

2 資格の対象

1) 競技スポーツ分野において、選手の体力強化や傷害予防を目的としたトレーニング指導を行う専門家

　例 トレーニングコーチ、ストレングスコーチ、コンディショニングコーチ、スポーツコーチ、地域スポーツ指導者、教員、アスレティックトレーナーなど

2) 一般人を対象としたトレーニング指導の専門家

　例 フィットネスクラブのインストラクター、一般人を対象とした運動指導者、パーソナルトレーナーなど

3 「トレーニング指導者」資格の取得方法

（内容が変更になる場合がありますので、詳細については最新の要項をご参照ください）

1) 申請条件

① 本協会個人正会員であること

② 指定する学歴または指導歴を有していること

● 大学・短大・専門学校卒業または卒業見込み

● 高等学校卒業後、3年以上運動指導に従事した方もしくは3年以上のプロフェッショナル（もしくは全日本レベル）の競技経験を有する方など

③ 免除制度

● 健康運動指導士、スポーツプログラマー、NSCA-CSCS、NSCA-CPTなどを現在保持または、過去に取得した経歴がある方には、養成講習会の免除制度があります。

※資格の種類などによって免除内容が異なります。

- 本協会が認定する「養成校」および「養成機関」において、所定の単位を取得した方は、養成講習会が免除され、認定試験を受験することができます。

2）養成講習会の受講

認定試験の受験に当たって、所定の講習会を受講することが必要です。

①一般科目

体力トレーニング論、機能解剖、バイオメカニクス、運動生理学、運動と栄養、運動と医学、運動と心理

②専門科目

トレーニング指導者論、測定と評価、トレーニング理論とプログラム、トレーニングの実技と指導法

3）認定試験の受験

以下の2科目の筆記試験を受験し、合格した方に認定資格が授与されます。試験は、4つの選択肢から正解を選ぶマークシート方式になっています。

①一般科目：90問（90分）
②専門科目：90問（90分）

4 上位資格の取得方法

1）上級トレーニング指導者

①申請条件

有効な「トレーニング指導者」であり、取得後3年以上の実務経験があること。また、CPR・AEDに関する講習会を修了している方が対象となります。

②認定方法

「実技のデモンストレーション技能」「トレーニングの指導技能」「トレーニングプログラム作成技能」等に関する実技試験と筆記試験に合格した方に認定資格が授与されます。

2）特別上級トレーニング指導者

①申請条件

有効な「上級トレーニング指導者」であり、取得後5年以上の実務経験があること。また、35歳以上で、10年以上の指導歴または教育歴がある方が対象となります。

②認定方法

指導実績と小論文の審査により、認定資格が授与されます。

目　　次

1章▶体力トレーニング総論

2章▶機能解剖

3章▶バイオメカニクス

4章▶運動生理学

5章▶運動と栄養

6章 ▶ 運動と医学

7章 ▶ 運動と心理

1 章

体力トレーニング総論

| 1節…体力トレーニング論 |

体力トレーニング論

1. 体力の概念

体力という言葉は日常用語としても使われているが、トレーニング指導者が体力を効率よくかつ安全に向上させるためのトレーニングを指導し、体力向上の最終的な目的であるスポーツパフォーマンスの向上や健康の維持・増進を達成させるためには、まず体力という概念を科学的に正しく理解することから始めなければならない。トレーニング指導者が共通した科学的な体力の概念をもつことは、体力トレーニングに関する情報を共有し、より効果的なトレーニング法について研究するためにも極めて重要となる。

1 広義の体力

これまでに体力は様々に定義されてきたが、大きく分けると、体力の定義には、広義のものと狭義のものがある。最も広義に定義された体力は、「ヒトが生きていくために必要な能力全般」とされ、身体と精神は一体のものであるという心身一如の立場をとり、身体的要素と精神的要素は1つのものの両面であって完全に分離することはできないと考える。

こうした精神的要素を体力に含め、身体的要素との相互関係を前提として体力を広義にとらえることは、体力のトレーニング指導においても有効である。

例えば、それまで家にこもりがちであった高齢者が、トレーニングによって筋力や持久力が向上することにより、歩行機能が改善し、外出する機会が増え、様々な分野に挑戦しようとする意欲が高まり物事に対して積極的になることはよくあることである。また、スポーツ選手の持久力の向上に伴い、試合終盤の集中力や判断力の改善に資することもよく経験することである。

このように身体的要素に対する働きかけが精神的要素に影響するのとは逆に、意志の強さや動機づけといった精神的要素がより高強度のトレーニングや身体的活動の持続性に影響を与え、身体的機能をより向上させていくこともある。

こうした意欲や判断や意志といった精神的要素を含めるのが、広義の体力の概念である。

2 狭義の体力

一方で、体力は気力や精神力や知力といった言葉の対語として用いられることが多いため、体力の概念には精神的な要素は含めるべきではなく、身体的な要素に限定するべきであるとする考え方もある。この立場からは、体力は、「何らかの活動を行うための身体的能力」あるいは「何らかの身体的活動を行う能力」と定義される。これが狭義の体力概念である。

狭義の立場では、精神的要素の重要性や身体的要素と精神的要素との相互作用を認めたうえで、あえて体力を身体的要素に限定することにより、その重要性と役割をより鮮明にしているのである。

したがって、狭義の体力は、アスリートのスポーツパフォーマンスや一般の人々の生活の質を向上させるために、身体的要素の実情を詳しくとらえて多様な方法で身体的要素に働きかけるという、トレーニング指導者の専門性や独自性を強調することに通じるといってよい。しかし、狭義の体力概念に基づいてトレーニング指導を行う場合でも、トレーニング実施者の精神的要素について正しく

理解し、身体的要素との相互の関連を踏まえる必要があることを忘れてはならない。

2. 防衛体力と行動体力

1 防衛体力

　防衛体力とは、心身ともに健康に生きていくための能力であり、いわば生存能力にあたる。一般に社会生活において「あの人は体力がある」というとき、休む間もなく働いても病気ひとつしないとか、徹夜が続いてもシャキッとしているなどというように、健康や基本的な生命活動を維持する能力を指す場合が多い。このような能力は、身体諸器官や組織の構造、精神的・身体的ストレスに対する抵抗力や免疫力、外部環境の変化に対して恒常性を維持する機能によって規定され、体力の受動的な側面であるとされる防衛体力として分類される。

2 行動体力

　これに対して、スポーツや肉体労働といった積極的な行動を起こしその成果を追求するための能力は、体力の能動的側面であり、行動体力として分類される。行動体力によって、スポーツ種目やポジションの専門性を特徴づけられ、パフォーマ

ンスが直接的に規定される。強い意志、正確で迅速な判断力、積極的に物事に立ち向かう意欲、冷静な態度などは、体力の精神的要素の中でも行動体力として位置づけられる。

3 防衛体力と行動体力の関係

　疾病予防、健康増進、生活の質の向上、およびスポーツパフォーマンスの向上を図るには、防衛体力と行動体力のいずれもが重要であり、両者に対して意識的に働きかける必要がある。防衛体力は行動体力をその根底で支えており、病気がちであったり、精神的・身体的ストレスによって体調を崩しがちであったりすれば充実した生活を送ることは困難である。スポーツにおいても高いパフォーマンスを得ることは難しい。したがって行動体力を向上させるためのトレーニングにおいても、防衛体力に対する配慮は欠かせない。そのため、心身のリカバリー状態や睡眠の質といった側面に注意を向ける必要がある。

　また、身体活動やスポーツ活動に積極的・定期的に取り組むことによって、防衛体力を高め、維

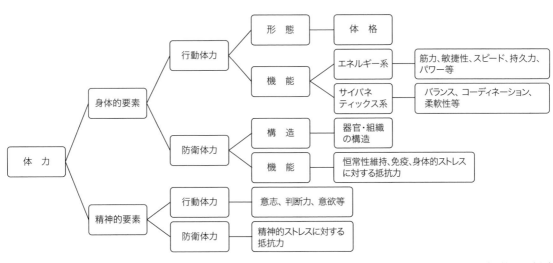

図1●精神的要素を含めた体力の分類　　　　　　　　　　　　　　　　　　　　　（文献1を改編）

持することもできる。したがってトレーニング指導者は、防衛体力と行動体力の両側面を常に視野に入れていなければならない。

以上の体力における身体的要素と精神的要素、および行動体力と防衛体力の関係をまとめたものが図1である[1]。

---

3. スポーツパフォーマンスと体力

1 体力・運動能力・身体能力

スポーツパフォーマンスは、気象条件、試合会場、道具用具、審判といった外的要因と、選手自身の能力である試合に対する準備性と称される内的要因の2つの要因によって規定される。準備性はさらに、運動領域、精神（心理）領域、健康領域の3つに分けることができる[2]。運動領域は行動体力に、精神領域は広義の体力概念における精神的要素に、そして健康領域は防衛体力に該当する。運動領域はさらに、運動能力、技術、戦術という3つの下位領域に分けられる。この分類法における運動能力は、体力の身体的要素における行動体力と同義となる。身体能力あるいは身体的能力という言葉も同じ内容を指す。

トレーニング指導において、スポーツパフォーマンスを規定する要因としての体力概念をとらえる場合、体力諸要素の全体的な位置づけや関連性を踏まえることが重要である。それによって、体力のトレーニングやコンディションの調整法を正しく効果的に計画し指導することが可能となる。つまり、体格の改善や筋力、持久力の向上といった行動体力の身体的要素だけではなく、免疫や恒常性維持などの健康領域にかかわる防衛体力、さらには精神（心理）的な側面をも踏まえて体力トレーニングを指導することによって、初めて万全なコンディションをつくり上げることができ、技術や戦術を含めた最終的な成果に結びつけることができるのである。

2 体力の意識性と一般性

スポーツパフォーマンスを規定する領域としての運動能力、身体能力、あるいは狭義の行動体力は、技術や戦術領域の習得に比べて、意識的なコントロールが難しいという側面がある。意志だけでそれらを向上させることは困難であり、ある程度の長期間を要するものが多い。

また、技術や戦術と比べて専門性が低いことも体力の特徴である。例えばバスケットボールのジャンプシュートとバレーボールのブロックのパフォーマンスとは、その技術や戦術から見れば全く別ものであるが、脚筋力や跳躍能力では共通する要素を多くもっており、トレーニングにおいても多くの類似性が見られる。その意味で体力は、技術や戦術に比べて一般性が高いと言える。

3 体力の補償性と非補償性

スポーツパフォーマンスを規定する要因としての体力を考える際、体力を補償的なものと非補償的なものとに分けて考えることが有効である[3]。

もし、体力要素に長所と短所がある場合、トレーニングの力点は、長所をさらに伸ばすことあるいは、短所を補うことのどちらに置くべきだろうか。これはトレーニングの計画・指導上、非常に重要な問題である。もし、より高いパフォーマンスを発揮するうえで、低いと判断された体力要素が他の体力要素によって十分に補える場合には、その体力要素は補償的であるといえる。短所であるとみなされた体力要素が補償的な場合には、たとえその体力要素が平均的なレベルにとどまっていたとしても、長所である体力要素をさらに伸ばすことによってより高いパフォーマンスに到達することが可能となる。逆に、より高いパフォーマンスを得ようとしても、短所である体力要素が他の体力要素によっては補うことができない場合、すなわち非補償的である場合は、その体力要素を向上

させることをトレーニングの主目的に設定する必要がある。

4.　健康および日常生活動作の質と体力

体力の向上または改善により、ストレスに対する耐性が増し、罹患率が低下する。その結果、健康の維持・増進に望ましい効果がもたらされ日常生活動作の質が高まる。

1 ストレス耐性

ストレスには、物理的、生物的、生理的な身体的なものと精神的なものがある。暑さや寒さ、湿度、換気不足による低酸素環境などは物理的ストレスであり、ウイルスや病原菌などは生物的ストレスである。生理的ストレスには、不眠や運動不足などがある。不安や抑うつ、イライラなどは精神的ストレスとなる。適切な体力トレーニングを実施したり、スポーツ活動を習慣化したりすることにより、ストレスに対する抵抗力が高まり、環境の変化に対する適応力が増し、ストレスが低減し解消することもある。

2 罹患率や事故発生率の減少

適切な体力トレーニングは、行動体力だけではなく、防衛体力をも向上させる。防衛体力の向上により、免疫力や抵抗力が増し、罹患率や死亡率が低下することがわかっている[4]。例えば、冠動脈疾患、高血圧、脳卒中、大腸がん、糖尿病、骨粗鬆症、認知症などの発症率は、定期的な運動を行っている人のほうが低い。

また、高齢者では、交通事故や転倒による骨折と、それによる寝たきり状態への移行が問題視されているが、体力の向上によって事故の発症率が低下し、回復に要する時間も短縮させることができる。

3 生活の質の向上

体力の向上に伴い、健康が維持・増進すると、日常生活がより意欲的になり、活発化する。それにより、趣味やスポーツ、レクリエーション活動に対する意欲が高まり、日常生活動作の質が改善していく。

4 防衛体力とオーバートレーニング

適切な体力トレーニングは、行動体力にも防衛体力に対しても望ましい効果を引き起こすが、過剰に激しいトレーニングを適切な休養をとらずに行ったり、体力トレーニングの強度や量が一定の限度を超えたりすると、オーバートレーニング状態に陥ることがある。こうなると行動体力だけでなく防衛体力に対しても好ましくない影響が及び、精神的ストレスに対する抵抗力が低下して、抑うつ状態に陥ったり、やる気がなくなったりすることがある。また身体的な免疫力や抵抗力も弱まり、体調を崩して病気にかかりやすくなることがある。したがって、体力トレーニングを計画・指導するにあたってはアンダーリカバリーとオーバートレーニングに留意することが大切である。

5.　体力の要素と体力モデル

1 形態と機能

行動体力における身体的要素は、大きく形態と機能に分類することができる。

形態には、身長や体重、身体各部の大きさや比率、身体組成が含まれる。選手同士の衝突や接触があるスポーツ種目では、物理的な量としての形態がパフォーマンスに影響する。また、身体の移

動や急激な加速・減速や方向転換が要求されるスポーツでは体重や身体組成にも十分注意を払う必要がある。

機能は、一般的にエネルギー系とサイバネティックス系とに分けられる。エネルギー系には、筋力、持久力、敏捷性、パワー、スピードなどであり、サイバネティックス系には、バランスやコーディネーション能力が含まれ、柔軟性を含む場合もある。これらはそれぞれ個別に定義され測定可能である。スポーツをはじめとする各種の身体活動のパフォーマンスにはこれらの様々な要素が相互に関係し合って統合的に作用する。したがってエネルギー系とサイバネティックス系という分類は相対的なものであるといえよう。

② 力・スピード・持久性の関係

ここではスポーツや身体運動に必要な体力の要素を身体が筋活動によって発揮する力、力の発揮によって生じる運動のスピード、その運動の持久性の3つで考えてみる。これらの3要素は、エネルギー系の体力のうち筋力、筋活動または運動のスピード、筋活動または全身運動の持久力に該当すると考えることができる。これらの3要素のうちどの2つの組み合わせにおいても、一方が大きくなると他方が小さくなるというように相反する関係にある。

例えば、バーベルやダンベルなどのウエイトを全速力で持ち上げようとすると、図2のaのように大きな質量のウエイトを持ち上げるためにはより大きな力が必要となるが、ウエイトを持ち上げる際のスピードはそれに伴って遅くなる。逆に、高速で持ち上げようとすると、大きな力を発揮することはできなくなる。

次に、一定のリズムでウエイトを何回上げ下げできるかという連続回数を見た場合、ウエイトの質量が大きくなればなるほどその回数は少なくなる。逆にウエイトの質量が小さければ持ち上げる回数は増加し、運動の持久性が大きくなる。

最後に、一定の質量のウエイトを持ち上げるスピードとその回数についてみてみると、最大スピードは持ち上げる回数が1回だけのときが最も速くなり、回数が多くなるにつれて遅くなる。このことはランニングのスピードとそのスピードを維持したまま走れる距離の関係を考えても理解できる。

③ 体力の3次元モデル

図3は、力、スピード、持久性の関係を総合的にとらえるための3次元モデルである[5]。それぞれが直交する3本の軸に位置し、それぞれの関係は2軸間の曲線で示されている。力とスピードの関係ではパワーを、力と持久性との関係では力の持久性を、そしてスピードと持久性との関係ではスピードの持久性を表している。さらに3つの曲線から形成される面は、パワーの持久性とみなすことができる。

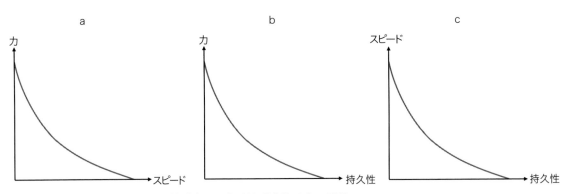

図2●力とスピード（a）、力と持久性（b）、スピードと持久性（c）の関係

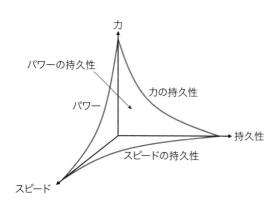

図3●力、スピード、持久性の関係を総合的にとらえた3次元モデル

4 その他のモデル

この基本モデルの他にも、スキルと柔軟性（可動範囲としての）という要素を加え、より実践的なパフォーマンスとの関係で体力要素の位置づけを示したモデルも存在する[6][7]。

このモデルの中心には柔軟性が位置しており、可動範囲が他の要素と並んで重要な体力要素であることを強調している。例えば、柔軟性-スピードは、高速動作における柔軟性を、柔軟性-持続性は長時間運動における柔軟性の維持能力を、そして柔軟性-力は大きな可動範囲にわたって発揮できる筋力を意味する。

スキルとの関係では、高いスキル能力をより大きな力で発揮する能力としての力-スキル、高速動作をより高いスキルで行うスピード-スキル、長時間にわたって高いスキルを発揮し続けるスキル-持久性、さらには大きな可動範囲にわたって実行可能なスキルとしての柔軟性-スキルをとらえることができる。

このようなモデルから、トレーニング指導者は、狭義の体力の諸要素間の関係だけでなく、パフォーマンス課題に応じたスキルや可動範囲との関係を把握することができ、体力をより分析的にとらえることによってより的確な測定や評価をする必要がある。トレーニング課題の明確化と的確なトレーニング方法の決定には、体力のこうした分析が不可欠となる。

6. 体力要素間の関係

1 体力要素の優位性

スポーツや身体活動において、力、スピード、持久性の3要素のうち、どの要素がどの程度優勢かによって、そのスポーツや身体活動に必要な体力特性や個人の体力特性が決まる。このことを示したのが図4である[8]。3要素はほとんどすべてのスポーツや身体活動に関与しており、個人の体

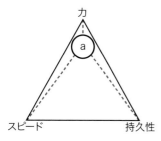
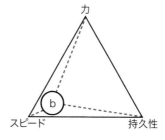
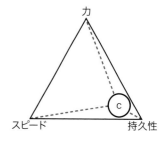

図4●力、スピード、持久性という主要な体力要素における優位性
どの要素が優位であるかによって、競技に必要な体力特性や個人の体力特性が決まる。aは力が優位、bはスピードが優位、cは持久性が優位である。実際はこのような極端な例は少なく、これらの中間的な位置にある。

力の構成要素として含まれている。そのうえで対象となる活動や個人を特徴づけている主な要素は何か、という分析によって、体力トレーニングの課題をより明確化し、より的確なトレーニング方法を用いることが可能となる。

② 体力の課題特性

この活動種別の体力要素の優位性という考え方をさらに推し進めると、体力の課題特性というコンセプトにたどり着く。図4に示された各体力要素の位置関係は、実際の様々なスポーツ活動や身体活動の課題特性から導かれたものである。力、スピード、持久性が発揮される場面の特性によって、さらに次のようにエネルギー系の体力の要素をさらに識別することが可能となる。

例えば筋力に関して言えば、等尺性（アイソメトリック）筋活動における静的筋力や静的筋持久力は、動的な筋活動における動的筋力や動的筋持久力とは異なる。動的な筋力の中でも、短縮性（コンセントリック）筋力と伸張性（エキセントリック）筋力とは異なり、伸張性から短縮性に素早く切り替える動作において発揮される伸張-短縮サイクルと称される活動において発揮される短縮性筋力は、通常のコントロールされた動作における短縮性筋活動で発揮される筋力とはその大きさや筋活動時間が異なる。

近年よく用いられるようになってきた、スピード-筋力という概念と筋力-スピードという概念は、従来のパワーという概念とは異なる体力の課題特性をとらえようとしたものである[9]。パワーはスピード×筋力としてとらえられ、そのどちらが増大してもパワーは増大するが、スピード-筋力は、あくまで運動のスピードを重視した高速で発揮されるパワーである。また筋力-スピードは発揮筋力の大きさを重視したうえで、高速動作で発揮されるパワーである。

力とスピードの積という単なる物理量を問題にするのではなく、あくまでパフォーマンスにおける運動スピードの重要性を相対的にどの程度重視するかによって区別された体力のとらえ方である。こうした体力の課題特性に基づいてウエイトトレーニングを実施する場合には、動作スピードを正しくモニターすることが不可欠となる[10]。

筋力に関する課題特性は、このほかにも体重に対する筋力の大きさを問題にする相対的筋力、着地や方向転換における筋の一瞬の伸張性活動から素早く短縮性活動に切り替える際に発揮される反応筋力、できるだけ短い時間で素早く筋力を立ち上げている爆発的筋力などがある。注意するべきことは、これらは単なる概念としての考え方なのではなく、すべて明確な指標を持っていることである。例えば爆発的筋力の指標として、単位時間当たりの筋力の増加量すなわち筋力の増加率である筋力の立ち上がり率（Rate of Force Development：RFD）や、反応筋力の指標であるリバウンドジャンプやドロップジャンプにおける接地時間と滞空時間の比率などがある。

持久力においても、一定の運動スピードを維持したまま持続的な運動を連続的に継続する連続的持久力に対して、高強度あるいは高速度の運動を短時間の低強度運動あるいは休息を挟んで何度も繰り返す間欠性持久力が区別される。パフォーマンスにおける課題との関係で持久力のとらえ方も異なることがわかる。

7. 認知的側面の重要性

ここまでは体力から精神的要素は捨象してきたが、近年、スポーツ活動やその他の身体活動において、体力要素が常に技術や戦術とともに発揮されることから、パフォーマンスとの関係を探るうえで、適切な体力要素を的確に発揮するための知覚や判断といった認知的過程を重視するようになってきている。

スピード能力をスプリントタイムで判断する場

合、反応を含めたスプリントタイムを計測すると、走る距離が短ければ短いほど、反応スピードが記録に大きく影響する。アジリティにおいては、方向転換能力が重要となるが、どの方向へいつ方向転換するかという認知過程を含めると、単なる方向転換走とは全く異なるステップの使い方とパフォーマンスの優劣が得られる[11]。ジャンプにおいてもいかに高く跳ぶかというだけでなく、そのタイミングといかに速くかつ高く跳ぶかという観点で評価することが試みられるようになってきている。

このように、スポーツのパフォーマンスや身体活動の課題特性との関係で体力をとらえるためには今後、認知側面をいかにとらえるかという視点が重要となるであろう。

8. 体力の個人特性

体力要素には、生得的要因の影響を受けるものが少なくない。身長や四肢の長さなどの形態、筋線維タイプ、関節の形状や腱の付着部位や長さなどが体力に影響を与えることが知られている。また、スプリント能力や持久力が遺伝子の影響を受けるという知見も明らかにされつつある。誕生から間もない頃の生活環境や栄養によっても体力に大きな個人差が生じることが知られている。

体力トレーニングはこうした個人特性を十分に踏まえることが重要である。同じエクササイズを指導するにしても、体格や四肢の長さのバランスが異なれば全く同じフォームが正しいとは限らない。またトレーニングに対する生体の反応や適応のスピードに関する生得的特性が異なれば、トレーニング指導においてもそれらを考慮することが重要である。

このように、体力がトレーニング経験、年齢、競技歴、性別、生活環境さらには心理的特性といった個人差の影響を強く受けることを踏まえて、トレーニング指導を行うことが必要となる。

9. 一般的体力と専門的体力

体力は一般的体力と専門的体力とに分類されることもある。専門的体力は体力の特異性と言い換えることもできる。一般的体力は、スポーツや身体活動の特性を超えて共通する体力のことをいう。専門的体力は、スポーツ種目やポジション、身体活動の種類に固有の体力である。スポーツの体力トレーニングを計画するにあたっては一般的体力だけではなく、その種目やポジションに固有の専門的体力にアプローチする必要がある。

ただし、専門的体力あるいは体力の特異性について考える際に重要なことは、運動の外見的な類似性と体力の特異性を混同してはならないという点である。外見的な動作が類似しているというだけの理由で、本来必要とされる専門的な体力要素に働きかけているとは限らない。専門的な体力要素を検討するためには、筋活動タイプ、運動の振幅や方向、可動範囲、筋活動のスピード、筋力の大きさ、筋力発揮時間、エネルギー代謝特性等の要因に目を向ける必要がある。

トレーニングにおいて、一般的体力と専門的体力のどちらを強調するかは、競技経験や競技レベル、年齢のほか、年間スケジュールの進行に伴う時期、その選手のチーム内の位置や役割によっても異なる。

10. 体力トレーニング

1 体力特性の把握とトレーニング課題の明確化

本項の体力に関する説明を理解し、体力を概念的かつ構造的にとらえることができたからといって、それに基づいて論理的に適切な体力トレーニングを構成していくことができると考えるのは早計である。

スポーツの競技特性や活動特性、そして個人特性を考慮した体力の特徴を見つけ出し、体力要素間の関係性を探り、向上が必要な体力要素を明らかにするためには、一般的そして専門的な測定を実施するほかない。スプリント能力1つを取ってみても、スタート、スタートからの加速、トップスピードといった局面によってその改善に必要とされる筋力要素は同一ではない。スタート動作においては、股関節と膝関節の大きな可動域で大きな力を地面に対して加える筋力、加速には、より速い速度で連続的に発揮する筋力、トップスピードにおいてはさらに速い速度そして短い接地時間で瞬間的な筋の弾性を最大限に引き出す筋力発揮というように強調するべき課題が異なるが、そのどこを改善することがその選手のパフォーマンス改善につながるかは、測定をして結果を分析してみないことには一概に決めることはできない。

また、有酸素性持久力のトレーニングには、最大心拍数の80〜100%で行われる高強度領域、65〜90%のやや強度の低い運動を長時間行う領域があり、それぞれが生体の持久力を規定する異なる生理学的メカニズムに働き掛けることになる。インターバルトレーニングでこれらの能力を向上させるためには、個々人の最大能力を測定し、正確にトレーニング強度を設定する必要がある。

2 体力トレーニングにおける体力変化の把握

体力トレーニングを指導する過程では、個々の体力要素の変化を客観的にとらえることが不可欠である。そのためには、できるだけ頻繁に測定を実施する必要がある。こうした測定は、測定というよりもむしろモニタリングと呼ぶべきであり、体力トレーニングとセットで日常的に実施していくべき性質のものである。体力要素の変化を追跡できれば、トレーニング効果を把握することができるだけではなく、日々のコンディションの変動を素早く察知することが可能となり、トレーニングスケジュールを再検討したり、新たなトレーニング計画を立て直したりするうえで極めて重要な判断材料を手に入れることになる。

(長谷川 裕)

▶引用・参考文献
1) 石井直方：トレーニング用語辞典，森永スポーツ＆フィットネスリサーチセンター，2001.
2) Zatsiorsky, V.M.: Science of Training Athletes. Pennsylvania State University, Department of Kinesiology, KINES 485 Sction1 lectures Spring, State College, PA, 1998.
3) Zatsiorsky, V.M. & Kraemer, W.J.: Science and Practice of Strength Training (2nd edition), Human Kinetics, 2007.
4) American College of Sports Medicine: ACSM's Guidelines for Exercise Testing and Prescription, 11th edition, Walters Kluwer, 2021.
5) 猪飼道夫：身体運動の生理学，杏林書院，1973.
6) Siff, M.C. & Verkhoshansky, Y.: Supertraining: Strength training for sporting excellence, Supertraining International, 1999.
7) Siff, M.C.: Biomechanical foundations of strength and power training. In Zatsiorsky, V.M., Biomechanics in Sport, Blackwell, pp.103-139, 2000.
8) Bompa, T.O.: Periodization of Strength. Veritas Publishing, 1993.
9) 長谷川裕："パワー＝筋力×スピード"を再考せよ：NPO法人日本トレーニング指導者協会，スポーツトレーニングの常識を超えろ！pp.13-21，大修館書店，2019.
10) 長谷川裕：VBTトレーニングの効果は「速度」が決める，草思社，2021.
11) 長谷川裕：アジリティートレーニングの真実：NPO法人日本トレーニング指導者協会，スポーツトレーニングの常識を超えろ！pp.100-108，大修館書店，2019.

2 章

機能解剖

1節　上　肢

1. 上肢の骨

　上肢は自由上肢と上肢帯（肩甲帯）とに分けられる。自由上肢は、上腕と前腕および手部によって構成され、上腕骨、橈骨、尺骨、手根骨、中手骨、指骨がある。上肢帯の中に鎖骨、肩甲骨がある。自由上肢と上肢帯とは球関節である肩甲上腕関節で連結しており、自由上肢は上肢帯の運動と協力して大きな可動範囲を確保している。

1 自由上肢の骨 （図1）

(1)上腕骨

　上腕骨は上肢最大の長管骨である。その近位端は上腕骨頭である。近位端には大結節と小結節に代表される骨の隆起があり、大筋群の付着を形成している。大結節と小結節との間には結節間溝と呼ばれる深い溝があり、上腕二頭筋長頭腱の通り道となっている。

　遠位端はさらに複雑な形状をしており、内外側に骨が突出している。内側上顆、外側上顆と呼ばれるこれらの突出は、前腕へ向かう筋群の付着部となっており、内側上顆は手根・手指の屈筋群と手の回内筋の起始部、外側上顆は手根・手指の伸筋群の起始部である。

　また、上腕骨の遠位端は前腕骨とともに肘関節を形成する。関節面の内側は大きな滑車状の上腕骨滑車であり、尺骨の肘頭と関節（腕尺関節）を形成する。上腕骨滑車の外側にある半球状の出っ張り（上腕骨小頭）は橈骨頭と関節をなしている。伸展・屈曲と同時に橈骨頭の回旋を許すことによって、回内・回外の運動を可能にしている。

(2)橈骨

　橈骨は尺骨と並んで前腕部を形成している骨であり、前腕の母指側に位置する。近位端は細く、野球のバットのグリップエンドのような形状をしている。遠位端は近位端に比べると著しく大きく、舟のオールのように広がって、手根骨とともに関節を形成している。橈骨は手根骨からの荷重を伝達する役割をもつ。

(3)尺骨

　尺骨は、橈骨と並んで前腕の小指側に位置する骨である。橈骨とは逆に近位端が太く、近位では肘頭によって上腕骨と関節し、遠位端の尺骨頭は手根骨とともに手関節を形成している。尺骨頭周囲には、隣接する橈骨のくぼみと対応する関節環状面がある。回内・回外の際には、橈骨遠位端がこの周囲を回転する。

(4)手根骨・中手骨・指骨

　手の骨は、手根骨・中手骨・指骨の3つに分けられる。手根骨は大小8個の骨からなる。中手骨は5本の細長い管状骨であり、指節骨は14個の小管状骨である。手根骨の近位には舟状骨、月状骨、三角骨、豆状骨の4つが、遠位には大菱形骨、小菱形骨、有頭骨、有鈎骨の4つが並んでおり、互いに靱帯によって結合されている。近位の舟状骨・月状骨・三角骨は前腕部と、遠位の列はさらに遠位にある中手骨と関節を形成している。なかでも、大菱形骨は第1中手骨との間で鞍関節をなしており、母指の複雑で器用な運動を可能にしている。

(5)手根管

　手関節には、手根管というトンネルがある。手根骨の掌側のくぼみと横手根靱帯（屈筋支帯）に取り囲まれる部分であり、10本の手指屈筋腱と

手の内在筋を支配する正中神経の通り道となっている。

② 上肢帯の骨（図1）

(1)肩甲骨・鎖骨

　上肢帯は肩甲骨・鎖骨からなる。上肢帯の構造は、肩甲骨の運動を許すことによって上腕骨頭の移動範囲を広げ、結果的に自由上肢の動作範囲を大きくしている（図2）。肩甲骨は「かいがらぼね」の別名もある、薄く扁平な骨である。多くの筋が付着し、胸郭に沿って運動すると同時に、上腕・前腕へ至る筋が起始している。鎖骨は、三角筋や

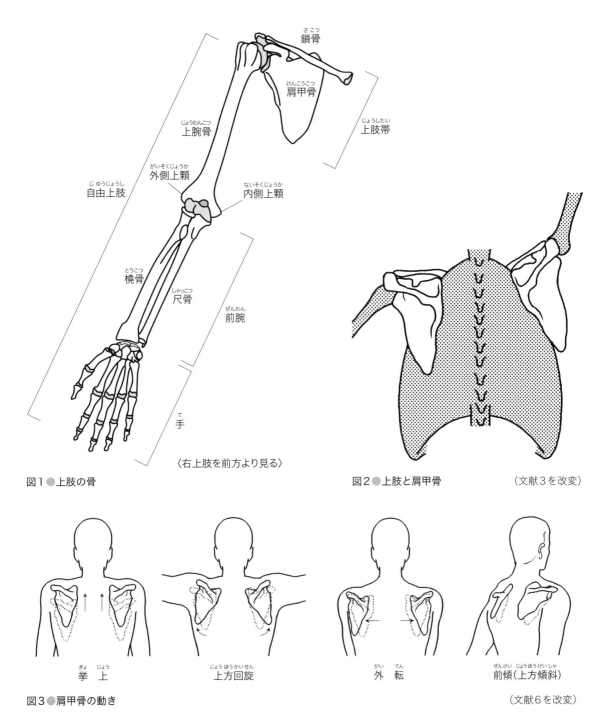

鎖骨（さこつ）
肩甲骨（けんこうこつ）
上肢帯（じょうしたい）
上腕骨（じょうわんこつ）
外側上顆（がいそくじょうか）
内側上顆（ないそくじょうか）
自由上肢（じゆうじょうし）
橈骨（とうこつ）
尺骨（しゃっこつ）
前腕（ぜんわん）
手（て）
〈右上肢を前方より見る〉

図1 ● 上肢の骨

図2 ● 上肢と肩甲骨　（文献3を改変）

挙上（きょじょう）　上方回旋（じょうほうかいせん）　外転（がいてん）　前傾(上方傾斜)（ぜんけい じょうほうけいしゃ）

図3 ● 肩甲骨の動き　（文献6を改変）

大胸筋、僧帽筋など複数の筋群に付着を与えると同時に、胸鎖関節周りに大きな可動域を有している

る。肩甲骨の運動とその名称を図に示す（図3）。

2. 上肢の関節

1 肩の関節

　肩の関節は、胸鎖関節、肩鎖関節、肩甲上腕関節（狭義の肩関節）の3つの解剖学的関節と、第2肩関節と呼ばれる肩峰下関節、および肩甲胸郭関節の機能的な関節から構成されている。

(1)胸鎖関節（図4）

　胸骨と鎖骨との間の関節である。上肢と胸郭との骨性の連結は唯一、胸鎖関節のみであり、それ以外は筋によるつながりである。

　胸鎖関節は骨性のはまり込みは浅いものの、強力な靱帯によって補強され、可動域の大きな関節である。鎖骨に触れたまま肩を挙上したり、前後に動かしたりすると、胸鎖関節の運動範囲の広さがよくわかる。上肢を大きく挙上する際には、鎖骨は長軸周りにも回旋している。この胸鎖関節、すなわち鎖骨の可動域は、肩鎖関節の可動域と協力して、上肢の広い動作範囲の確保と精妙なコントロールを可能にしている。

(2)肩鎖関節

　肩甲骨と鎖骨との間の関節である。鎖骨の肩峰端（外側端）と肩甲骨の肩峰関節面との間が関節

部分であり、関節内には線維性軟骨の関節円板が存在し、上方と下方は肩鎖靱帯で覆われている。近くに肩甲骨の烏口突起と鎖骨下面とを結ぶ烏口鎖骨靱帯（菱形靱帯と円錐靱帯）などがあり、これら複数の靱帯が肩鎖関節を補強している。

(3)肩甲上腕関節（肩関節）

　肩甲上腕関節（肩関節）は、肩甲骨の関節窩と上腕骨頭とによって形成される関節である（図5）。股関節などのボール・ソケット（Ball & Socket）型と比べると、上腕骨頭の大きさに対して関節窩が小さく浅く、運動中の関節の安定性を確保するには十分ではない。実際、関節脱臼の半数近くがこの関節で起こっているといわれている。

　骨性の安定性が不十分な反面、関節唇、関節包、靱帯、腱板、上腕二頭筋腱など、骨以外の安定機構が複数備わっている。浅い関節窩の周縁部には軟骨の関節唇があり、関節窩から上腕骨頭がこぼれ落ちないように受け止めている（図6）。関節窩の上端には上腕二頭筋長頭の起始があり、上腕骨頭の結節間溝を上腕二頭筋長頭腱が走行して、骨頭の安定性に関与している。肩甲上腕関節を包む関節包は、前面・上面で複数の靱帯（関節上腕靱帯・烏口上腕靱帯）に補強されている。

　これらの靱帯と一体になって関節の安定を保つのが、腱板筋群である。腱板は上腕骨頭を関節窩に引き込む働きをもつ。また、関節腔内が常に陰圧に保たれていることも、安定に寄与している。

(4)肩峰下関節・肩甲胸郭関節

　肩峰下関節、肩甲胸郭関節は機能的な肩関節であり、真の関節ではない。肩峰下関節は、肩峰・烏口肩峰靱帯・烏口突起がなすアーチと、肩峰下滑液包と腱板によって構成される関節である。上腕骨頭を取り囲

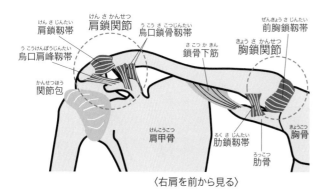

〈右肩を前から見る〉

図4 ●肩鎖関節と胸鎖関節　　　　　（文献2を参考に作図）

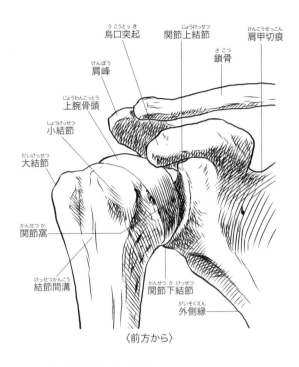

烏口突起（うこうとっき）
関節上結節（じょうけっせつ）
肩甲切痕（けんこうせっこん）
鎖骨（さこつ）
肩峰（けんぽう）
上腕骨頭（じょうわんこっとう）
小結節（しょうけっせつ）
大結節（だいけっせつ）
関節窩（かんせつか）
結節間溝（けっせつかんこう）
関節下結節（かんせつか けっせつ）
外側縁（がいそくえん）

〈前方から〉

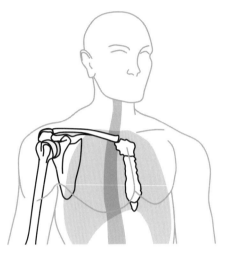

〈肩甲上腕関節の位置〉

図5●肩甲上腕関節とその位置

（左図は文献4を改変）

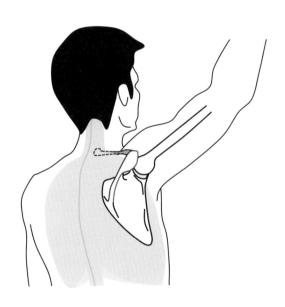

Ａ：肩甲上腕関節の全体像

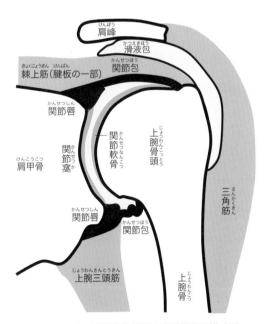

肩峰（けんぽう）
滑液包（かつえきほう）
棘上筋（きょくじょうきん）（腱板の一部）（けんばん）
関節包（かんせつほう）
関節唇（かんせつしん）
関節軟骨（かんせつなんこつ）
上腕骨頭（じょうわんこっとう）
肩甲骨（けんこうこつ）
関節窩（かんせつか）
三角筋（さんかくきん）
関節唇（かんせつしん）
関節包（かんせつほう）
上腕骨（じょうわんこつ）
上腕三頭筋（じょうわんさんとうきん）

Ｂ：肩甲上腕関節の安定機構の模式図

図6●肩甲上腕関節の全体像と肩甲上腕関節の安定機構の模式図

むように配置され、機能的な肩関節を形成して上腕骨頭を関節窩に安定させている。肩甲胸郭関節は、胸郭の凸面と肩甲骨の凹面との接触面によって構成される関節であり、上肢機能に影響を及ぼす機能的な肩関節として扱われる。

② 肘、手首、指の関節

⑴ 肘関節（図7）

肘関節は、上腕骨と尺骨および橈骨による関節で、腕尺関節、腕橈関節、近位橈尺関節の3つの関節をもつ複合関節である。腕尺関節は、尺骨の肘頭と上腕骨滑車によって構成され、屈曲・伸展を行う。腕橈関節は、橈骨頭と上腕骨小頭との関節であり、屈曲・伸展と回内・回外とを同時に行える構造になっている。近位橈尺関節は橈骨と尺骨との間の関節で、車軸関節であり、手の回内・回外を行う。

前述のように肘関節は屈曲・伸展を行うが、運動中はわずかな外反、内反も生じている。野球の投手や槍投げ競技者においては、特に外反ストレスによる内側側副靱帯の損傷が大きな問題となっている。肘関節は、完全伸展位では骨同士のはまり込みが安定しているが、軽度屈曲位では関節に「遊び」がみられ、外反の安定における内側側副靱帯の関与が大きくなる。特にコッキング動作（肘関節屈曲位での肩関節内外旋）を含むオーバーハンドスローにおいては、肘関節の内側を開くような外反ストレスを受ける機会が多くなる。内側側副靱帯（図7）は肘関節の内側を覆うように走行し、外反ストレスに対して肘関節の安定を保っている。内側側副靱帯の中でも、特に前斜走線維束は最も強い線維束で、外反ストレスに対する内側の安定性に最も深く関わっている。この靱帯の断裂例では、しばしば長掌筋腱などを用いた再建術が行われる。靱帯以外にも、内側上顆に付着する筋群が、肘関節内側の安定に関わっている。

⑵ 手関節

手関節は、手首の橈骨手根関節および手の中央部の手根中央関節の2つの関節から構成されている。

近位手根列（舟状骨、月状骨、三角骨）と遠位手根列（大菱形骨、小菱形骨、有頭骨、有鉤骨）は、数多くの靱帯によって支持されており、手関節は楕円関節で手のひら側への掌屈、手の甲側への背屈、母指側への橈屈、小指側への尺屈といった動きが可能である。

重量物の保持や、衝撃吸収を繰り返すことで、手関節へは大きな負荷がかかる。母指側では、手

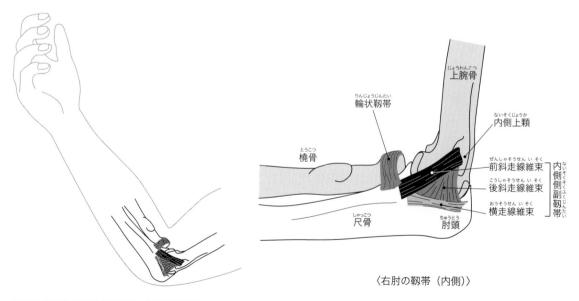

〈右肘の靱帯（内側）〉

図7 ●内側から見た肘関節と内側側副靱帯

から橈骨への荷重の通り道となる舟状骨が、転倒などによる強い背屈と母指側への負荷によって損傷を受けることがある。小指側には、尺骨と手根骨との間の関節円板と周囲の靱帯とで構成される三角線維軟骨複合体（TFCC）がクッションの役割を果たしている。TFCCは、ナローグリップでのシャフト操作など、背屈と小指側への負荷の組み合わせによって圧迫やねじれを受けて損傷しやすく慢性的な痛みの原因になることがある。

⑶指の関節（図8）

指の関節は、手根骨と中手骨との関節である手根中手関節（carpometacarpal joint：CM関節）、中手骨と基節骨との間の関節である中手指節関節（metacarpophalangeal joint：MP関節）、そして指骨同士の指節間関節の3種類がある。指節間関節は、基節骨と中節骨との関節を近位指節間関節（proximal interphalangeal joint：PIP関節）、中節骨と末節骨との関節を遠位指節間関節（distal interphalangeal joint：DIP関節）、母指の基節骨と末節骨の関節は単に指節間関節（interphalangeal joint：IP関節）と呼ぶ。

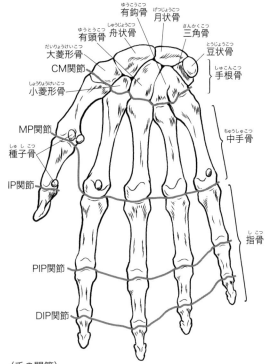

〈手の関節〉
・手根中手関節（carpometacarpal joint：CM関節）
・中手指節関節（metacarpophalangeal joint：MP関節）
・近位指節間関節（proximal interphalangeal joint：PIP関節）
・遠位指節間関節（distal interphalangeal joint：DIP関節）
・指節間関節（interphalangeal joint：IP関節）

図8●手の関節　　　　　　　　　　　（文献3を改変）

3.　上肢の筋肉

　肩甲骨の運動は、主に胸郭から肩甲骨に至る筋肉によって行われるが、中には頭蓋骨や舌骨に付着するものもある。各々の筋の働きと相互作用を知ることは、トレーニング種目の選定や、障害の予防においても特に重要である。

　肩甲骨の運動を図3、9、10に示した。いずれの運動も、安定して上腕骨頭を支え、受ける位置・方向に関節窩をコントロールし、自由上肢の運動範囲に大きな影響を与える点で重要である。特に、上肢の外転運動を例にとって考えてみよう。

　上肢の外転運動（側方からの挙上）は、肩甲骨に対する上腕骨の外転とともに肩甲骨自体の上方回旋によって成り立っている（図11）。このとき

上腕骨の外転角度と、肩甲骨上方回旋の角度比は、おおよそ2：1である。このような上肢の挙上に関わる肩甲骨、上腕骨運動の組み合わせパターンを肩甲上腕リズムと呼び、肩関節の機能評価を行う上で重要な視点である。肩甲骨の上方回旋なしでは上腕骨の外転は90度にとどまり、大きな制限を受ける。肩甲骨の動作範囲が不十分であると、肩甲上腕関節にはより大きな運動範囲が求められることとなり、腱板・滑液包・関節唇等に代表される関節周囲組織への負担も大きくなる。

１ 上肢帯の運動に関わる筋群

　上肢帯に関わる代表的な筋は、僧帽筋、菱形筋

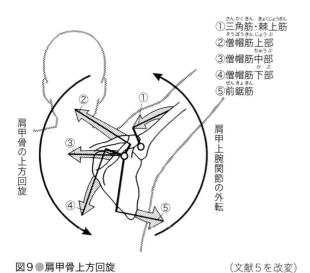

①三角筋・棘上筋
②僧帽筋上部
③僧帽筋中部
④僧帽筋下部
⑤前鋸筋

肩甲骨の上方回旋

肩甲上腕関節の外転

図9●肩甲骨上方回旋　　　　　　　　　（文献5を改変）

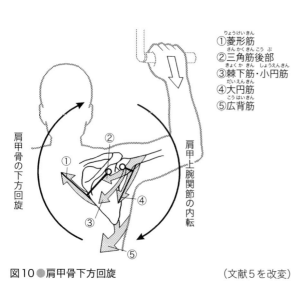

①菱形筋
②三角筋後部
③棘下筋・小円筋
④大円筋
⑤広背筋

肩甲骨の下方回旋

肩甲上腕関節の内転

図10●肩甲骨下方回旋　　　　　　　　（文献5を改変）

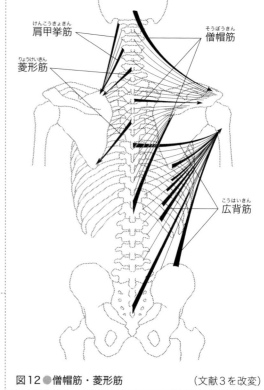

肩甲挙筋

僧帽筋

菱形筋

広背筋

図12●僧帽筋・菱形筋　　　　　　　　（文献3を改変）

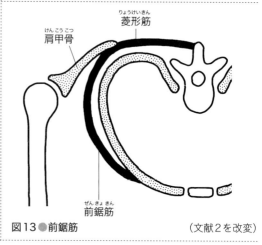

肩甲骨

菱形筋

前鋸筋

図13●前鋸筋　　　　　　　　　　　　（文献2を改変）

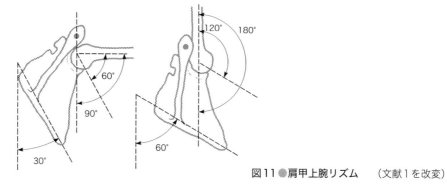

図11●肩甲上腕リズム　　　（文献1を改変）

（図12）、前鋸筋（図13）である。僧帽筋は上部、中部、下部の３部に分かれる。上部線維は、肩甲棘を引いて肩甲骨を挙上する。上部線維と下部線維は協同して肩甲骨を上方回旋させる。中部線維は肩甲骨を脊柱に近づける（内転）。すべての部分が強く作用すると、肩甲骨を強く後ろに引いて胸を張る。大・小菱形筋は肩甲骨の内側縁と脊柱との間に位置し、肩甲骨を内転する作用がある。

前鋸筋は、起始が第１〜第９肋骨であり、胸郭と肩甲骨との間を通って肩甲骨の内側縁に付着する。その延長は菱形筋となっている。つまり、肩甲骨の内側縁は、前鋸筋と菱形筋がつながったシートの中間に付着していることになる（図13）。前鋸筋は肩甲骨の外転や回旋に関わっており、倒立やベンチプレス、頭上にバーベルを差し上げた姿勢で強く働く様子が観察できる。

2 肩甲上腕関節の運動に関わる筋群

肩甲上腕関節の運動に関わる代表的な筋群は、三角筋、大胸筋（図14）、広背筋、大円筋、腱板筋群（図15）である。

肩甲上腕関節を覆う肩の膨らみを形づくるのが三角筋である。主に肩甲上腕関節の外転・屈曲を行い、前部が大胸筋と協同して水平内転に作用する。後部は水平外転や伸展に作用する。

大胸筋は腹直筋鞘、胸骨および肋軟骨、鎖骨を起始とするが、上腕骨の停止では上下が逆転し、

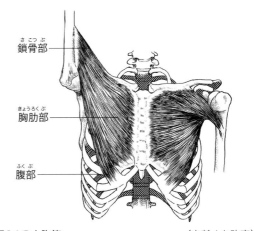

鎖骨部
胸肋部
腹部

図14●大胸筋　　　　　　　　　　　　　（文献4を改変）

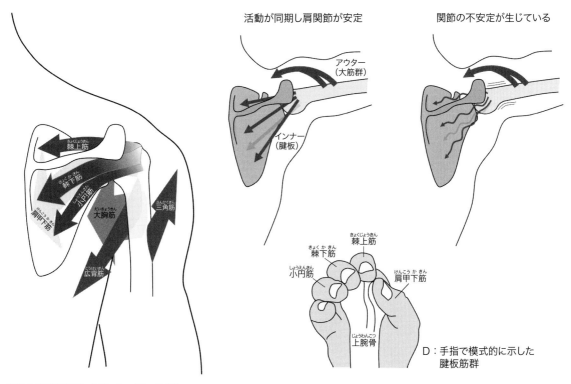

棘上筋
棘下筋
小円筋
肩甲下筋
大胸筋
三角筋
広背筋

活動が同期し肩関節が安定

アウター（大筋群）
インナー（腱板）

関節の不安定が生じている

棘下筋　棘上筋
小円筋　　　肩甲下筋
上腕骨
D：手指で模式的に示した腱板筋群

図15●腱板筋群（インナーマッスル）

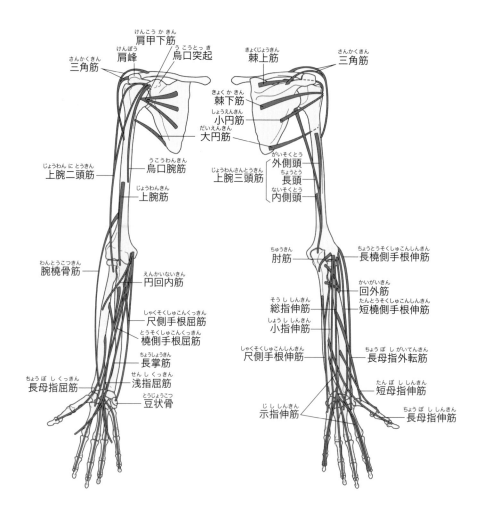

図16●上肢の屈筋の起始と停止（模型図）
（文献9を参考に作図）

図17●上肢の伸筋の起始と停止（模型図）
（文献9を参考に作図）

鎖骨からの線維が最も遠位に、腹部からの線維が最も近位にねじれて付着している。大胸筋は肩関節の強力な水平内転、内転、屈曲の主働筋である。肩関節の内旋についても強力な主働筋である。投げにおいても重要な役割を担っている（図14）。

　上肢の主な筋について、起始・停止と走行を模式的に示した（図16、17）。広背筋、大円筋は、内転とともに内旋にも強く作用する。

　前述の大筋群が、肩甲上腕関節に対して大きなモーメントアーム（テコの腕）で作用するのに対して、腱板筋群（インナーマッスル）と呼ばれる筋群は、肩甲上腕関節の関節包と一体化した腱板

を形成し、関節のごく近くに停止している。腱板筋群は、上腕骨大結節・小結節に付着する棘上筋・棘下筋・小円筋・肩甲下筋の4つの筋で構成され、それぞれの走行・付着に応じた作用を有するが、ダイナミックな動作中も協同して働き、上腕骨を関節窩で安定させる役割を担っている（図15）。

　腱板筋群の上腕骨側、腱の部分は全体として肩関節を覆うように一体になっており、この構造が「ローテーターカフ（Rotator Cuff）：回旋筋のそで口」「腱板」と呼ばれる所以である。上腕骨への付着の様子は、上腕骨頭を、そろえた指先でつかんだモデルでうまく表現することができる。図

15Dのように、右の上腕骨体を下にした状態で骨頭を右手の指先で取り囲むようにつまむと、母指が小結節、示指が大結節に位置する。この状態で母指が肩甲下筋、示指が棘上筋、中指が棘下筋、環指（薬指）が小円筋に相当する。このような構造から、肩関節の近位に付着する腱板筋群では肩関節の角度が変わっても上腕骨頭を関節窩に引き込む力の成分が維持されることで、肩関節の動的な安定に寄与している。

関節の大きな動作や、大きな出力に対して、腱板筋群の働きが不十分な場合、腱板筋群が、大筋群の作用と協調して上腕骨頭を関節窩へと引き込み、安定を確保する働きが十分に発揮されず、関節の損傷を招く原因となる（図15C）。腱板筋群の機能不全は、インピンジメント症候群など、障害の原因となることがある。

③ 上腕の筋群

上腕の代表的な筋は、上腕二頭筋（図18）、上腕三頭筋（図19）、烏口腕筋、上腕筋である。

上腕二頭筋は、いわゆる「力こぶ」である。この筋は肘の屈筋としてよく知られているが、起始を肩甲骨にもっており（長頭：関節窩の上端、短頭：烏口突起）、肩関節の安定にも関わっている。また橈骨粗面へ付着しているため、回内により橈骨に巻きつき、強力な回外筋としても作用する。

上腕三頭筋は尺骨の肘頭に付着する肘の伸筋であるが、起始は肩関節をまたぐ長頭と、単関節の外側頭・内側頭の三頭からなっている。

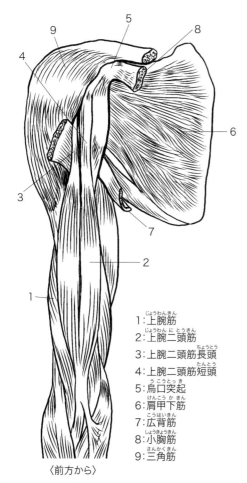

1：上腕筋
　じょうわんきん
2：上腕二頭筋
　じょうわん に とうきん
3：上腕二頭筋長頭
　ちょうとう
4：上腕二頭筋短頭
　たんとう
5：烏口突起
　うこうとっき
6：肩甲下筋
　けんこう か きん
7：広背筋
　こうはいきん
8：小胸筋
　しょうきょうきん
9：三角筋
　さんかくきん

〈前方から〉

図18●上腕二頭筋　　　　　　（文献7を改変）

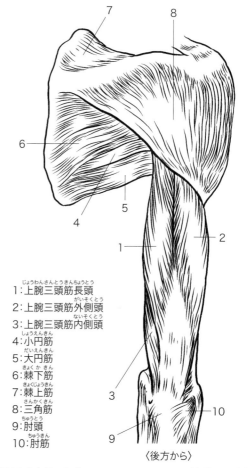

1：上腕三頭筋長頭
　じょうわんさんとうきんちょうとう
2：上腕三頭筋外側頭
　がいそくとう
3：上腕三頭筋内側頭
　ないそくとう
4：小円筋
　しょうえんきん
5：大円筋
　だいえんきん
6：棘下筋
　きょくかきん
7：棘上筋
　きょくじょうきん
8：三角筋
　さんかくきん
9：肘頭
　ちゅうとう
10：肘筋
　ちゅうきん

〈後方から〉

図19●上腕三頭筋　　　　　　（文献7を改変）

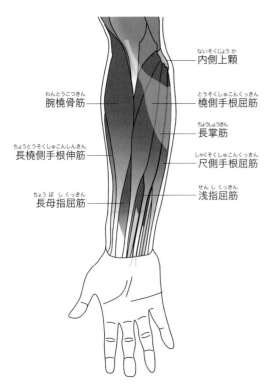

図20●前腕屈筋群
（内側上顆から起始し掌側に走行する筋群）

内側上顆（ないそくじょうか）
腕橈骨筋（わんとうこつきん）
橈側手根屈筋（とうそくしゅこんくっきん）
長掌筋（ちょうしょうきん）
長橈側手根伸筋（ちょうとうそくしゅこんしんきん）
尺側手根屈筋（しゃくそくしゅこんくっきん）
長母指屈筋（ちょうぼしくっきん）
浅指屈筋（せんしくっきん）

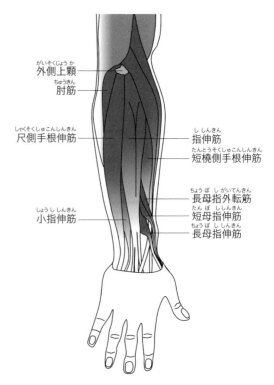

図21●前腕伸筋群
（外側上顆から起始し背側に走行する筋群）

外側上顆（がいそくじょうか）
肘筋（ちゅうきん）
尺側手根伸筋（しゃくそくしゅこんしんきん）
指伸筋（ししんきん）
短橈側手根伸筋（たんとうそくしゅこんしんきん）
長母指外転筋（ちょうぼしがいてんきん）
短母指伸筋（たんぼししんきん）
長母指伸筋（ちょうぼししんきん）
小指伸筋（しょうししんきん）

4 前腕・手の筋群

　前腕、手の代表的な筋として、内側上顆に起始する筋群（図20）、外側上顆に起始する筋群（図21）、手の内在筋がある。

　肘関節内側に位置する上腕骨内側上顆に起始する筋群は、主に手関節（手首）・指の屈筋と回内筋である。それに対して、肘関節外側に位置する外側上顆に起始する筋群は、主に手関節・指の伸筋である。外側に起始をもつ腕橈骨筋は、手関節はまたがず、肘関節の屈曲に作用する。

　手指の把持動作は、主に前腕からの筋群によって行われるが、ヒトの手に特有である母指の対立動作や、手指の内転・外転を含む微妙なコントロールには、手の内在筋が関与している。

　上肢の代表的な筋について、その付着部や作用の情報を表1（p.24）に示す。

4. 上肢の神経と血管

　上肢の主な神経は、腕神経叢から分かれる筋皮神経・腋窩神経、橈骨神経、尺骨神経、正中神経などである（図22）。上肢の代表的な血管は、腋窩動脈、鎖骨下動脈・上腕動脈、橈骨動脈、尺骨動脈である（図23）。

　鎖骨下から上腕に至る大血管は、腋窩動脈ひいては上腕動脈へと移行する鎖骨下動脈1本のみである。そのため、腋窩動脈が頸部から胸部にかけての筋や骨に締め付けられる障害においては、腕全体の血流に影響が及ぶことになる。大血管の位

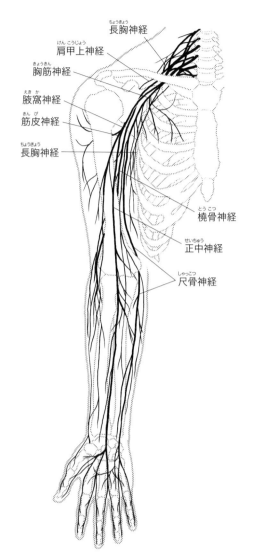

図22●上肢の神経 （文献3を改変）

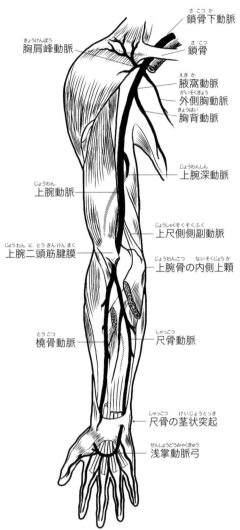

図23●上肢の血管 （文献3を改変）

置を知ることは緊急の止血においても重要である。脊髄から腕に至る神経に関しても、大血管と同様の経路で腕に入ってくる。そのため頸部で締め付けが起こった場合に、腕や手先での痛みなど神経症状につながることがある。上肢は運動範囲、関節可動域も大きい反面、神経は狭い通り道の中で大きな動きにさらされることになる。スポーツの現場では、血管と同様に神経に関しても頸部や胸部での締め付けによる障害が起こる。それとともに、肘関節の内側（尺骨神経）や、手関節の掌側

（正中神経）において神経の締め付けによる障害がしばしば発生する。

（大山卞 圭悟）

▶引用・参考文献
1） Cailliet, R. (荻島秀男訳): 肩の痛み［原著3版］, 医歯薬出版, 1992.
2） Basmajian, J.V., and Slonecker, C.E.: Grant's Method of Anatomy, A Clinical Problem-Solving Approach［11th ed.］, Williams & Wilkins, 1989.
3） 藤田恒夫: 入門人体解剖学. 南江堂, 1988.
4） 坂井建雄・松村讓兒監訳: プロメテウス解剖学アトラ

表1 ● 上肢の筋

筋　名	起　始	停　止	神　経	作　用
小胸筋 pectoralis minor m.	第2〜第5肋骨前面	肩甲骨烏口突起	内側・外側胸筋神経 C6〜T1	肩甲骨引き下げ、下方回旋、外転
前鋸筋 serratus anterior m.	第1〜第9肋骨側面	肩甲骨内側縁全域	長胸神経 C5〜7	肩甲骨外転、上方回旋
僧帽筋 trapezius m.	後頭骨、項靱帯、C7〜T12の棘突起	肩甲棘、肩峰、鎖骨外側1/2	副神経と頸神経叢筋枝 C2〜4	上部：肩甲骨挙上 中部：内転 下部：引き下げ 全体として上方回旋、内転
肩甲挙筋 levator scapulae m.	C1〜4の横突起	肩甲骨上角、内側縁上部	肩甲背神経 C3〜5	肩甲骨挙上
菱形筋 rhomboideus m.	C6〜T4の棘突起	肩甲骨内側縁下部2/3	肩甲背神経 C4〜5	肩甲骨挙上、内転、下方回旋
三角筋 deltoid m.	肩甲棘、肩峰、鎖骨外側部1/3	上腕骨中央外側部	腋窩神経 C5〜6	前部：屈曲、水平屈曲 中部：外転 後部：伸展、水平伸展 全体として外転
棘上筋 supraspinatus m.	棘上窩、棘上筋膜内面	上腕骨大結節上部	肩甲上神経 C4〜6	外転
大胸筋 pectoralis major m.	鎖骨内側2/3、胸骨前面、第1〜6肋骨、腹直筋鞘前葉	上腕骨大結節稜	内側胸筋神経外側胸筋神経（前胸神経）C5〜T1	鎖骨部：屈曲、水平屈曲、内旋 胸腹部：内転、水平屈曲、内旋
烏口腕筋 caracobrachialis m.	肩甲骨烏口突起	上腕骨小結節下部の上腕骨内側面	筋皮神経 C6〜7	水平屈曲、内旋
肩甲下筋 subscapularis m.	肩甲骨肋骨面（肩甲下窩）	上腕骨小結節	肩甲下神経 C5〜7	水平屈曲、内旋
広背筋 latissimus dorsi m.	T7以下の棘突起、下位肋骨、腸骨稜	上腕骨小結節稜	胸背神経 C6〜8	伸展、内転、内旋
大円筋 teres major m.	肩甲骨下角	上腕骨小結節稜	肩甲下神経 C5〜7	伸展、内転、内旋
棘下筋 infraspinatus m.	肩甲骨棘下窩	上腕骨大結節	肩甲上神経 C4〜6	外旋、水平伸展
小円筋 teres minor m.	肩甲骨外側縁上部1/2	上腕骨大結節	腋窩神経 C5〜6	外旋
上腕二頭筋 biceps brachii m.	長頭：肩甲骨関節上結節 短頭：烏口突起	2頭合して、橈骨粗面と前腕筋膜上内側	筋皮神経 C5〜6	肩：屈曲 肘：屈曲 前腕：回外
上腕筋 brachialis m.	内・外側上腕筋間中隔と上腕骨前面	尺骨粗面と肘関節包	筋皮神経 C5〜6	肘：屈曲
上腕三頭筋 triceps brachii m.	長頭：肩甲骨関節下結節 内側頭：上腕骨後内側、筋間中隔 外側頭：上腕骨後外側、筋間中隔	3頭合して肘頭	橈骨神経 C6〜T1	肩：伸展 肘：伸展
肘筋 anconeus m.	上腕骨外側上顆	肘頭外側面	橈骨神経 C7〜8	肘：伸展、肘関節包の緊張
腕橈骨筋 brachioradialis m.	上腕骨外側下部、外側筋間中隔	橈骨茎状突起	橈骨神経 C5〜6	肘：屈曲 前腕：回内、回外
円回内筋 pronator teres m.	上腕頭：内側上顆、内側筋間中隔 尺骨頭：鈎状突起内側	2頭合して橈骨中央外側、後側部	正中神経 C6〜7	肘：屈曲 前腕：回内

（文献8より）

ス一解剖学総論／運動器系, 医学書院, 2007.

5) Donald A. Neumann (嶋田智明・平田総一郎監訳): 筋骨格系のキネシオロジー, 医歯薬出版, 2005.

6) 中村隆一・斉藤宏・長崎浩: 基礎運動学 [第6版], 医歯薬出版, 2003.

7) Kahle, W., et al. (越智淳三訳): 分冊解剖学アトラス〈1〉運動器, 文光堂, 1995.

8) 斉藤宏: 運動学 [改訂第2版], 医歯薬出版, 2011.

9) 藤田恒太郎: 人体解剖学 改訂41版, p.144, 南江堂, 1993.

脊柱と胸郭

1. 脊柱の基本構造

　脊柱は、7個の頸椎（Cervical：C1 ～ C7）、12個の胸椎（Thoracic：Th1 ～ Th12）、5個の腰椎（Lumbar：L1 ～ L5）、5個の仙椎が癒合した仙骨（Sacrum）、3 ～ 5個の尾椎が一部または全部癒合した尾骨（Coccyx）によって構成されている。いずれの骨も背側の正中面上に配置されており、体表からは主に棘突起を触れることができる。

　脊柱は、文字通り体幹の支柱をなすものであるが、脊髄やそこから派生する神経、隣接する臓器を保護する役割も担っている。運動との関連から見ると、筋肉や筋膜、肋骨に付着を与えることも

重要である。

1 椎骨の基本構造

　椎骨は、特殊なものを除いて、椎体、椎弓、関節突起、棘突起、横突起（腰椎は肋骨突起）によって構成される（図1）。

　椎体は、身体の垂直荷重を支持するため、頸椎、胸椎、腰椎と、尾骨側になるほど大きく頑丈になる。頸椎が前弯を、胸椎が後弯を、腰椎が前弯をとることによって、脊柱は全体としてS字状の弯曲を描いている。この弯曲は、衝撃を分散したり、筋肉が正常に機能したりする上で重要であるが、

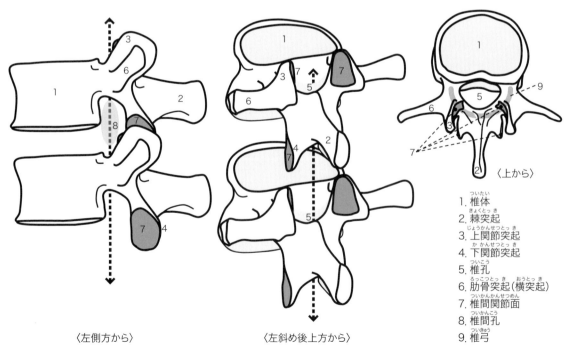

〈左側方から〉　　　〈左斜め後上方から〉　　　〈上から〉

1. 椎体
2. 棘突起
3. 上関節突起
4. 下関節突起
5. 椎孔
6. 肋骨突起（横突起）
7. 椎間関節面
8. 椎間孔
9. 椎弓

図1 ●腰椎の構造

小さすぎたり過剰になったりすると障害の原因となる。

椎体と椎弓とによってできる穴を「椎孔」と呼ぶ。脊柱における椎孔の連なりは「脊柱管」と呼ばれ、この中に脊髄（第2腰椎以下では馬尾神経）が収まっている。隣接する椎弓と椎弓（上椎切痕と下椎切痕）との間に生じる穴は「椎間孔」といい、左右1対の椎間孔は、脊髄神経の通り道となる。椎間孔は、椎弓・上下の関節突起、椎体、椎間円板によって取り囲まれているが、この部位で突出した椎間円板が脊髄神経を圧迫すると、椎間板ヘルニアによる神経痛が生じることがある。

2. 脊柱・胸郭の骨

1 頸椎（図2）

頸椎は7つある。頭蓋を支えつつ、頭蓋の十分な運動範囲を確保するために、特殊な構造をしている。

第1頸椎は「環椎」と呼ばれ環状である。環椎後頭関節で頭蓋の後頭骨に接し、頭蓋を支えている。

第2頸椎は「軸椎」と呼ばれ、背側正中面に沿って、歯突起と呼ばれる突起がある。歯突起は、環椎回旋の垂直軸となる正中環軸関節をつくる。

第7頸椎は棘突起の背側への突出が顕著であることから「隆椎」と呼ばれる。形態計測や体表解剖の際の重要なランドマークとなっており、椎骨の位置を決める基準点となっている。

頸椎の横突起には「横突孔」があり、脳への血流の側副路である椎骨動静脈が通る。棘突起の先端が2分していることも、頸椎の特徴である。頸椎の椎間関節面は水平面に対する傾きが小さく、屈曲、伸展、側屈、回旋の運動が可能である。

2 胸椎

胸椎は12ある。胸部にあり、肋骨・胸骨とともに胸郭を構成する。胸椎は、肋骨との関節をもつ点が大きな特徴である。肋骨との関節は、椎体と肋骨頭との関節である「肋椎関節」と、横突起

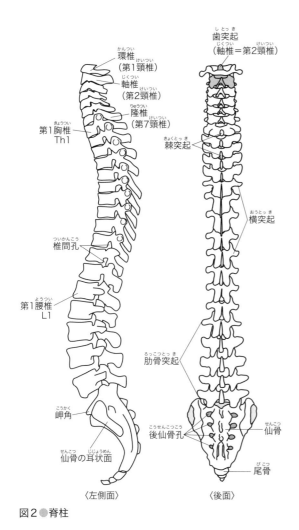

環椎（第1頸椎）
軸椎（第2頸椎）
隆椎（第7頸椎）
第1胸椎 Th1
椎間孔
第1腰椎 L1
岬角
仙骨の耳状面
歯突起（軸椎＝第2頸椎）
棘突起
横突起
肋骨突起
後仙骨孔
仙骨
尾骨
〈左側面〉　〈後面〉

図2●脊柱

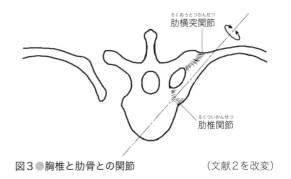

肋横突関節
肋椎関節

図3●胸椎と肋骨との関節　　（文献2を改変）

と肋骨との関節である「肋横突関節」の2種類がある（図3）。上位の肋横突関節は曲面をなしており、肋骨の軸周りの回旋を許している。それに対して、下位の肋横突関節は平面状であり、肋骨がスライドするような動きが可能である。胸椎の椎間関節面は、側屈、回旋と、ある程度の屈曲・伸展の運動が可能である。腰椎に比べて回旋も得意とする。胸椎の可動性は、上肢の動作範囲に大きな影響を及ぼす。

3 腰椎

腰椎は5つある。大きな荷重を支える太くて頑丈な椎体と、それをつなぐ厚い椎間円板、強力な腰部筋群や靱帯の付着を与える強大な棘突起が特徴である。椎間関節面は、水平面に対しては直角、前額面に対しては45度の傾きがあり、屈曲、伸展、側屈が可能であるが、回旋の可動域は小さく、全体でも10度にも満たないという報告が多い。腰椎の肋骨突起は、その位置と形状から横突起と混同されがちであるが、実際は胸部の肋骨に対応する部位である。しかしながら、臨床においては肋骨突起を横突起と呼ぶことも多い。

4 仙骨・尾骨・寛骨

骨盤は仙骨・尾骨、および左右の寛骨によって構成される。寛骨は腸骨、坐骨、恥骨が癒合した骨で、仙骨と腸骨との関節を仙腸関節、左右の恥骨同士の関節を恥骨結合と呼ぶ。骨盤は大腿骨、脊柱に連結し、多くの筋群に付着を与える。

5 肋骨・胸骨

胸椎および肋骨と胸骨とを組み合わせて、胸郭

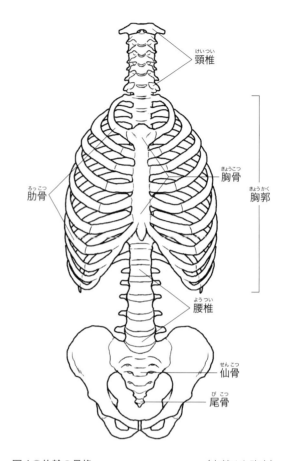

図4●体幹の骨格　　　（文献4を改変）

と呼ぶ（図4）。胸郭は骨性のかごであるが、その内腔（胸腔）に肺と縦隔があり、縦隔には心臓と関連する大血管、気管、食道などが収められている。さらに胸郭は、その容積を変化させることで肺を動かし、呼吸を可能にしている。胸郭の運動には、肋間筋や斜角筋に代表される筋群が関与するとともに、横隔膜の運動も胸腔の容積を大きく変化させる。

3. 脊柱・胸郭の関節

1 椎間関節と椎間円板

頸椎、胸椎、腰椎の連結は、頭蓋の運動に深く関わり形状が特殊な第1、第2頸椎を除いて、滑膜関節である椎間関節と、軟骨結合である椎間円板とによって成り立っている（図5）。

椎間関節の形状や傾斜は、椎骨によって異なり、また可動範囲と関連が深い。椎間円板は線維軟骨

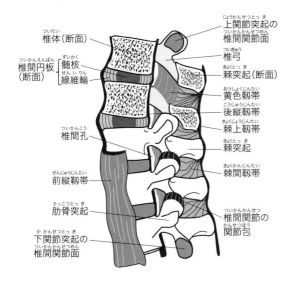

上関節突起の
椎間関節面（じょうかんせつとっきの ついかんかんせつめん）

椎体（断面）（ついたい）

椎間円板（断面）（ついかんえんばん）

髄核（ずいかく）
線維輪（せんいりん）

椎弓（ついきゅう）

棘突起（断面）（きょくとっき）

黄色靱帯（おうしょくじんたい）

後縦靱帯（こうじゅうじんたい）

棘上靱帯（きょくじょうじんたい）

椎間孔（ついかんこう）

棘突起（きょくとっき）

棘間靱帯（きょくかんじんたい）

前縦靱帯（ぜんじゅうじんたい）

肋骨突起（ろっこつとっき）

下関節突起の
椎間関節面（かかんせつとっきの ついかんかんせつめん）

椎間関節の
関節包（ついかんかんせつの かんせつほう）

図5●左側方から見た腰椎のつながり
（文献3を参考に筆者作図）

の線維輪と、それに包まれた髄核とによってできている。髄核は、椎体の運動や荷重変化によって移動し、椎体への負荷を分散するうえで重要な役割を果たしている。脊椎をつなぐ関節は、柔軟な運動と構造の安定という、相反する要求を満たすため、複雑な構造をしている。障害の好発部位ともなっている。

② 肋椎関節

前述（p.27）の通り。

③ 胸肋関節

胸骨と肋骨とは肋軟骨によって連結されており、この部分を胸肋関節という。この関節では、弾性のある肋軟骨が胸郭の適度な変形を許し、呼吸や運動に伴う胸郭の変形のストレスを分散、緩衝している。

④ 仙腸関節・恥骨結合

骨盤には、股関節、仙腸関節、恥骨結合の3つの関節があり、骨盤と下肢および腰椎とを連結している。仙腸関節は仙骨と腸骨との関節であり、恥骨結合は左右の恥骨が関節円板で連結している関節である。どちらもほとんど動かず、支持器官

として骨盤の安定化を助けている。

⑤ 脊柱のNeutral ZoneとElastic Zone

脊柱の安定には、静的な支持機構と動的な支持機構が関与している。静的な支持機構は椎骨（脊柱を構成するひとつひとつの骨）同士のはまり込みの構造とともに、椎体同士をつなぐ椎間円板、隣り合う椎骨同士をつなぐ数多くの靱帯や筋膜が主な要因である。動的な支持機構は主に筋の役割となる。

脊柱の動作範囲と安定機構の関係について、Neutral ZoneとElastic Zoneという考え方が提唱されている。Neutral Zoneは「生理的な椎間運動の範囲にあって、その範囲内では小さい抵抗で脊柱の運動が生成される、柔軟性あるいは弛緩性が高い動作範囲」を指す。それに対してElastic Zoneは「Neutral Zoneの終わりから生理的な限界までの範囲で、高い内部抵抗に抗して脊柱の運動が生成される、スティフネス（剛性）が高い動作範囲」とされる。これらのZoneは屈曲・伸展、側屈、回旋および、前後のずれ、左右のずれ、引っ張り方向のずれそれぞれについて存在するものとしている。図6には腰椎の屈曲・伸展にしぼって、この視点を模式的に示した。中央のNeutral Zoneでは腰椎は生理的な前弯（ぜんわん）（腹側へ出っ張る弯曲）を示し、靱帯など静的な支持機構には緩みがある。運動の抵抗が低く、関節の自由度が高い状態である。このような状態が保たれる動作範囲がいわゆるNeutral Zoneで、動的な支持機構である筋の関与で安定にコントロールされている。この範囲での運動は支持機構への負担も小さく余裕があるため、傷害にもつながりにくい。それに対して、大きな伸展位（図左）では腰椎の前弯が強まることで、椎骨同士をつなぐ関節である椎間関節がぶつかり、大きな荷重にさらされている。そのため伸展方向の剛性が高く抵抗が大きいElastic Zoneにある。一方、大きな屈曲位（図右）では、腰椎の前弯が消失し、背側にある靱帯等の支持機構には緩みがなくなって、椎間円板が受ける圧力も大きく、静的な支持機構の関与が高

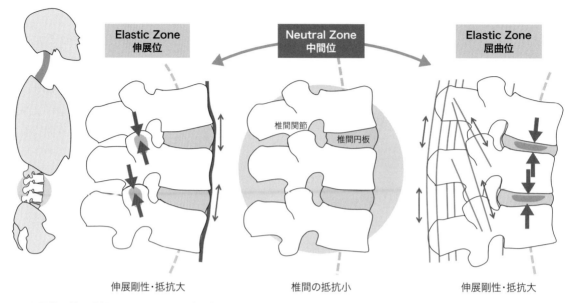

図6 ● 腰椎屈伸可動域の Neutral Zone（NZ）と Elastic Zone（EZ）
中間位周辺の NZ では抵抗が小さいが、伸展方向の EZ では椎間関節の支持への関与が強くなり、屈曲方向の EZ では背側の靱帯や椎間円板などの関与が強くなる。

まっている。このような状況になる動作範囲が屈曲側の Elastic Zone である。Elastic Zone 内での運動が日常的に長く持続したり、この範囲に入り込むような大きな変位が頻繁に強制される状況は支持機構の破綻（＝傷害発生）にもつながる。

4. 脊柱・胸郭の筋肉

1 固有背筋

　脊柱自体の運動に関わる固有背筋は大きく、外側浅層に位置する脊柱起立筋（仙棘筋）群と、内側深層に位置する横突棘筋群とに分けられる。

　脊柱起立筋は骨盤から頭蓋へと走る長い筋で構成され、起始は骨盤（仙骨、腰椎、腸骨稜など）である。分厚い腱膜をなしており、胸郭に入る部分で腸肋筋、最長筋、棘筋の3つの筋群に分かれて、胸椎や肋骨にそれぞれ付着している（図7）。横突棘筋群は、横突起から棘突起までを斜めに走る短い筋群である。大きく半棘筋、多裂筋（図8）、回旋筋群に分けられる。脊柱の最深部に存在し、背側から見ると脊柱起立筋に覆われている。

　いずれの筋群も、協同して脊柱の伸展に作用す

る。また、左右一側では、側屈や回旋の作用を有する。脊柱の近位に付着するため、脊柱自体の安定にも深く関わっている。それぞれの運動への関与は、それぞれの筋群の走行によって少しずつ異なる。

2 姿勢と腰部への負担

　図9はスクワット姿勢において、腰部のアーチ（前弯）を保持した場合（A）と、腰部が丸まってしまった場合（B）を比較したものである。腰を丸めることで、単に股関節周りの伸筋群への負荷が大きくなるだけでなく、腰椎椎間の屈曲が大きくなり、椎間円板への負担が極端に大きくなったり、椎間の靱帯等の支持機構への負担も大きくなりやすい。安定して安全なスクワット姿勢は、

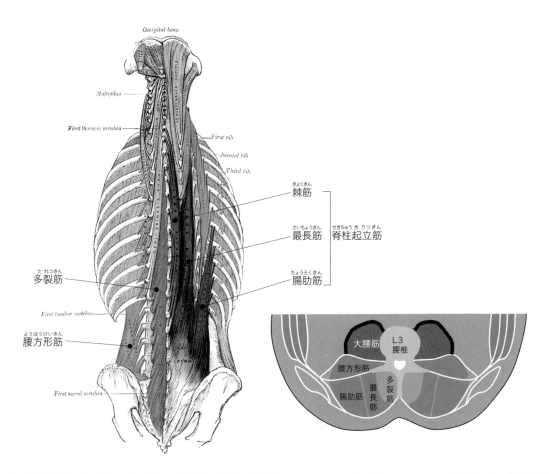

Occipital bone

Multifidus

First thoracic vertebra

First rib

Second rib

Third rib

きょくきん
棘筋

さいちょうきん　せきちゅうき りつきん
最長筋　脊柱起立筋

ちょうろくきん
腸肋筋

た れつきん
多裂筋

First lumbar vertebra

ようほうけいきん
腰方形筋

First sacral vertebra

大腰筋　L3腰椎

腰方形筋

多裂筋

腸肋筋　最長筋

図7●脊柱起立筋（右側）とより深層の筋群（左側）（左図は Gray's Anatomy、パブリックドメイン、1928の図に筆者加筆）

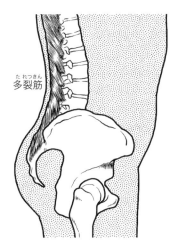

た れつきん
多裂筋

図8●多裂筋　　　　　　　　（文献4を改変）

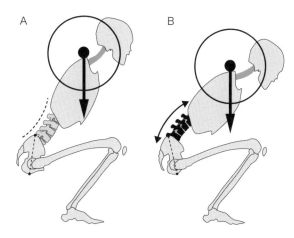

A　　　　　　　B

図9●腰部のアーチを保ったスクワット姿勢（A）と腰部が丸まったスクワット姿勢（B）

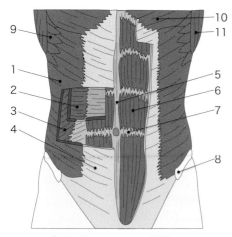

1. 外腹斜筋 がいふくしゃきん
2. 腹横筋 ふくおうきん
3. 内腹斜筋 ないふくしゃきん
4. 外腹斜筋の腱膜 けんまく
5. 白線 はくせん
6. 腹直筋 ふくちょくきん
7. 腱画 けんかく
8. 上前腸骨棘 じょうぜんちょうこつきょく
9. 前鋸筋 ぜんきょきん
10. 大胸筋 だいきょうきん
11. 広背筋 こうはいきん

図10●浅腹筋　　　　　　　　　　（文献7を改変）

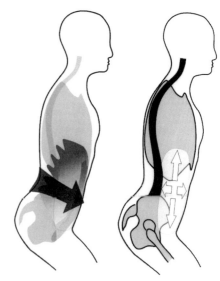

図12●腹圧のコントロールによる腰部安定

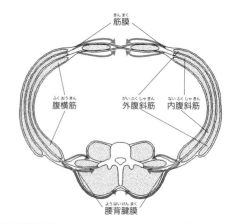

筋膜 きんまく

腹横筋 ふくおうきん
外腹斜筋 がいふくしゃきん
内腹斜筋 ないふくしゃきん

腰背腱膜 ようはいけんまく

図13●浅腹筋　　　　　　　　　　（文献3を改変）

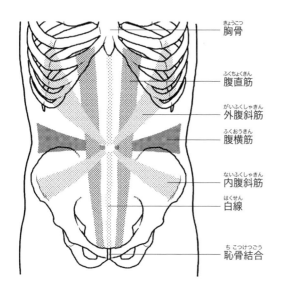

胸骨 きょうこつ

腹直筋 ふくちょくきん

外腹斜筋 がいふくしゃきん

腹横筋 ふくおうきん

内腹斜筋 ないふくしゃきん

白線 はくせん

恥骨結合 ちこつけつごう

図11●浅腹筋の構造　　　　　　　（文献6を改変）

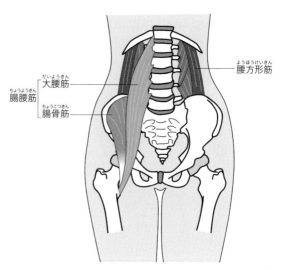

大腰筋 だいようきん
腸腰筋 ちょうようきん
腸骨筋 ちょうこつきん

腰方形筋 ようほうけいきん

図14●腸腰筋と腰方形筋

上半身・体幹への大きな荷重に耐えたり、地面からの反力を上体まで伝達する姿勢で、あらゆる推進を含む着地や方向変換、投などの運動の基礎となるものである。

③ 腹壁の筋群

腹筋群は、大きく浅腹筋、深腹筋に分類される。

浅腹筋は、いわゆる「腹筋」であり、腹直筋、外腹斜筋、内腹斜筋、腹横筋で構成される（図10）。腹直筋は主に体幹の前屈に作用するのに対し、腹斜筋群は体幹の回旋にも作用する（図11）。

浅腹筋の作用として注目されるのは、いずれの筋群も腹壁をコントロールし、腹腔の内圧（腹圧）を高める点である。腹圧を高めることで、脊柱の安定にも関与していると考えられる（図12）。さらに、これらの筋群は筋膜を介して脊柱ともつながっているため、脊柱の安定を保つ「支帯」としての作用をもっていると考えられている（図13）。腹横筋を選択的に働かせて腹部を凹ませる動作をドローイン（draw in）と呼び、体幹安定への腹横筋の積極的な作用を促す。それに対して腹部筋群全体と横隔膜を緊張させて腹腔の内圧を高め、剛性を高めることで体幹の安定を図る動作をブレーシング（bracing）と呼ぶ。

深腹筋としては、腸腰筋、腰方形筋が分類される（図14）。腸腰筋は腸骨筋と大腰筋からなる強大な股関節屈筋であり、体幹の左右バランスにも関与している。腸腰筋は、主に腰椎と腸骨から起始する。その走行から、体幹の安定を伴わない強い収縮や、不適切な姿勢での収縮によって腰椎への負担が大きくなることが知られている。腰方形筋は、骨盤から肋骨、腰椎に至り、主に体幹の側屈に作用する。胸郭が固定されているときは、骨盤を引き上げる作用があり、下肢の運動のコントロールにも重要な役割を果たしている。

④ 呼吸筋

胸郭の周辺には、肋骨に作用することで呼吸を補助する筋群が多く存在する。呼吸筋としては、特に横隔膜（図15）と肋間筋が重要である。

横隔膜は、胸腔と腹腔との仕切りである。筋肉でできた辺縁部と腱中心からなっている。胸腔内にせり上がった横隔膜のドームが、筋の収縮によって引き下げられることによって、胸腔内に陰圧を生じ吸息が行われる。同時に腹腔の内圧が高められる。横隔膜は腹部・腰背部の筋群と協同して、体幹の支持においても重要な役割を果たしている。頸髄から出て胸部まで至る横隔神経に支配されており、頸髄損傷の際にこの神経が傷害されると、呼吸運動ができなくなってしまう。この筋は、随意的にも不随意的にもコントロールが可能である。

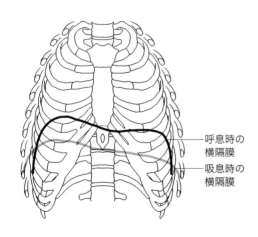

呼息時の横隔膜
吸息時の横隔膜

図15●横隔膜　　　　　　　　（文献3を改変）

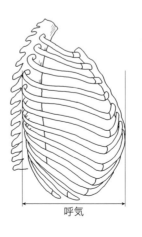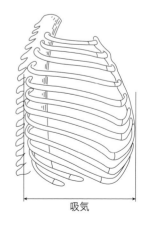

呼気　　　　　　吸気

図16●肋骨の動きと呼吸　　　（文献2を改変）

肋間筋は各肋骨の間を斜走する筋で、外肋間筋は肋骨の引き上げ、内肋間筋は肋骨の引き下げの作用があり、肋骨の運動によって胸腔の容積をコントロールする働きをもつ（図16）。肋骨の運動には、肋間筋の他にも複数の筋群が関与している。

（大山卞 圭悟）

▶引用・参考文献

1) Basmajian, J.V., and Slonecker, C.E.: Grant's Method of Anatomy, A Clinical Problem-Solving Approach [11th ed.], Williams & Wilkins, 1989.
2) 藤田恒夫: 入門人体解剖学, 南江堂, 1988.
3) 坂井建雄・松村讓兒監訳: プロメテウス解剖学アトラス—解剖学総論／運動器系, 医学書院, 2007.
4) MacConaill, M.A., and Basmajian, J.V.: Muscles and Movements, A Basis for Human Kinesiology [2nd ed.], Robert E Krieger Pub, 1977.
5) Stuart McGill (吉澤英造・大谷清・才藤栄一訳): 腰痛—最新のエビデンスに基づく予防とリハビリテーション, ナップ, 2005.
6) W. Kahle, W. Platzer, H. Leonhardt (越智淳三訳): 分冊解剖学アトラス1 運動器, 文光堂, 1995.
7) Marieb, E.N.: Essentials of Human Anatomy & Physiology [10th ed.], Pearson, 2011.
8) Panjabi, M.M.: The stabilizing system of the spine. Part II. Neutral zone and instability hypothesis. J Spinal Disord 5: 390-396, 1992.
9) Bergmark, A.: Stability of the lumbar spine. A study in mechanical engineering. Acta Orthop Scand, 230 (suppl): 20-24, 1989.

ローカル筋とグローバル筋

　腰椎に直接付着し支持する深層筋群を指してローカル筋と呼び、それに対して骨盤に起始し主に肋骨に停止する筋群をグローバル筋と呼ぶ。ローカル筋としては、腹横筋や多裂筋が代表的だが、内腹斜筋（胸腰筋膜付着部位）、棘間筋、横突間筋、腰方形筋の内側線維、脊柱起立筋の一部等が挙げられている。実際にはこれらの筋群は、腰椎と腰椎の間のコントロール、安定に関与し、深層に位置する比較的小さな筋でインナーマッスルとして扱われることが特徴である。それに対するグローバル筋としては腹直筋、外腹斜筋、内腹斜筋、腰方形筋の外側線維、脊柱起立筋の一部等が挙げられている。これらの筋群は表層に位置し、骨盤と胸郭間の力の伝達に大きく関わっている。動作範囲が大きく出力も比較的大きいという特徴がある。肩関節のアウターマッスル、インナーマッスルの関係と同様、安全な、グローバル筋の大きな出力の背景にはローカル筋による関節の安定確保が密接に関与している。トレーニングにおいても高い出力の獲得は、安定の確保と並行して行われる必要がある。

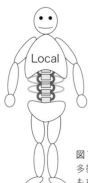

図1●ローカル筋（local system）
多裂筋や腹横筋など、脊椎に付着をもち脊柱の安定に直接作用する筋群。

図2●グローバル筋（global system）
腹直筋や腹斜筋、脊柱起立筋の表層など、骨盤と胸郭を結びつけ、大きな運動に関わる筋群。

下　　肢

　下肢は自由下肢と骨盤から構成される。自由下肢は、大腿と下腿および足部によって構成され、骨盤は、左右の寛骨（図1）および仙骨、尾骨によって構成される。寛骨は腸骨、坐骨、恥骨が癒合した骨で、仙骨と腸骨との関節を仙腸関節、左右の恥骨同士の関節を恥骨結合と呼ぶ。左右にある寛骨臼は大腿骨頭を受けることで股関節を形成し、自由下肢と連結している。骨盤は体幹、下肢の多くの筋群に付着を与える。

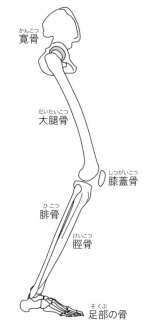

寛骨 <small>かんこつ</small>

大腿骨 <small>だいたいこつ</small>

膝蓋骨 <small>しつがいこつ</small>

腓骨 <small>ひこつ</small>

脛骨 <small>けいこつ</small>

足部の骨 <small>そくぶ</small>　図1 ●下肢の骨格

1. 自由下肢と骨盤の骨

　大腿骨は長い管状の骨で、近位端では大きな球状の大腿骨頭が寛骨との間に股関節を、遠位端の大腿骨内側顆・外側顆は、脛骨との間に膝関節をつくっている。内側顆の内側、外側顆の外側にある、皮下に触れることのできる骨の隆起はそれぞれ内側上顆、外側上顆と呼ばれる。また、遠位端は前面で膝蓋骨とも関節している。股関節側の皮下に触れる大きな骨の突起である大転子には、強力な股関節外転筋群（中殿筋、小殿筋）が付着している。股関節側にはさらに後内方に向かって出る小転子があり、強力な股関節屈筋である腸腰筋が付着している。大腿骨の骨幹部は、大殿筋や内転筋群、大腿四頭筋やハムストリングスの一部など多くの筋に付着を与えている（図2）。

⑴下腿の骨

　下腿内側に位置する太い骨は脛骨で、近位部は膝関節を、遠位端の関節面と内果（内くるぶし）で距腿関節（足関節）を構成し、直接体重を支持する。外側の細い骨は腓骨で、直接の荷重は受けないものの多くの筋や靭帯に付着部を提供している。腓骨近位の腓骨頭は大腿二頭筋や膝関節の外側側副靭帯の付着部となり、骨幹部は腓骨筋やヒラメ筋、足指に至る筋群の付着にもなっている。腓骨の遠位端は外果（外くるぶし）を形成し、脛骨の内果との間で、距骨をはさみ、いわゆる足関節（距腿関節）をつくっている（図3）。

⑵膝蓋骨

　膝関節の前面に位置する膝蓋骨は人体最大の種子骨である。膝蓋骨の表面は大腿四頭筋の腱膜に

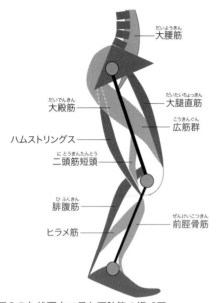

図2●矢状面内で見た下肢筋の模式図

表示する筋を限定し、付着の範囲など実際とは異なる部分もある。
・広筋群：外側広筋、内側広筋、中間広筋
・ハムストリングス：半腱様筋、半膜様筋、大腿二頭筋長頭
・二頭筋短頭：大腿二頭筋短頭
・大腰筋の近位部は表示していない

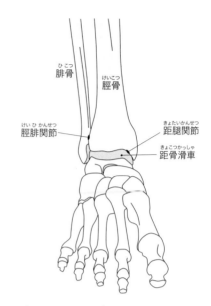

図3●足部と下腿のつながり：距腿関節と脛腓関節

包まれ、大腿骨に接している側には軟骨面がある。軟骨面は大腿骨の軟骨との間に膝蓋大腿関節を形成している。平坦な近位端は大腿四頭筋に付着を与えている。尖った遠位側は膝蓋靱帯の付着と

なっている。膝蓋骨は他の種子骨と同様に、腱が方向を変える関節部に直接擦れることを避けると同時に、腱の作用方向を変える作用も有している（図1、p.41図12を参照）。

2. 股関節の骨格と運動

1 静的な支持機構

骨盤と大腿とを連結する股関節はいわゆる球関節であり、下肢をコントロールする強大な筋群が数多くこれをまたぐ。股関節は大腿骨の大腿骨頭（ball）と骨盤の寛骨臼（socket）との間に形成される球関節で、骨によるはまり込みの深い典型的なボール・ソケット型の関節である。比較的骨同士のはまり込みが浅い肩関節とは異なり、骨性

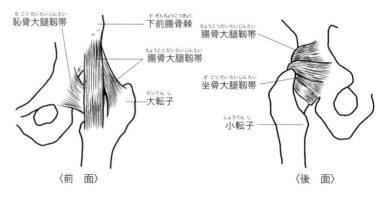

図4●股関節

（文献3より）

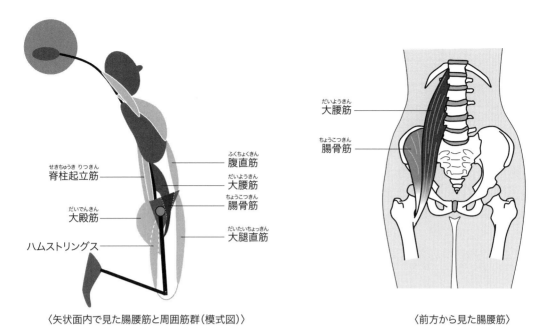

〈矢状面内で見た腸腰筋と周囲筋群（模式図）〉

腹直筋（ふくちょくきん）
脊柱起立筋（せきちゅうきりつきん）
大腰筋（だいようきん）
腸骨筋（ちょうこつきん）
大殿筋（だいでんきん）
大腿直筋（だいたいちょっきん）
ハムストリングス

〈前方から見た腸腰筋〉

大腰筋（だいようきん）
腸骨筋（ちょうこつきん）

図5●腸腰筋の構造と他の筋との位置関係

の大きな臼蓋が関節の安定を保つ構造が特徴である。さらに、股関節は多くの筋とともに非常に強い靱帯で補強されている（図4）。

② 股関節の屈筋

腸腰筋は、強力な股関節の屈筋で、主に腰椎から起こる大腰筋と、腸骨翼内側面から起こって大腰筋と合流する腸骨筋からなり、小転子に付着する。特に大腰筋は、脊柱と下肢を直接つなぐ唯一の筋として、下肢と脊柱のコントロールに同時に関与している。腸腰筋が衰えると、歩行時に足を十分な高さまで上げることができなくなるが、トレーニングによってつまずきや転倒の予防にもつながる。この筋はランニングでは、主に伸張性に活動する特徴があり、立脚期の後半から遊脚の前半で積極的に動員される（図5）。

③ 股関節の伸筋

大殿筋は骨盤の後面から起こり大腿骨に付着する。殿部の筋群では最も表層に位置し、殿部のふくらみの大部分を占める。最大の股関節伸筋であり、外旋にも作用する。大殿筋は股関節の屈曲位で強く伸展に作用する。自転車のペダリングやス

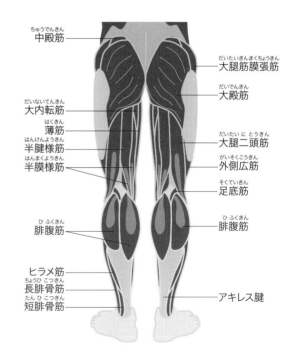

中殿筋（ちゅうでんきん）
大腿筋膜張筋（だいたいきんまくちょうきん）
大殿筋（だいでんきん）
大内転筋（だいないてんきん）
薄筋（はくきん）
半腱様筋（はんけんようきん）
半膜様筋（はんまくようきん）
大腿二頭筋（だいたいにとうきん）
外側広筋（がいそくこうきん）
足底筋（そくていきん）
腓腹筋（ひふくきん）
腓腹筋（ひふくきん）
ヒラメ筋
長腓骨筋（ちょうひこつきん）
短腓骨筋（たんひこつきん）
アキレス腱

図6●下肢後面の筋群　　　　（文献5より）

クワット運動、地面から重い荷物を持ち上げるような、深くしゃがんだ姿勢からの立ち上がりや、大きな歩幅で推進するダッシュ動作、大きな段差や斜面を登る動作などにおいて積極的な活動を示す（図2、6）。

4 外転筋群（中殿筋・小殿筋）

　中殿筋は腸骨の外側面から起こり、大転子に付着する最大の股関節外転筋である。小殿筋は中殿筋の深層にあり、中殿筋とほぼ同様の作用を有している。大転子と腸骨稜の間、殿部の高い位置にある腸骨の外側への張り出し（腸骨翼）は、これらの股関節外転筋群の付着となっている。外転筋群は特に片脚立位における側方安定性（ラテラルバランス）に重要な役割を果たしている。歩行の片脚支持期には支持脚側の中殿筋が活動し、立位を保持する。中殿筋の発達は二足歩行の象徴ともいわれ、ヒト進化の過程において直立二足歩行の発達とともに、中殿筋に付着を提供する腸骨翼が大きく発達してきたと考えられている。さらに疾走、ジャンプの際の片脚支持局面においては、支持脚側の中殿筋の活動が活発になる。骨盤の左右の傾きをコントロールすることで、反対側の股関節が落ち込むことを防ぎ、全身の側方安定性の保持のみならず、大きな出力をもった下肢筋群が身体の推進に有効に作用できる姿勢の確保に深く関

わっている。また、片脚による強い踏切動作においては股関節の外転自体が支持から推進を通して重要な役割を果たしていると考えられている。両脚支持の運動においても、股関節に対して下肢全体を適切な位置に配置することで、下肢の有効な出力を安全に行ううえで重要である。片脚支持、両脚支持にかかわらず、股関節外転筋群の関与が不十分な着地動作や方向変換動作においては、いわゆるknee-in（膝関節が内側に入った状態）の状態が生じやすく、下肢の出力が制限されるだけでなく、傷害の原因にもなりやすい（図7）。

5 内転筋群

　内転筋群は骨盤の下端、坐骨結節から恥骨結合にかけて起始し、膝関節の内側を頂点とする半円錐形のスペースに位置している。内転筋群は全体として大腿内側の大部分を占め、ハムストリングスに匹敵する生理的横断面積を有している。前縁は縫工筋、後縁は内側ハムストリングスに接している（図8）。膝関節をまたぐ薄筋以外は大腿骨に停止する。恥骨筋、短内転筋、長内転筋、大内

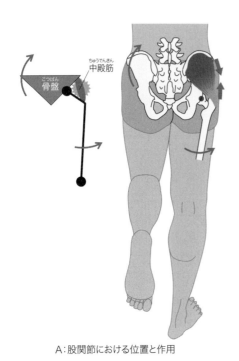

A：股関節における位置と作用

図7 ●中殿筋の構造と作用

機能不全 → knee-in

機能不全 → 骨盤反対側の落ち込み

B：支持期における機能不全は膝関節の内側への
　変位(knee-in)や骨盤反対側の落ち込みにつながる

転筋、薄筋がこのグループに分類されるが、薄筋
は恥骨に起始し、脛骨の内側、脛骨粗面に鵞足の
一部として停止する薄く長い筋である。内転筋群
のなかでは唯一膝関節をまたぐ筋であり、膝関節
の屈曲や内旋の作用を有するため、機能的には他
の筋と分けて考えられる。内転筋群は名称の通り、
股関節内転の主働筋であるが、股関節の肢位に
よって股関節の屈曲、伸展、回旋にも重要な役割
を果たしている。

⑴肢位の変化と股関節屈曲・伸展作用（図9）

　恥骨結合の長内転筋起始は、股関節最大屈曲位
（A）では大腿骨の背側に、逆に最大伸展位（B）
では大腿骨の腹側に位置することになる。長内転
筋の張力は（B）の肢位では股関節屈曲に、（A）
の肢位では股関節伸展に作用することがわかる。
このように、肢位の変化に伴って起こる運動軸と
筋との位置関係の変化によって、解剖学的正位（静
止立位）におけるものとは異なる作用が生じる例
は数多く、運動中の筋の作用を考えるうえで重要
な視点となる。

⑵股関節内旋への作用

　ほとんどの内転筋は大腿骨の背側（後面）に停
止する。内側から後面に入るため、見かけ上は単

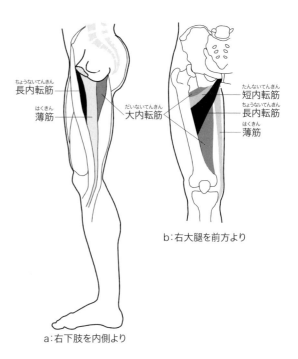

b：右大腿を前方より

a：右下肢を内側より

図8 ●股関節の内転筋群

純に骨の長軸に対しては外旋のモーメントを生じ
るように思える。しかし大腿骨では、大腿骨頸部
の存在によって運動軸は骨幹から離れた骨頭にあ
るため、実際に生じるモーメントは大腿骨頭と内
転筋の作用線の位置関係によって変化する。起始

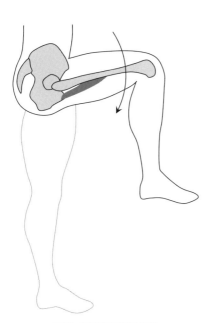

A：深い屈曲位で伸展作用

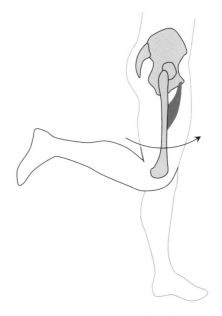

B：伸展位では屈曲作用

図9 ●股関節角度によって変化する長内転筋の作用

が骨盤の前側にある筋群は、とくに伸展位におい
て、大腿骨幹を前方に引き出すことになる。この
力は直接大腿骨幹を引くのではなく、大腿骨頸の
レバーを回転させることにつながり、結果的に大
腿骨頭の回旋は内旋方向に向くことになる（図
10）。股関節外転位で内転筋群の緊張を全体的に
高めた姿勢においては、股関節を外旋位に変位さ
せたとき、特に前方（腹側）に位置する内転筋群
の緊張が高まる。これは内転筋群が内旋作用を
もっていることのあらわれである。股関節の屈曲・
伸展や回旋の姿勢によって、相対的な付着部の位
置関係に変化が生じるため、回旋への関与につい
てもそれに応じた変化が生じる。

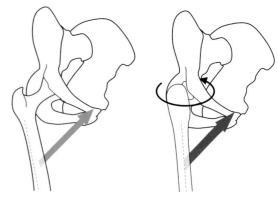

〈右股関節を外側方から見る〉

図10 ●内転筋群による股関節内旋
恥骨に起始し、大腿骨後面に停止する内転筋が大腿骨幹を
前方に引き出し結果的に内旋する。

[6] 疾走と内転筋

　長内転筋と大内転筋の表在の部分は、矢状面で
見た大部分の筋線維の走行が大腿骨の長軸に沿っ
ており、股関節の屈曲・伸展の速度を大きくする
うえでは必ずしも効率がよいとはいえない。しか
し、このような構造は、股関節の伸展・屈曲モー
メントを生む力成分と同時に、大腿骨を股関節に
向かって引き込み安定化させることに適している。
走運動における内転筋群は、走速度の増加に伴っ
て活動を増加させる。局面ごとにみると、遊脚期
において股関節の屈曲が大きくなった局面、伸展
が大きくなった局面のどちらにおいても活発に活
動する。走運動中の長内転筋、大内転筋は、離地
直後のスイング局面における活動や屈曲位から伸
展への切り替えに関与し、可動域の両端（深い屈
曲・伸展位）で活発に作用し、股関節の大きな変
位からの回復に作用する。

[7] 深層の外旋筋群 （図11）

　殿部の大殿筋よりも深層、仙骨と大転子の間の
スペースには、骨盤から起こり、大転子の周辺に

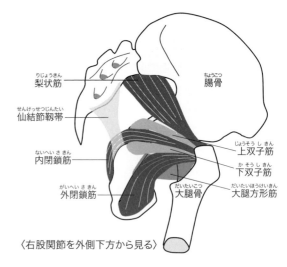

〈右股関節を外側下方から見る〉

図11 ●股関節深層の外旋筋群
　　　（Spalteholz、パブリックドメイン、1939の図を
　　　参考に著者作図）

付着する筋群がある。梨状筋、上双子
筋、内閉鎖筋、外閉鎖筋、大腿方形筋がこれに含
まれる。いずれの筋も股関節を外旋する作用を有
している。また、いずれも比較的骨頭の近くで大
腿骨を寛骨臼に向かって引く位置にあり、関節の
安定にも作用している。

---

3. 膝関節の骨格と運動

　膝関節は大腿骨の遠位骨端と脛骨の近位骨端、そして膝蓋骨から構成される、大腿骨と脛骨の間で主

に屈曲・伸展が行われる蝶番関節である。

⑴静的な安定機構

膝関節は直立位では完全伸展位となり、大腿骨顆と脛骨関節面との接触面積が大きくなる。完全伸展位であっても、骨同士のつながりは不安定であるが、膝窩部の靱帯、屈筋群の緊張とともに、側副靱帯、十字靱帯も緊張を強め、膝関節は過伸展が抑制され、内反・外反、回旋に対しても安定な状態になる。逆に屈曲位では膝関節周囲の靱帯がゆるみ、関節の「あそび」がある状態になるため、内反・外反、内旋・外旋も比較的自由になる（図12）。

⑵膝蓋骨の役割

膝蓋骨は大腿四頭筋の筋腹から膝蓋靱帯へと至る停止腱の中にある人体最大の種子骨である。膝関節前面の皮下にはっきりと触れることができる。深部に位置する大腿骨と接する側は軟骨で覆われており、大腿骨との間で、膝蓋大腿関節を形成する。膝蓋骨は近位部（膝蓋骨底）が太く、浅層、深層、外側、内側から線維を受ける大腿四頭筋腱に大きな付着部を提供している。膝蓋骨は大腿骨の顆間部の溝によって形成された溝に適合して動

くことで、腱の走行を安定させる作用がある。さらに大腿四頭筋の張力について、膝蓋靱帯から脛骨粗面に作用する力の作用線をより前方に向けることによって、膝関節伸展のモーメント（回転力）が生まれやすい構造をつくっている。

1 膝関節の靱帯

⑴十字靱帯

膝関節には関節腔内に前十字靱帯と、後十字靱帯という、走行の異なる2つの十字靱帯がある。これらの靱帯は名称の通り前額面内で交差するように走行し、特に膝関節の前後方向、回旋方向安定に重要な役割を果たしている（図13）。前十字靱帯が近位から遠位に向かって内側前方にのびており、大腿骨側の付着が脛骨側の付着よりも後方（背側）にある（矢状面内模式図）。このため前十字靱帯は脛骨の大腿骨に対する前方への引き出しを制限している。一方、後十字靱帯の矢状面内の走行は前十字靱帯とは逆に、近位から遠位に向かってやや外側後方にのびており、大腿骨側の付着が脛骨側の付着よりも前方（腹側）に位置する。このため後十字靱帯は脛骨の大腿骨に対する後方

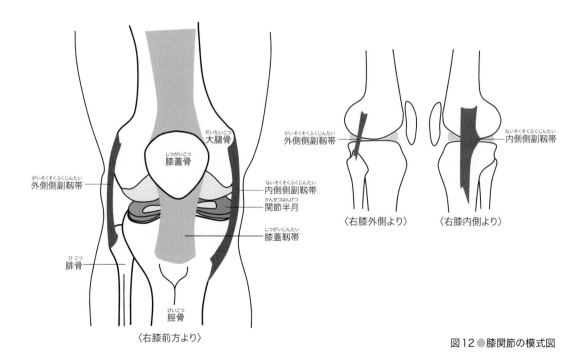

図12●膝関節の模式図

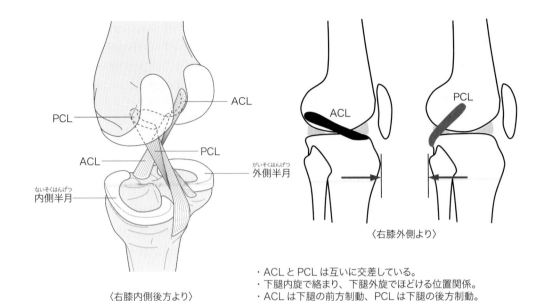

〈右膝内側後方より〉

図13●前十字靭帯（ACL）と後十字靭帯（PCL）

ACL
PCL
ACL
PCL
がいそくはんげつ
外側半月
ないそくはんげつ
内側半月

〈右膝外側より〉

・ACL と PCL は互いに交差している。
・下腿内旋で絡まり、下腿外旋でほどける位置関係。
・ACL は下腿の前方制動、PCL は下腿の後方制動。

（文献2に筆者加筆）

への引き出しを制限している。このような十字靭帯の走行の特徴は、断裂を判定するための代表的な整形外科的テストがそれぞれ脛骨の前方引き出しテスト（前十字靭帯）、脛骨の後方引き出しテスト（後十字靭帯）であることにも反映している。さらに下腿内旋時はお互いが巻きつき、内旋を制限する構造となっている。

　前十字靭帯は、膝関節の転がりと滑りの調節に関与したり、関節の位置覚のためのセンサーとしても重要である。走りからのストップ動作や方向変換、跳躍の着地のような、膝関節に急激な制動やねじれを生じる運動において膝関節の安定を保つなど非常に重要な役割をもっている。この靭帯は様々な原因で断裂することがあるが、膝の外反外旋（knee-in toe-out：ニーイン・トーアウト）を強制されるような状況（着地時、方向転換時、特に踵接地中の方向転換、外側からの衝突時など）、膝関節の過伸展における断裂例がよく知られている。この靭帯が断裂すると膝関節の不安定性が顕著になるため、競技者においては手術による再建が一般的である。

　後十字靭帯の損傷は、膝関節屈曲位において膝下（脛骨粗面）を強く地面に打ち付けたときに多い。このときに生じる急激な後方への変位が原因となって断裂が起こる。断裂によって生じる不安定性は前十字靭帯の場合ほど大きくないことが多く、保存的に治療される例も多い。

⑵側副靭帯

　膝関節を側方で支える靭帯には、内側側副靭帯と外側側副靭帯がある。内側側副靭帯は膝関節の外反を制限し、外側側副靭帯は内反を制限する。

⑶膝蓋靭帯

　膝蓋骨から起こり、脛骨粗面に付着する強靭な靭帯。膝蓋骨の下端と脛骨粗面の間に触れることができる。大腿四頭筋の張力を脛骨に伝える。膝蓋靭帯を叩打することで、大腿四頭筋が瞬間的に引き伸ばされ、伸張反射（膝蓋腱反射）が誘発されることが知られている。

⑷関節半月

　一般には「半月板」と呼ばれる線維軟骨の組織で脛骨内側顆、外側顆の膝関節面に、それぞれ内側半月、外側半月の一対がある。内側半月は大きな内側顆に対応してC字状、外側半月はより円に近い形状である。半月はその両端が脛骨に付着しているが、大腿骨と脛骨との間に挟まれる部分は直接脛骨には付着していない。そのため膝関節の

屈曲・伸展や回旋に合わせて移動することが可能
で、肢位の変化に応じて関節面の適合を助けてい
る。膝関節のクッションとして、あるいは潤滑装
置としても重要な半月であるが、損傷が多いこと
でも知られる。血管の分布が辺縁部に限られるた
め、損傷した際に治癒しにくいという問題もある。

2 膝関節の伸筋

(1)大腿四頭筋

　大腿の前面の大部分を占め、膝蓋骨に集まり、
膝蓋靱帯を介して脛骨粗面に停止する強大な筋群
をひとまとめにして大腿四頭筋という（図14、
18）。大腿四頭筋は外側広筋、内側広筋、中間広
筋と大腿直筋の四頭からなり、いずれも膝関節伸
展において中心的な役割を果たす。

　広筋群は大腿骨と大腿筋膜に起始し、膝関節の
みをまたぐ単関節筋である。外側広筋は大腿前面
の外側を占める。内側広筋は大腿の内側前面に位
置し、大きな筋腹が体表からもよく目立つ。内側
広筋の遠位部（下部）は筋線維が内側へ斜走し、
膝蓋骨を内側に引く力成分を生じる。膝蓋靱帯の
走行と大腿四頭筋の作用線のなす角（Q-angle）

の影響で四頭筋収縮時、膝蓋骨が外側へ引き出さ
れる力が生じるが、内側広筋の内側に向かう力成
分は、この力を中和することで、膝蓋骨の側方安
定性に寄与していることが知られている。

　大腿直筋は、腸骨に起始し、股関節と膝関節を
またぐ、大腿四頭筋のうち唯一の二関節筋である。
大腿前面の中央に位置し、広筋群と比べると幅の
狭い独立した筋腹として観察できる。片脚立位で、
非支持脚の膝伸展位を保持したまま股関節を屈曲
し下肢を前方に挙上していくと、外側広筋と内側
広筋の中間に、索状の大腿直筋の筋腹を触れるこ
とができる。二関節筋であることから、膝関節伸
展とともに股関節屈曲の作用も有している。さら
にダイナミックなジャンプや疾走においては、股
関節伸展の力を膝関節伸展に直接伝える役割も果
たしている。大腿直筋の深層には、中間広筋の筋
腹が位置する。

3 膝関節の屈筋

(1)ハムストリングス

　大腿後面にある、膝関節屈曲に関与する筋群を
ハムストリングスと呼ぶ（図15、19）。ハムス

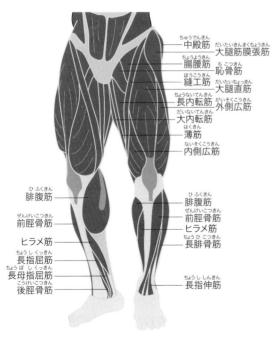

図14●下肢前面の筋群　　　　　　（文献5より）

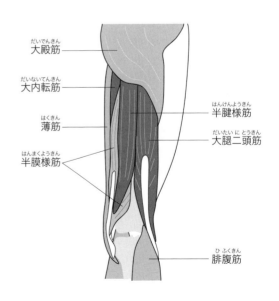

図15●大腿後面の筋群　　　　　　（文献5より）

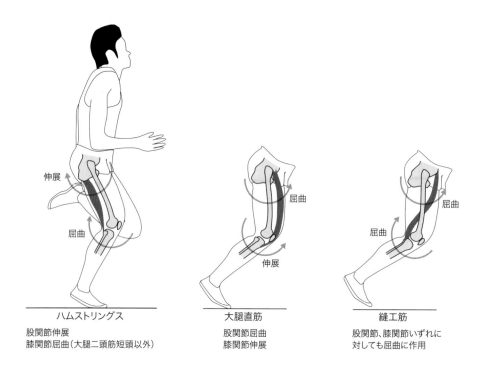

伸展

屈曲

屈曲

伸展

屈曲

屈曲

屈曲

ハムストリングス

股関節伸展
膝関節屈曲(大腿二頭筋短頭以外)

大腿直筋

股関節屈曲
膝関節伸展

縫工筋

股関節、膝関節いずれに
対しても屈曲に作用

図16●大腿部二関節筋の模式図

トリングスは外側の大腿二頭筋と、内側浅層の半腱様筋、内側深層の半膜様筋によって構成される。半腱様筋、半膜様筋と大腿二頭筋のうち長頭は股関節をまたぎ、坐骨結節に至っているため、股関節に対しては伸展に作用する。立位でお辞儀をした姿勢を保持するには、脊柱起立筋や大殿筋とともに、ハムストリングスによる股関節伸展の力も重要である。同様に、手の指先の到達距離で評価される体前屈の可動域は、脊柱の屈曲可動域と同時にハムストリングスの柔軟性に大きく影響を受ける。ハムストリングスは股関節伸展と膝関節屈曲に同時に作用するため、高速の疾走やジャンプ、大きな歩幅での移動、上り坂や前傾姿勢での推進において、膝関節の姿勢をコントロールしながら地面に対して股関節の伸展力を伝達するキック動作や、下肢全体のスイング動作に重要な役割を果たしている。

大腿二頭筋は大腿骨後面に起始し、膝関節のみをまたぐ短頭と、坐骨結節から起こり、股関節をまたぐ長頭が太い腱に合一して、腓骨頭に停止する。膝関節に対しては、屈曲に作用すると同時に

外旋の作用も有している。

半腱様筋は坐骨結節から起こり、遠位端は縫工筋、薄筋とともに鵞足を形成し脛骨の内側顆に停止する。大腿後面内側の最も表層に位置する索状の筋肉で、膝関節屈曲位で張力を発揮した状態で、停止腱を体表からはっきりと触れることができる。同じく大腿後面内側に位置し、半腱様筋の深層にある半膜様筋は、筋腹、停止腱ともに扁平で半腱様筋に隣接して触知することができる。半腱様筋とともに脛骨の内側顆に停止する。構造から明らかなように内側ハムストリングスは股関節の伸展と、膝関節の屈曲、および内旋の作用がある。

(2)縫工筋

縫工筋は上前腸骨棘から起こり、大腿前面を斜めに横切り、鵞足に停止する細長い筋で、全身の筋肉の中でも最も長い筋線維を有している。この筋は股関節と膝関節の両方をまたぐ二関節筋である。大腿に位置する他の二関節筋が、一方の関節には屈筋として、他方の関節には伸筋として作用するのに対して、縫工筋のみは股関節に対しても膝関節に対しても屈曲に働く点で特殊である（図

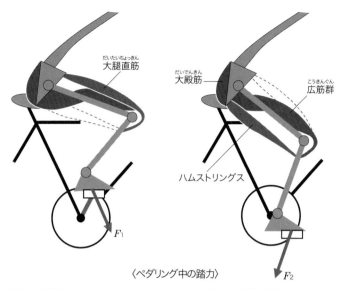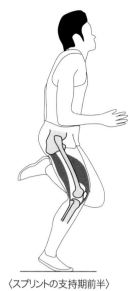

〈ペダリング中の踏力〉 〈スプリントの支持期前半〉

A：反力 F_1 は前下方に向いている
　筋活動は膝・股単関節伸筋＆大腿直筋
　（二関節筋）

B：反力 F_2 は後下方に向いている
　筋活動は膝・股単関節伸筋＆
　ハムストリングス（二関節筋）

C：スプリントの支持期

図17 ●足部の力発揮方向調節と大腿部二関節筋の関与　　　　　　　（文献8を参考に作図）

16）。

腓腹筋は足関節底屈の主働筋として知られるが、膝関節をまたいでおり、膝関節屈筋としての作用ももっている。

⑶大腿四頭筋とハムストリングスの共収縮（図17）

大腿四頭筋とハムストリングスは膝関節に関しては、それぞれ伸筋と屈筋にあたり、一般的には拮抗筋として知られている。しかし、下肢の複合関節運動においては同時に活動する局面も多い。実際に椅子に腰掛けた姿勢から、右手で右大腿の前面、左手で右大腿の後面をつかんだ状態で立ち上がってみると、これらの筋肉が同時に張力を発揮している様子をはっきりと確認することができる。より詳細にペダリングを例にとってみると、自転車のペダリングにおいて、ペダルが最も高い位置にある姿勢から蹴り下げるとき、ペダル踏力は前半前方に、後半は後方に向かう。単関節の股関節伸筋である大殿筋と、同じく単関節の膝関節伸筋である広筋群はこの間、張力を発揮し続ける。また、一方の関節には伸筋として作用し、他方の

関節に対して屈筋として作用する二関節筋（前面：大腿直筋、後面：大腿二頭筋短頭以外のハムストリングス）は活動を交代することで反力の方向の調節に作用している。すなわち、反力を前下方へ向ける局面（図17A）では単関節の伸筋と大腿直筋が同時に作用し、反力を後下方へ向ける局面（図17B）では、同じく単関節の伸筋群とハムストリングスが共収縮するという具合である。短距離走の支持期前半においても外側広筋とハムストリングスの共収縮が見られる（図17C）。このようにトルク発生する単関節性の伸筋と対になって働く二関節筋は、各関節へのトルクの分配や反力の方向を調節する働きも担っている。

⑷膝窩筋

筋腹は下腿後面の最も近位の深部に位置する。起始腱は、大腿骨外側顆に起始して外側側副靱帯よりも深層を通って膝関節包を貫き、膝窩部を内下方に走行し、広くなった筋腹は脛骨の近位部後面、腓腹筋の深層で脛骨に付着する。脛骨内旋、膝完全伸展位からの屈曲初期にロックを解除する作用を有する。膝屈曲位での加重時に見られるよ

うに、脛骨関節面に対して、大腿骨が前方に滑り落ちるような負荷がかかった際、それを止めるように作用すると考えられている。

⑸ 鵞足と腸脛靱帯（図18、19）

脛骨粗面の内側に縫工筋、薄筋、半腱様筋の停止部が集中するが、その形状から鵞足（鵞鳥の足）

と呼ばれている。膝関節の内側後方を包み込むような走行から、膝関節の外反安定性や回旋安定性に関わっていることがわかるが、膝関節の運動に伴って脛骨の内側顆と擦れ合う構造から、ランニング障害などの起こりやすい部位でもある。

鵞足付着部の反対側、脛骨の外側顆には、膝関

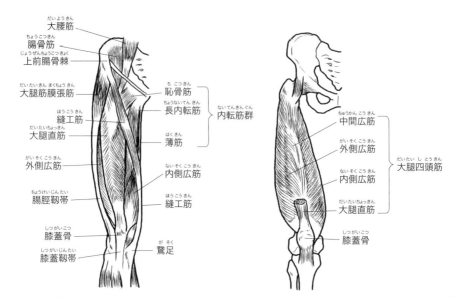

図18 ●大腿前面の筋　　　　　　　　　　　　　　　　　　　　　　　　　　　　　（文献1より）

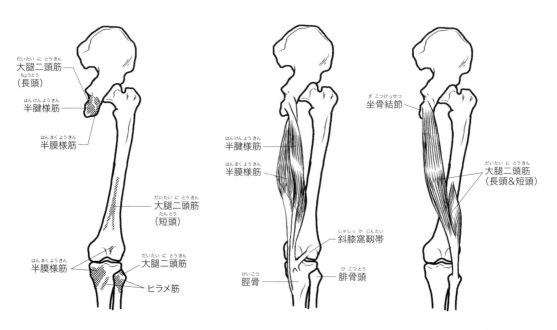

図19 ●大腿後面の筋　　　　　　　　　　　　　　　　　　　　　　　　　　　　　（文献1より）

節の外側を覆うように走行する分厚い腱膜様の腸脛靱帯が付着している。この靱帯の始まりは腸骨稜の前部に付着する大腿筋膜と上前腸骨棘に起始する大腿筋膜張筋で、これらを受けた線維が、殿部の筋群や大腿の筋群の筋膜ともつながりをもちながら脛骨に至る。このような構造から腸脛靱帯の緊張は殿部および大腿の筋群から大きな影響を受けている。

---

4. 足と足関節の骨格と運動

　足部は、足根骨、中足骨、指骨によって形成されている。足根骨は7個あり、近位に距骨と踵骨、中列には舟状骨、立方骨、そして遠位（足指側）に内側、中間、外側3つの楔状骨が並んでいる。これらの骨は互いに靱帯によって結合されている。踵骨は足底の分厚い皮下組織とともに踵を形成し、二足歩行を行うヒトに特有の大きく頑丈な構造である。下腿の脛骨と直接接し距腿関節（足関節）をつくる距骨は、多くの複雑な関節面をもち、踵骨との関節（距踵関節）、舟状骨との関節（距舟関節）を形成するが、この骨に付着する筋はない。

　足根骨を遠位と近位に分ける距舟関節、踵立方関節は、合わせて横足根関節（ショパール関節）と呼ばれる。遠位の列は、さらに遠位にある中足骨との関節（リスフラン関節）を形成している（図

20）。

(1)距腿関節

　脛骨と腓骨の下端に位置するそれぞれ内果、外果に距骨滑車が挟み込まれる構造で、足の底背屈がこの関節で起こる。距骨滑車は脛骨下端のドーム状の天井と軟骨同士で接している。滑車両端の軟骨面は内側では脛骨内果の内側面の軟骨と接し、外側では腓骨外果内側面の軟骨と接して、両者によって挟み込まれる構造である（図3）。距骨滑車は踵側から足先方向に向かって幅が広い。そのため、つま先を持ち上げた背屈位では関節のはまり込みが強固であるのに対して、底屈位でははまり込みが緩く関節の自由度が高くなる。内返しの捻挫が底屈位で起こりやすい原因の1つはここにある。この関節の安定に関わる主な靱帯は、腓骨

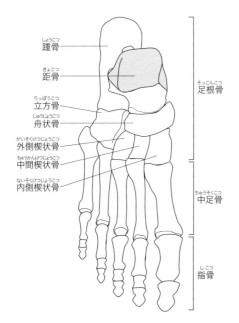

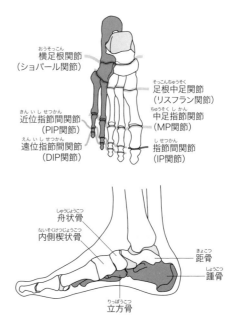

図20●足部の骨と関節

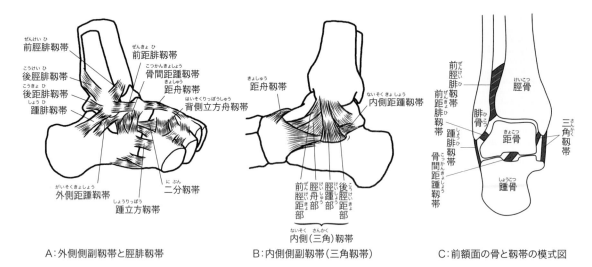

A：外側側副靱帯と脛腓靱帯

前脛腓靱帯
ぜんけい ひ
後脛腓靱帯
こうけい ひ
後距腓靱帯
こうきょ ひ
踵腓靱帯
しょう ひ
前距腓靱帯
ぜんきょ ひ
骨間距踵靱帯
こつかんきょしょう
距舟靱帯
きょしゅう
背側立方舟靱帯
はいそくりっぽうしゅう
外側距踵靱帯
がいそくきょしょう
踵立方靱帯
しょうりっぽう
二分靱帯
に ぶん

B：内側側副靱帯（三角靱帯）

距舟靱帯
きょしゅう
内側距踵靱帯
ないそくきょしょう
前脛距部
脛舟部
脛踵部
後脛距部
内側（三角）靱帯
ないそく さんかく

C：前額面の骨と靱帯の模式図

前脛腓靱帯
ぜんけい ひ
前距腓靱帯
ぜんきょ ひ
踵腓靱帯
しょう ひ
骨間距踵靱帯
こっかんきょしょう
脛骨
けいこつ
腓骨
ひこつ
距骨
きょこつ
踵骨
しょうこつ
三角靱帯
さんかく

図21 ●距腿関節周囲の靱帯　　　　　　　　　　　　　（Cは文献1を参考に作図）

と足根骨を外側で結ぶ靱帯として、外側側副靱帯（前距腓靱帯、踵腓靱帯、後距腓靱帯）。同様に腓骨と足根骨を内側で結ぶ靱帯として内側側副靱帯（三角靱帯）があり、脛骨と腓骨を結ぶ靱帯として前脛腓靱帯、後脛腓靱帯がある（図21）。内返し捻挫で最も損傷の頻度が高い靱帯は外側の前距腓靱帯である。

⑵距骨下関節

　距腿関節が足関節の底背屈のみを担当しているのに対して、足の回内・回外や内転・外転は距骨下関節で生じる。距骨下関節は距骨下面と踵骨前上面の間にある3つの関節面による関節である。距骨下関節の運動は、この複合的な平面関節における距骨と踵骨の間の動きによって生じる。距骨頭には前方にキャップを被せるように舟状骨の後面のくぼみが対応している。第一から第三中足骨、楔状骨、舟状骨へとつながる前足部内側からの荷重はこの関節面を通して距骨へと伝えられる。第四第五中足骨からの荷重は立方骨へと伝えられる。

　関節内の靱帯として骨間距踵靱帯があるが、この靱帯は踵骨の距骨を載せる前後の関節面の間、横足根洞内部に付着し距骨と踵骨の間の過度な運動で緊張する。そのため、この靱帯を中心として距骨と踵骨の間の柔軟な運動が可能となっている。

⑶リスフラン（足根中足）関節（図20）

　足根骨の遠位列（楔状骨、立方骨）と中足骨との間の関節。足根中足関節は、前足部アーチの弯曲や傾きを調整する役割をもっている。距骨下関節を固定した状態で観察できる前足部（足の甲）の回内・回外は主にリスフラン関節で起こっている。中足骨は足根骨との間の平面関節でわずかな動きが可能である。足部の強い内返しや屈曲の際に損傷することがある。

⑷足関節の運動

　足関節の運動に関わる筋は、下腿から距骨を越えて足部に入ってくる筋群である。これらは、それぞれの筋の力線と運動軸との位置関係から、主な作用を知ることができる（図22）。例えば前脛骨筋は足関節背屈の主働筋としてよく知られているが、底背屈の軸より前方にあると同時に、回内・回外軸の内側に位置するため、回外筋としても作用する。同様に回外の主働筋として知られている腓骨筋群は、底背屈の運動軸の後方を回り込むように走行するため、底屈の作用も有している。内果の後方内側から足底に入る後脛骨筋は回外と底屈の作用をもっている。

⑸足の縦アーチ

　足部には、足指から中足骨を通って足根骨に至る縦アーチ構造がある。このアーチ構造には内側

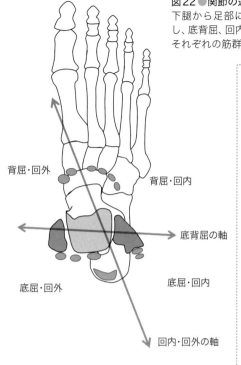

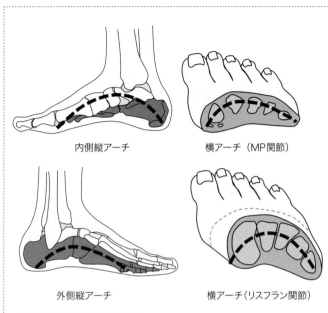

図22●関節の運動軸と筋群の作用
下腿から足部に至る筋群が足関節をまたぐレベルの腱断面を模式的に示し、底背屈、回内回外軸との相対的な位置関係を示した。この関係によって、それぞれの筋群が発生しうるトルクに差が生じる。（文献4を参考に作図）

背屈・回外

背屈・回内

底背屈の軸

底屈・回外

底屈・回内

回内・回外の軸

内側縦アーチ

横アーチ（MP関節）

外側縦アーチ

横アーチ（リスフラン関節）

図23●足部のアーチ構造

縦アーチ、外側縦アーチがあり、荷重に対して足の構造を保護したり、変形によって衝撃やバランスの崩れを吸収したり、移動運動においては板バネのように作用して弾性的にエネルギーを溜め込み、地面を蹴る力を高めるなどの働きがある（図23）。

　内側縦アーチは、大きく、推進の力や着地の際の荷重の主な通り道となる。そのため強くて太い中足骨を備えているが、疲労骨折などの障害の好発部位でもある。同様に楔状骨と距骨頭の間に挟まれて大きな負荷を受ける舟状骨も障害が発生しやすく治癒しにくい部位である。

　外側縦アーチは内側と比べると小さく、中足骨は立方骨と関節し、距骨を介さず踵骨につながる。

　縦アーチの保持には、足底腱膜、長足底靱帯、底側踵舟靱帯（スプリング靱帯）に代表される静的な支持機構が関与している（図24）。それとともに、足部の内在筋、下腿に起こり内果の後方から足底に入る後脛骨筋、長母指屈筋、長指屈筋などの外在筋も、足部足関節のダイナミックな安定

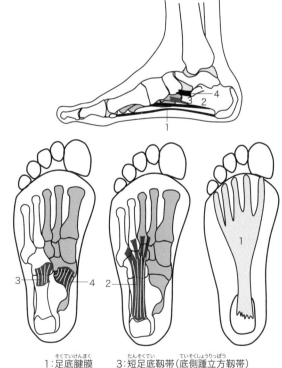

　　　　そくていけんまく　　　　　　　　　たんそくてい　　　ていそくしょうりっぽう
1：足底腱膜　　　　　　3：短足底靱帯（底側踵立方靱帯）
　　　ちょうそくてい　　　　　　　　ていそくしょうしゅう
2：長足底靱帯　　　　　4：スプリング靱帯（底側踵舟靱帯）

図24●足部縦アーチの静的支持機構（靱帯）（文献5より）

に関わっている。外側縦アーチには同様に腓骨に起こり、外果の後方を回って第五中足骨粗面に停止する短腓骨筋、立方骨を持ち上げるように下面を通過し、第一中足骨底まで至る長腓骨筋がダイナミックな安定に関わっている（図25）。

足指の背屈は、足指の底側面まで広がる足底腱膜の遠位端を巻き上げるように牽引するため、母指球と踵骨の距離を縮め、結果として足部の縦アーチを高める作用がある。この仕組みのことをウィンドラス機構（巻き上げ機構）という（図26）。歩行や走運動において、推進局面で足指の背屈を伴うが、この動きが足部の安定を生みながら、足底腱膜のバネに力をためるように作用している。

横アーチは、縦アーチと直交する方向（前額面内）のアーチ構造で、立方骨、楔状骨と中足骨によって形成される。頂点は中間楔状骨にある。横アーチの保持には、足根骨と中足骨に関わる靱帯の作用とともに、アーチを横切る母指外転筋や長腓骨筋が関与している。

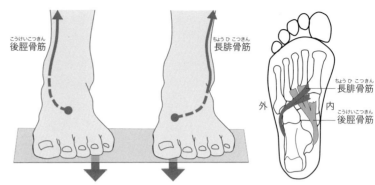

A：後脛骨筋
前足部の荷重を外側に分散する

B：長腓骨筋
前足部の荷重を母指球側に集める

後脛骨筋と長腓骨筋
（右足を足底から見る）

図25 ● 長腓骨筋と後脛骨筋と作用　　　　　　　　　　（文献5より）
それぞれ外側、内側から足底に入り足関節の側方安定性やアーチの動的な支持にかかわる。

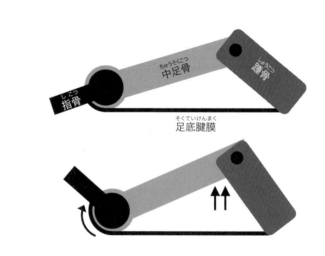

図26 ● 足部縦アーチのウィンドラス（巻き上げ）機構の模式図　　　（文献5より）
足底腱膜は足指から踵骨をつなぐ膜状の構造である。足指の伸展によって足底腱膜が巻き上げられることによって、足部の縦アーチが高くなる。

5. 足関節をまたぐ筋

① 底屈筋群

腓腹筋は大腿骨に起始し、下腿後面の最も表層を走行して、いわゆるふくらはぎの膨らみを形成する。内側頭と外側頭の二頭から成り、筋腹の深層にある停止腱は細く分厚くなってアキレス腱と

してヒラメ筋とともにアキレス腱を介して踵骨隆起に停止する（図2、6）。構造からも明らかなように、膝関節と足関節の両方をまたぐ二関節筋で、強力な足関節底屈筋であると同時に、膝関節の屈筋としても作用する。さらに膝関節をまたぐ構造から、膝関節の大きな伸展出力を足関節に伝達す

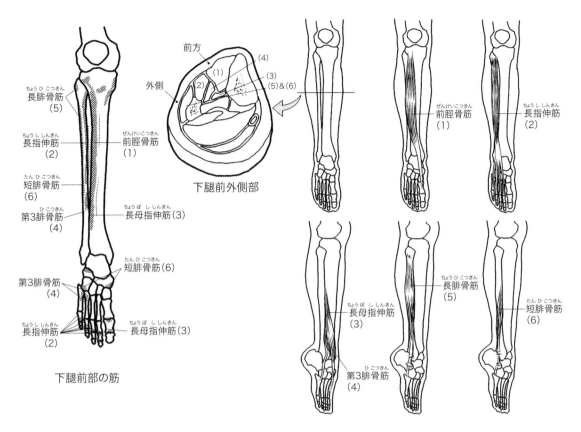

前方

外側

(1)
(2)
(3)
(4)
(5)&(6)

下腿前外側部

長腓骨筋（ちょうひこつきん）
(5)

長指伸筋（ちょうししんきん）
(2)

短腓骨筋（たんひこつきん）
(6)

第3腓骨筋（ひこつきん）
(4)

前脛骨筋（ぜんけいこつきん）
(1)

長母指伸筋（ちょうぼししんきん）(3)

短腓骨筋（たんひこつきん）(6)

第3腓骨筋（ひこつきん）
(4)

長指伸筋（ちょうししんきん）
(2)

長母指伸筋（ちょうぼししんきん）(3)

下腿前部の筋

前脛骨筋（ぜんけいこつきん）
(1)

長指伸筋（ちょうししんきん）
(2)

長母指伸筋（ちょうぼししんきん）
(3)

第3腓骨筋（ひこつきん）
(4)

長腓骨筋（ちょうひこつきん）
(5)

短腓骨筋（たんひこつきん）
(6)

図27●足関節底背屈筋群 （文献1より）

る役割をもっている。速筋線維の占める割合が高く、ジャンプやスプリントなど大きな出力で素早く動く際、足関節のバネ的な振る舞いにも重要な役割を果たす。腓腹筋の二頭とヒラメ筋とを合わせて下腿三頭筋と呼ぶ。

ヒラメ筋は最も強大な足関節底屈筋で、下腿に始まり足関節のみをまたぐ。筋腹は腓腹筋の深層で下腿後面を大きく覆っている。立位の保持に作用する抗重力筋としても知られており、持久的な活動に適した遅筋線維を多く含んでいる。脛骨から腓骨近位部に起始する大きな筋腹で、深層にある足指の屈筋群や、後脛骨筋を包むように走行し、アキレス腱を介して踵骨に停止している（図2、6）。

② 背屈筋群

前脛骨筋は深層では脛骨の外側面と下腿骨間膜、浅層では皮下の下腿腱膜から起こり、筋内の停止腱に付着する足関節背屈の主働筋である（図27）。停止腱は下腿遠位（むこうずね）の前面外側を下行し、最終的には脛骨を外側から内側へ斜めに横切って、伸筋支帯の下を通って足部中央の内側、内側縦アーチの頂点付近にあたる内側楔状骨の下面と、第一中足骨底に停止する。歩行や走行時には遊脚側のつま先を持ち上げ、続く接地の準備に関与している。疾走や跳躍の接地準備においても続く強い底屈方向の力発揮に備える活動が観察される。前足部を内側から持ち上げるため、足関節の背屈と同時に内返しにも作用する。この筋が麻痺すると、歩行や走行時の遊脚相でつま先が下垂し（下垂足）、スリッパが脱げやすくなる、歩行時につまずいてしまうなどの問題が生じる。移動からの急激なストップや、坂道を下るような足関節の強制的な底屈を制動する際に伸張性に強く働く。

③ 腓骨筋群

腓骨の外側面から起こり、外果の後方を回り込んで足部に至る筋群を腓骨筋群と呼ぶ。長腓骨筋は腓骨頭、腓骨上部の外側面・脛骨の外側顆などから起こり、腓骨の外側を走行するが、外果遠位端を滑車のようにして巻き込んで方向を変えると、踵骨から立方骨に接して足底に回り込み、足底を斜めに横切って第一中足骨底に停止する。短腓骨筋は長腓骨筋よりも遠位の腓骨外側面に起始し、長腓骨筋と並んで走行し外果で方向を変えた後、足底には回らず、第五中足骨粗面に停止する。皮下組織の少ない人では、長・短腓骨筋の腱が外果の足底寄り、踵骨上の皮下で隣接している様子が、視覚的に確認できる。また皮下に隣接する二腱を触れることができる。これらの二筋はどちらも強力な足の回内筋であると同時に、底屈の作用も有している。この筋群は足関節の側方安定性の確保に寄与し、足関節内返し捻挫の予防や、リハビリテーションにおいて特に重視される筋群である。さらに、母指球に加重しての体重支持や、推進のキック、踏切動作や側方への切り返し動作においても強く作用する（図27）。

④ 足指の伸筋

母指以外を伸展する長指伸筋は、前脛骨筋の外側、脛骨外側顆、腓骨頭および腓骨近位部、下腿筋膜および骨間膜に起始し、長い腱をもって伸筋支帯の下で走行を曲げ、細い腱に分かれて母指以外の4指へ向かい、それぞれ指背腱膜に停止する。足部から起こる短指伸筋と協同して足指の伸展に作用する。足関節に対しても、背屈、回内の作用を有している。

母指の伸筋である長母指伸筋は、下腿骨間膜および腓骨の中間部の内側面から起こる。長い停止腱は足関節の前面では前脛骨筋腱の外側、長指伸筋腱の内側に位置し、体表からもはっきりと観察することができる。停止腱は足関節を越えて母指の末節骨まで至り、足関節背屈も助ける（図27）。

⑤ 下腿後面深層の筋群

下腿深層の筋群（後脛骨筋、長指伸筋、長母指伸筋）：ヒラメ筋の深層には足底や足指に至る筋群の起始、筋腹がある（図28）。最も内側には脛骨の後面に起始し、母指以外の足指に至る長指屈筋がある。足に始まり足指に停止する短指屈筋や虫様筋、骨間筋などと協同して足指を屈曲する。下腿後面中央には、足関節内返しの作用を有する後脛骨筋がある。下腿後面の深部に起始した後脛骨筋は下腿遠位1/3で長指屈筋と交差するように皮下に出現した後、内果の後部から下部を巻き込むように走行し、足部縦アーチ（土踏まず）の頂点付近に広がって停止する。後脛骨筋は足部アーチの動的な保持に重要な役割を果たしている。下腿後面でヒラメ筋より深部に位置する三筋のうち最も外側に起始するのは足の母指屈曲の主働筋である長母指屈筋で、下腿骨間膜と腓骨より起始し内果と外果の中央を通過した後、長指屈筋の腱を越え、母指の末節骨に至る。下腿から足部内側、足底へと至る足指の屈筋はいずれも足部アーチの動的な支持にも関わり、足関節の安定に重要な役割を果たしている。ランニングやジャンプなど頻

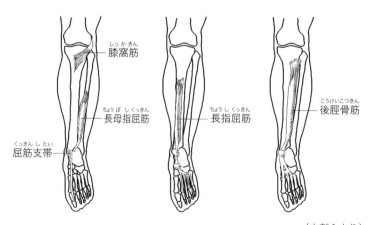

（文献1より）

図28 ●下腿後面深部の筋群

回の負荷で生じる障害は、これらの筋群の疲労や
機能不全とも深く関わっている。

　最後に股関節と足関節の筋について、その付着
部や作用の情報を表1（p.54）、表2（p.55）に
示す。

（大山下 圭悟）

▶引用・参考文献
1) Basmajian, J.V. and Slonecker, C.E.: Grant's Meth-od of Anatomy - A Clinical Problem-Solving Ap-proach (11th Ed), Williams and Wilkins: Baltimore, 1989.
2) Kapandji, I. A.: カパンディ 関節の生理学 原著第5版 (萩島秀男監訳, 嶋田智明訳), 医歯薬出版, 1993.
3) 金子丑之助: 日本人体解剖学 改訂19版13刷, 南山堂, 2012.
4) 中村隆一, 齋藤宏, 長崎浩: 基礎運動学 第6版, 医歯薬出版, 2007.
5) 大山下圭悟: アスリートのための解剖学, 草思社, 2020.
6) 齋藤健治, 山田洋, 大山下圭悟: 解剖学—初めて学ぶ健康・スポーツ科学シリーズ—, 骨格, 筋, 靱帯, 化学同人, 2020.
7) Spalteholz, W.: Handatlas der Anatomie des Men-schen. Zweiter Band 14. Auflage. S. Hirzel. Leipzig, 1939.
8) Van Ingen Schenau, G. J., et al.: Differential use and control of mono- and biarticular muscles. Hu-man Movement Science, 13: 495-517, 1994.

表1●股関節の筋

筋　名	起　始	停　止	神　経	作　用
腸腰筋 iliopsoas m.	腸骨筋：腸骨内面 大腰筋：T12〜L4 小腰筋：T12〜L1	大腿骨小転子	腰神経叢 大腿神経 L1〜4	股関節屈曲、骨盤前傾
縫工筋 sartorius m.	上前腸骨棘	脛骨粗面内側	大腿神経 L2〜4	股関節屈曲・外転・外旋 膝関節屈曲・内旋
大腿直筋 rectus femoris m.	下前腸骨棘、臼蓋上縁	膝蓋靱帯（脛骨粗面につく）	大腿神経 L2〜4	股関節屈曲 膝関節伸展
恥骨筋 pectineus m.	恥骨櫛	大腿骨前上面	閉鎖神経 大腿神経 L2〜4	股関節屈曲・内転
大腿筋膜張筋 tensor fasciae latae m.	上前腸骨棘、中殿筋膜	腸脛靱帯（脛骨粗面につく）	上殿神経 L4〜S1	股関節内旋・屈曲・外転、膝関節伸展
大殿筋 gluteus maximus m.	後殿線後部、腰背筋膜、仙骨、尾骨外側、仙結節靱帯	大腿骨上後面、腸脛靱帯	下殿神経 L5〜S2	股関節伸展・外旋
大腿二頭筋 biceps femoris m.	長頭：坐骨結節 短頭：大腿骨後下面	腓骨頭	長頭：脛骨神経 短頭：腓骨神経 L5〜S3	股関節伸展・外旋 膝関節屈曲・外旋
半腱様筋 semitendinosus m.	坐骨結節	脛骨粗面	脛骨神経 L4〜S2	股関節伸展 膝関節屈曲・内旋
半膜様筋 semimembranosus m.	坐骨結節	脛骨内側顆、膝窩靱帯、下腿筋膜	脛骨神経 L4〜S2	股関節伸展 膝関節屈曲・内旋
中殿筋 gluteus medius m.	腸骨後面	大転子外側	上殿神経 L4〜S1	股関節外転
小殿筋 gluteus minimus m.	腸骨後面	大転子	上殿神経 L4〜S1	股関節内旋・外転
薄　筋 gracilis m.	恥骨下枝下縁	脛骨粗面	閉鎖神経 L2〜4	股関節内転 膝関節屈曲・内旋
長内転筋 adductor longus m.	恥骨結節	大腿骨後面中央	閉鎖神経 L2〜4	股関節内転
短内転筋 adductor brevis m.	恥骨下枝と坐骨下枝の境	大腿骨後面上部	閉鎖神経 L2〜4	股関節内転
大内転筋 adductor magnus m.	坐骨結節、坐骨下枝	大腿骨後面中央、内側上顆	閉鎖神経 坐骨神経 L2〜S1	股関節内転
深層外旋六筋 6 external rotators	仙骨、坐骨後面、閉鎖孔	大腿骨大転子後面	閉鎖神経 仙骨神経 L3〜S3	股関節外旋

（文献3より）

表2●足関節の筋

筋　名	起　始	停　止	神　経	作　用
前脛骨筋 tibialis anterior m.	脛骨上外側2/3、骨間膜、下腿筋膜	足背から内側楔状骨と第1中足骨底内側に	深腓骨神経 L4〜S1	足の背屈・内返し、下腿の前傾
長母指伸筋 extensor hallucis longus m.	下腿骨間膜、腓骨中央内膜	母指末節骨底、基節骨底	深腓骨神経 L4〜S1	足の背屈、母指の伸展、下腿の前傾
長指伸筋 extensor digitorum longus m.	脛骨外側顆、腓骨上部、下腿骨間膜、下腿筋膜	第2〜5指指背腱膜	深腓骨神経 L4〜S1	第2〜5指伸展、足の背屈・外返し、下腿の前傾
第3腓骨筋 peroneus tertius m.	腓骨前下面	第5中足骨底背側	深腓骨神経 L4〜S1	足の背屈・外転・外返し
長腓骨筋 peroneus longus m.	腓骨頭、腓骨上外側	第1、2中足骨底、内側楔状骨	浅腓骨神経 L4〜S1	足の底屈・外返し
短腓骨筋 peroneus brevis m.	腓骨外側	第5中足骨底	浅腓骨神経 L4〜S1	足の底屈・外返し
腓腹筋 gastrocnemius m.	内側頭：大腿骨内側上顆 外側頭：大腿骨外側上顆	ヒラメ筋との共同腱（アキレス腱）となり踵骨隆起に	脛骨神経 L5〜S2	足の底屈、膝関節屈曲
ヒラメ筋 soleus m.	脛骨ヒラメ筋線、内側縁、ヒラメ筋腱弓、腓骨頭	腓腹筋との共同腱（アキレス腱）となり踵骨隆起に	脛骨神経 L5〜S2	足の底屈
足底筋 plantaris m.	大腿骨外側上顆、膝関節包	踵骨隆起、足関節包	脛骨神経 L4〜S2	足の底屈
後脛骨筋 tibialis posterior m.	脛骨、腓骨及び骨間膜の上後面	数個の腱に分かれ舟状骨、中間・外側楔状骨、立方骨、第2・3中足骨底に付く	脛骨神経 L4〜S1	足の底屈・内転・内返し
長指屈筋 flexor digitorum longus m.	脛骨後面	第2〜5指末節骨底	脛骨神経 L5〜S2	第2〜5指屈曲、足の底屈・内返し
長母指屈筋 flexor hallucis longus m.	下腿骨間膜後下部、腓骨下2/3	母指末節骨底	脛骨神経 L5〜S2	母指屈曲、足の底屈・内返し

（文献3より）

骨盤の傾斜と筋群の活動

　動きづくりの場面で、姿勢のコントロールを行う際、骨盤傾斜のコントロールは頻繁に問題にされる課題である。ここでは矢状面内での骨盤の傾斜と筋群の関係を例にとって考えてみる。図は右股関節を外側方から見た模式図で、骨盤の矢状面内の運動に関わる筋群を模式的に示した。大腿骨頭（図中●印）と筋の作用線との位置関係によって骨盤前傾に作用する筋を薄い灰色で、後傾に作用する筋を黒で示した。過剰な前傾を緩和したいときには、「前傾に作用する筋群の緊張をストレッチングなどで取り除いてみる」という方法が考えられる。しかし、その一方で「腸腰筋の緊張低下は避けたい」とすれば、前傾を制限する筋群に着目し、「腹部を締めて腹直筋の緊張を高め骨盤を後傾方向に積極的にコントロールする」「ハムストリングスを積極的に作用させる」などという選択肢も考えられる。

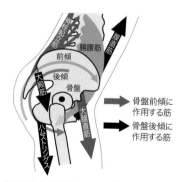

図1●右股関節を外側方から見た模式図　（文献5より）
骨盤の矢状面内の運動に関わる筋群を模式的に示した。大腿骨頭（●印）と筋の作用線との位置関係によって、骨盤前傾に作用する筋（➡）と後傾に作用する筋（➡）を大まかに分類することができる。

動きの記述

解剖学的正位（anatomical zero position）▶直立で、両足先が正面を向き、腕は下垂され、手のひらが前に向いた姿勢。関節運動の記述はこの姿勢を基本に行う。

近位と遠位▶主に四肢（てあし）の部位について用いる。体幹（中枢）に近い側が近位、末梢側が遠位である。心臓に近い側を近位として、血管の位置などの表現に用いる場合もある。上腕は前腕の近位に位置し、下腿よりも足部が遠位に位置する。

起始と停止▶四肢の筋の付着部について、一般には、より近位にある側を起始、遠位にある側が停止とされている。Basmajian & Slonecker（1989）によると、その他の筋の起始停止に関しては、歴史的に先にどのように割り当てられたかが重要で、「機能的な意味はない」としている。

屈曲と伸展▶「屈曲」とは肢の関節を曲げて角度をつくることを言う。股関節、肩関節については、それぞれ肢を前方に挙上する動作が屈曲、逆が伸展である。

内転と外転▶身体を左右に均等に分ける面を「正中面」と呼ぶ。肢が正中に向かう動作を「内転」、正中から離れる動作を「外転」と言う。

内旋と外旋▶骨の長軸周りの回旋を表す。上腕・大腿であれば前面が内側に向く動作が「内旋」、前面が外側に向く動作が「外旋」である。

水平屈曲（水平内転）と水平伸展（水平外転）▶外転や屈曲によって四肢が挙上された姿勢において生じるもので、肢が挙上位から正中面に向かって動くことを「水平屈曲」、正中面から離れていく動きを「水平伸展」である。解剖学的正位からの屈曲位と外転位との間は水平屈曲伸展によって行き来することができる。

回内と回外▶手と足の運動に用いられる。座位でテーブルの上に手のひらを接した姿勢ならば、回内は母指を下にして手の甲を内側に向ける動作、回外は手の甲を外側に向ける動作である。足関節でも、日本で一般的に用いられる用法では手と同様に、足底が地面に接している姿勢からであれば、足の甲を内側に向ける動作が回内、足の甲を外側に向ける動作が回外となる。

▶文献
Basmajian, J.V. and Slonecker, C.E.: Grant's Method of Anatomy - A Clinical Problem-Solving Approach (11th Ed). Williams and Wilkins: Baltimore, 1989.

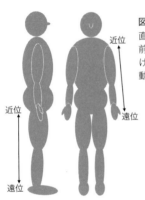

図1●解剖学的正位
直立位で両腕を下垂し、つま先を前方に向け、手のひらも前方に向けた姿勢。この姿勢を基準にして動作の記述を行う。

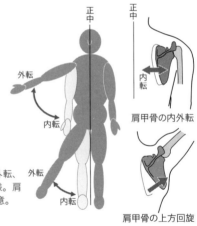

図3●外転と内転
四肢が正中面から離れる動作が外転、近づく動作が内転。肩甲骨も同様。肩甲骨の上方回旋と外転は混同に注意。

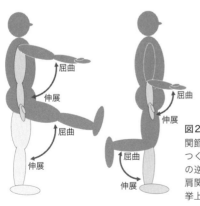

図2●屈曲と伸展
関節を曲げて角度をつくるのが屈曲。その逆が伸展。股関節肩関節共に前方への挙上が屈曲。

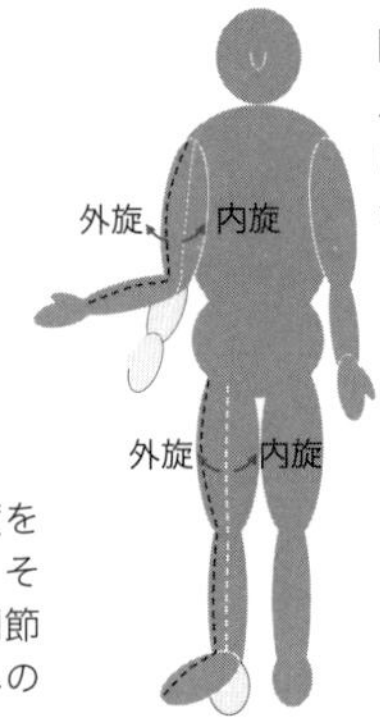

図4●内旋と外旋
上腕、大腿の前面を内側に向ける動作が内旋。前面を外側に向ける動作が外旋。

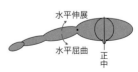

図5●水平屈曲と水平伸展
挙上した肢を正中面に近づける動きが水平屈曲、正中面から遠ざけるのが水平伸展。

3 章

バイオメカニクス

バイオメカニクスの基礎理論

バイオメカニクスとは、生体を意味するバイオと、力学を意味するメカニクスを組み合わせた用語である。本章では主にヒトやヒトが扱う道具の運動に焦点を当てて解説する。力学の世界において、運動とは物体の位置や向きが変化することであり、その物体の運動を変化させる原因となる作用のことを力という。生体の運動は非常に複雑であるが、物理法則に従うため、その物理法則を理解することによって物体の運動を予測したり、運動の原因を探ったりすることができる。

物体の運動を分析するためには主に2つのバイオメカニクス的アプローチがある。運動学（キネマティクス）と運動力学（キネティクス）である。

物体の運動の状態を記述するのが運動学であり、ハイスピードカメラなどによって運動を撮影し、運動の時間的変化について分析する。一方で、運動を起こす原因となる力を分析するのが運動力学である。力は目に見えないが、センサーによって力を直接計測したり、運動に関する法則に則って物体に作用している力を間接的に推定することができる。

また複雑な運動もモデル化などで簡略化して理解することができる。力やスピードを高めるためのトレーニングにおいて、また安全なトレーニングを考慮するうえでもバイオメカニクスの理解は必要不可欠な分野である。

---

1. 運動の記述

---

1 並進運動と回転運動

力は物体へ作用し、物体の変形や運動を生じさせる（図1）。ここでは物体の変形に関しては取り扱わず、物体を変形しない剛体として扱い、力と運動の関係性に焦点を当てる。物体の運動は並進運動と回転運動に分けることができる。並進運動は物体が方向を変えずに平行移動する運動である（図1、2）。回転を考慮する必要がない場合は物体を1つの点としてとらえ、並進運動のみで運動を記述することもできる。全地球測位システム（GPS）などを用いた試合中の選手の移動軌跡はその例である（図2）。質量をもった代表点（質量中心点と呼ぶ）を意味する質点モデルを用いることもある。

回転運動は、ある点の周りに回転する運動のことである。例えばアームカールでは、肘関節より

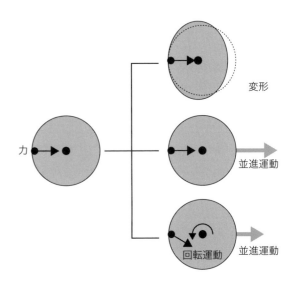

図1 ●物体と物体に作用する力
物体に力が作用すると、変形、並進運動、回転運動が生じる。

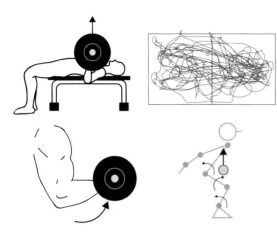

図2●物体の並進運動と回転運動

表1●バイオメカニクスで主に用いられる物理量とその単位

物理量	量記号	SI単位の表現
長 さ	l	m
質 量	m	kg
時 間	t	s
角 度	θ	rad（ラジアン） m/m（無次元量）
速 度	$\boldsymbol{v}$	m/s
加速度	$\boldsymbol{a}$	m/s²
力	$\boldsymbol{F}$	N（ニュートン） kgm/s²
運動量	$\boldsymbol{p}$	Ns kgm/s
力 積	$\boldsymbol{I}$	Ns kgm/s
仕 事	W	J（ジュール） kgm²/s²
エネルギー	E	J kgm²/s²
パワー	P	W（ワット） kgm²/s³
トルク	$\boldsymbol{T}$	Nm

太字はベクトル

遠位は肘関節を中心に回転運動を行う（図2）。身体運動を分析する場合は、身体をいくつかの主な関節で分割し、その各部位（セグメント）を剛体とみなす剛体リンクモデル（またはリンクセグメントモデルとも呼ぶ）がよく用いられる（図2）。跳躍動作を例にとると、質量中心点の主な軌道は鉛直線上でも、下肢の関節は回転運動をしている（図2）。ほとんどの運動は並進運動と回転運動が同時に起こるため、目的に合わせてこれらを使い分けたり統合して考えたりする必要がある。

2 単位

バイオメカニクスで扱う数値には、体重70kgや疾走速度10m/sのように、様々な意味の量（物理量）があり、国際的にはSI単位系が用いられている。力学では、基本的に3つの基本単位を用いる。長さの単位メートル［m］、質量の単位キログラム［kg］、時間の単位秒［s］である。これらの基本単位の組み合わせで様々な物理量の単位を定義することができる（表1）。計算をするためには単位を統一させなければならない。様々な物理量の単位を知ることにより、それぞれの物理量の関係性を理解することもできる。

SI単位系における角度の単位はラジアン［rad］である。ラジアンは弧度法を用いて測定する角度であり、半径に対する弧の長さの比である（図3）。日常的に使用されている角度の単位である度［°］

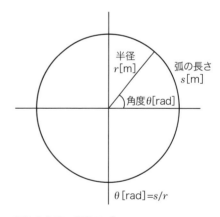

$$\theta[\text{rad}] = s/r$$

図3●角度の単位ラジアン
ラジアンは半径に対する弧の長さの比である。

は度数法を用いて測定された角度であるが、非SI単位である。バイオメカニクスでは度とラジアンのどちらも用いられている。ラジアンと度は変換することができる。1ラジアンは弧の長さが半径と等しいときであり、180÷π＝約57.3度である。360度の場合は、弧の長さは$2\pi r$［m］となるため、角度は$2\pi r \div r = 2\pi$ラジアンとなる。

③ 座標系

　物体の運動は3次元空間で行われる。その状態を記述するために、それぞれの軸が直交した直交座標系が用いられる。バイオメカニクスでは右手系の直交座標系を用いることが多い。図4のように右手の親指をX軸の正の方向、人差し指をY軸の正の方向、中指をZ軸の正の方向とする座標軸である。座標系は自由に設定することができるが、一般的には分析する動作方向に沿って絶対座標系を設定し、身体の各関節やセグメントの動作を分析する際はそれぞれに移動座標系を設定する（図4）。

　物体の運動を3次元で記述すると計算の量が非常に膨大になるため、運動の主な動作が2次元の場合は2次元平面で記述し分析することも多い。例えば歩行や走行は下肢の屈曲伸展動作が主であり、屈曲伸展角度などに着目する場合は2次元平面上に投影して分析することが多く、骨盤の回旋など3次元的な動作に着目する場合は3次元で分析する。

④ 動作面

　身体運動を考えるときは、身体を中心とした視点で考える方が理解しやすい。一般的に、主要な動作面を矢状面、前額面、水平面（または横断面）として定義する（図5）。矢状面は身体を前後に貫く線で鉛直に切った面であり、主に屈曲伸展などの身体を前後に動かす動作を分析する。前額面は矢状面に垂直な面であり、主に側屈や内外転などの身体を左右に動かす動作を分析する。水平面は地面に平行な面であり、主に回旋などの身体を左右に捻る動作を分析する。それぞれ簡単に言うと、矢状面は身体を側方から、前額面は前（後）方から、水平面は上（下）方から見た面である。

⑤ スカラーとベクトル

　物理量にはスカラーとベクトルがある。距離や時間のように、数値の大きさの量をスカラー、速度や力のように、大きさと方向をもつ量をベクト

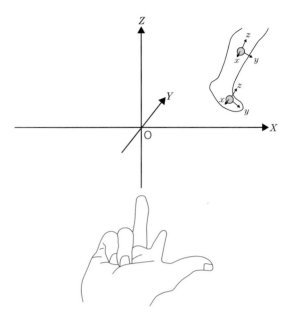

図4●右手系の直交座標系
測定する動作の方向に沿って原点Oを定めて絶対座標系（X, Y, Z）を設定し、各セグメントや関節の分析には移動座標系（x, y, z）を設定する。矢印の方向が正になる。

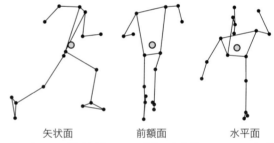

　　矢状面　　　　前額面　　　　水平面
図5●3つの動作面上でのスプリント動作のスティックピクチャー

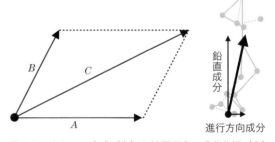

図6●ベクトルの合成（左）と地面反力の成分分解（右）

ルという。例えば速さと速度は日常的には同じ意味で用いられることもあるが、力学では両者は異なる用語である。速さはスカラーであり、速度はベクトルである。台から落ちるダンベルの速さ（スピード）は5m/sと表現し、速度の場合は鉛直下

方向へ5m/s、もしくは鉛直上方向へマイナス5m/sというように表現する。

スカラーはそのまま足し引きすることができるが、ベクトルは方向があるので、単純に足し引きすることができない。2つのベクトルの足し算を合成といい、2つのベクトルでできる平行四辺形の対角線として表すことができる（図6）。同様に、1つのベクトルをいくつかのベクトルに分解することもできる。一般的には直交座標系の各軸の成分に分解する。例えばスプリント時の地面反力は進行方向の成分と鉛直方向の成分に分けることで、疾走速度の変化の要因を理解することができる（図6）。

2. 力学の基礎

1 位置、速度、加速度

並進運動の運動学的変数は、変位、速度、加速度であり、3次元もしくは2次元座標で表す。位置の変化量のことを変位という。変位［m］の単位時間当たりの変化率が速度であり、通常は1秒［s］当たりの変位として速度の単位［m/s］が用いられる。10秒で物体が100m変位したとすると、その物体の平均速度は10m/sである。しかし、その10秒間を1秒ごとでみてみると、平均速度は変化している。ある区間の平均速度はその区間を結ぶ直線の傾きになる（図7）。さらに区間を短く分けていくと、最終的に時々刻々と変化する速度を求めることができる。ある時点の速度（瞬間速度という）は接線の傾きである。瞬間速度は変位を時間微分することによって算出することができる。

速度の時系列変化を図7下に示す。速度［m/s］の単位時間当たりの変化が加速度であり、単位［m/s²］が用いられる。それとは逆の手順で、加速度を時間で掛けると速度、速度を時間で掛けると変位を求めることができる。例えば平均速度10m/sで10秒間走ると100m進む。通常は速度も加速度も時間で変化するため、時間積分によって速度や変位を算出する。加速度がゼロの場合、その物体の速度は一定であり、加速度が負の場合、速度が正だとその物体は減速しており、速度が負だと進行方向と反対側に加速している。

回転運動においても同様の扱い方ができる。回転運動の運動学的変数は角変位、角速度、角加速度である。角度の変化を角変位［rad］と呼び、単位時間当たりの角変位を角速度［rad/s］、単位時間当たりの角速度を角加速度［rad/s²］と呼ぶ。

2 ニュートンの運動の法則

第1法則（慣性の法則）：物体の運動は外部から力が作用しない限り、静止している物体は静止し続け、運動している物体は等速運動を続ける。慣性とは、物体がその状態を維持しようとする性質のことである。

第2法則（並進の運動方程式）：物体に力を加

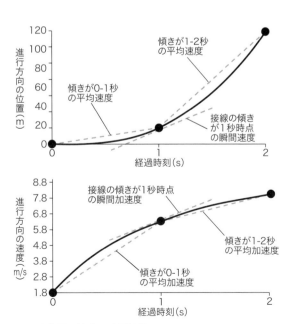

図7●位置、速度の時間経過

えたとき、その物体には質量に反比例した加速度が生じる。その関係性は力をF、物体の質量をm[kg]、加速度をa[m/s^2]とすると、

$$F = ma$$

の式で表すことができる。質量1kgの物体に1m/s^{2}の加速度を生じさせる力は1ニュートン[N]と定義されている（表1）。

第3法則（作用反作用の法則）：2つの物体の間に作用する力は大きさが等しく、方向が逆向きである。

静止している物体が動き始めたとき、また等速で動いている物体の速度が変化したとき、その物体に何らかの力が加わったと理解することができる。さらに物体の質量があらかじめわかっていると、加速度から加わった力を計算することができ

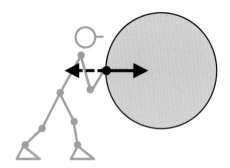

図8●作用反作用の法則
物体に対して力を加えると、反作用として作用点から同じ大きさで逆方向の反力を受ける。

○ 身体重心

○ セグメント重心

図9●セグメント重心位置と身体重心位置
各セグメント重心の位置関係と質量比より身体重心位置を推定する。

る。また、例えば静止している10kgの物体を50Nの力で押すと、その物体の加速度は5m/s^{2}になるが、同時に押した人にも50Nの力で押し返される（図8）。

3 重力

地球上のあらゆる物体は地球の中心、つまり鉛直下向きに向かって引っ張られており、その力を重力という。重力の大きさは物体の質量に比例し、その加速度（重力加速度）は地球上では一般的に9.8m/s^2（または9.81m/s^2）が用いられる。質量とは物体の動かしにくさの度合いを表す量であり、重量はその物体にかかる重力の大きさを表す。したがって、質量1kgの物体の重量は9.8Nとなり、例えば月では質量は1kgと変わらないが、重力は地球の約1/6であり、重量は約1.6Nとなる。

4 重心

重力は物体内部のあらゆる部分の質量に比例した大きさで作用している。剛体の場合、それらを物体の一つの点にまとめることができ、その点を重心と呼ぶ。地球上では重力は一様に働くので、質量中心と重心の位置が一致する。重心位置は物体の形と質量分布によって異なる。身体の各セグメントを考えた場合、各セグメントの重心をセグメント重心、全セグメントの重心を身体重心と呼ぶ（図9）。各セグメント重心は先行研究で示されている身体部分慣性係数（質量比と質量中心比）から求めることができる（日本人アスリートを対象とした慣性係数は阿江ら[2]や横澤ら[3]で報告されている）。身体重心位置は各セグメントの位置関係、つまり姿勢によって変化する。一般に物体の代表点として重心が用いられるが、例えばフィールドの移動距離などを考える際は、重心に近いと考えられる頭頂点や腰部をそのヒトの位置の代表点として考えることも多い。

5 地面反力

身体運動の多くは重力に抗いながら足（接地面）で地面に力を加え、反作用として地面から大きさ

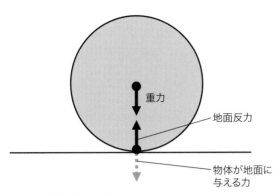

図10●重力と地面反力
地面の上で静止している物体は、地面に対して重力と同じ力を与え、反作用として同じ大きさで逆方向の反力を受ける。

が等しく逆向きの反力を受けることによって運動を変化させる。その力を地面反力と呼び、地面反力計（フォースプレートまたはフォースプラットホームとも呼ばれる）で計測することができる。静止しているときは、身体重心の加速度が鉛直方向も水平方向もゼロである。つまり重力と地面反力の合力がゼロになっている（図10）。地面反力が重力より小さくなると鉛直下方向に加速し、重力より大きくなると鉛直上方向に加速する。

6 空中での並進運動

空中に投げ出された物体は重力以外の力を受けない（空気抵抗は比較的小さいため無視する）ため、初期位置と初速度がわかると地面に落下する

までの物体の運動を予測することができる。鉛直方向で考えると物体には重力しか作用しないため、常に重力加速度分、つまり毎秒$9.8\mathrm{m/s^2}$ずつ減速し、その後下方向に加速していく。このような運動を等加速度（直線）運動という。水平方向で考えると、何の力も作用しないため、慣性の法則に従い、等速（直線）運動を続ける。これらの運動を組み合わせると、物体の軌道は放物線を描く（図11）。

実際は投擲や野球の遠投や打球の軌道は空気抵抗やボールの回転の影響を大きく受けるため、正確に推定することができないが、跳躍動作のように空中での回転運動がなく、空気抵抗も無視できるほど小さいと考えることができる質点の運動においては、初期の高さに加え、初速度か滞空時間がわかれば空中での移動距離を計算することができる。マットスイッチなどで滞空時間を計測することにより跳躍高を推定することができるが、接地時に足を屈曲させるなどで離地時と接地時の身体重心高が異なると誤差が生じる[1]。

7 運動量と力積

運動量はスポーツで様々な意味で用いられる単語であるが、物理では明確な定義がある。運動量とは物体がもつ勢いのベクトル量であり、質量と速度の積で表すことができる。また慣性の法則により、運動量は外力が加えられない限り一定とな

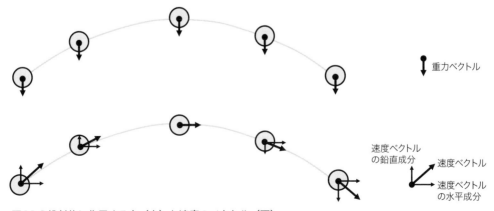

図11●投射体に作用する力（上）と速度のベクトル（下）
空中では物体には重力しか作用しないため、鉛直方向では等加速度運動をする。水平方向では作用する力がないため、等速運動をする。

る。物体の質量は一般的には変わらないので、運動量は物体の速度変化によって変わる。物体の速度は外部から力が作用することによって、質量に反比例した加速度を得ることに伴って変化する（参考：p.61の運動方程式）。速度は加速度と加速度が与えられる時間で求まるので、運動量（質量と速度の積）の変化量は力（質量と加速度の積）と力を作用している時間との積によって求まる。このような物体の運動量を変化させる物理量のことを力積と呼ぶ。運動量も力積も単位は［Ns］である。

　物体の速度を大きく変化させるためには、大きな力を与えることだけでなく、力を長時間与えることも重要である。例えば静止している10kgの物体に10Nの力を1秒加えても1Nの力を10秒

加え続けても、その物体は1m/sの速度で動く（図12）。また物体を加速させるためには速度のベクトルと同じ向きに、減速させるためには速度と反対向きの力積を加える必要がある。

　2つの物体が衝突するとき、2つの物体には大きさが同じで逆向きの力が同じ時間加わる。衝突前と衝突後の2つの物体の合計の運動量は同じである。これを運動量保存の法則と呼ぶ。ただし2つの物体の衝突後の速度は物体の跳ねかえり係数（反発係数）によって変わる。

8 トルク

　力によって物体の運動が生じることや、力と並進運動の関係については上記（参考：p.58の並進運動と回転運動、p.61のニュートンの運動の法則）で述べた。回転運動においては、回転運動を生じさせる原因の物理量をトルクと呼ぶ。トルクは力のモーメントとも呼ばれる。トルクは回転軸から力の作用線（力の作用点から示すベクトル）までの（垂直）距離と、力の大きさの積であり、単位は［Nm］である（表1）。したがって、力の作用線が物体の重心を通ると並進運動のみ生じるが、重心から外れると並進運動と回転運動が生じる。また同じ力の大きさでも力の作用線が回転軸に近くなればトルクは小さくなり、回転軸を通るとトルクはゼロになる。回転軸から力の作用線までの（垂直）距離のことをモーメントアームと呼ぶ（図13）。モーメントアームを長くするためには、回転軸から力の作用点を可能な限り遠くにすることと、力の作用線を、力の作用点から回転軸を結んだ線に対して可能な限り垂直に近づけることが重要である。また、トルクは回転半径と力の回転半径に垂直な成分との積でも計算することができ、同じ結果になる（図13）。

9 慣性モーメントと角運動量

　次に回転のしやすさについて考える。並進運動において、物体に力を加えると質量に反比例した加速度が生じる。回転運動において、質量に相当するのが慣性モーメントである。図3より回転半

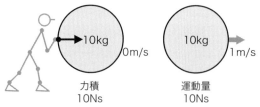

図12●運動量と力積の関係
静止している10kgの物体に10Nsの力積を加えると、物体の速度は1m/sになり、運動量は10Nsになる。

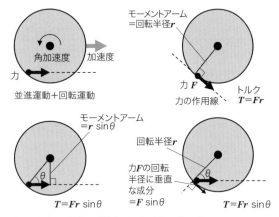

図13●力と運動の関係、および力の作用線とモーメントアームの関係
モーメントアームを長くするためには、回転軸から力の作用点を可能な限り遠くにすることと、力の作用線を、力の作用点から回転軸を結んだ線に対して可能な限り垂直に近づけることが重要である。トルクはモーメントアームと力の大きさの積、または回転半径と力の回転半径に垂直な成分の積のどちらの方法でも計算できる。

径を r、円周上の変位(弧の変位)を s、角変位を θ とすると、弧の変位 s は回転半径 r と角変位 θ の積で表せ、円周上の移動速度 v は回転半径 r と角速度 ω の積で表すことができる。同様に円周上の加速度 a は回転半径 r と角加速度 α の積で表すことができる。ここでトルク T は回転半径 r とその接線方向の力の大きさの積であり、力は質量と円周上の加速度 a の積である。上記をまとめると、

$$T = mr^2\alpha$$

となる。また、回転運動において、物体の角加速度はトルクの大きさに比例し、慣性モーメントに反比例する。つまり物体の慣性モーメントを I とすると、

$$T = I\alpha$$

の式で表すことができる。この式を回転の運動方程式という。そして上記の2式より、慣性モーメント I は

$$I = mr^2$$

となる（図14）。単位は $[\mathrm{kgm^2}]$ である。つまり回転中心からどれだけの距離にどれだけの質量が分布しているかで、その大きさが決まる。回転中心位置を変えても慣性モーメントは変化する。

並進運動の勢いである運動量に対して、回転の勢いのことを角運動量 L と呼び、慣性モーメント I と角速度 ω の積で

$$L = I\omega$$

と表すことができる。単位は $[\mathrm{Nms}]$ となる。角運動量も運動量と同じく角運動量保存の法則が成り立つため、慣性モーメントの大小で角速度が変化する。例えばバットを短く持った方が速く振りやすいのは慣性モーメントが小さくなり、角速度が大きくなるためである。さらに姿勢を変えることで、身体の慣性モーメントを変えることができる。回転軸に対して、身体の各部分を近づけることで慣性モーメントが小さくなる。例えば前方宙返りや後方宙返りのような矢状面上の回転は手足を抱え込むようにすることによって、またスケートのスピンのような水平面上の回転は手足を身体の中心に寄せるようにすると回転速度が大きくなる。

10 テコの種類

身体運動は、筋が収縮することにより筋力が生じ、筋（腱）が付着している骨に作用し、骨が関節を中心とした回転運動をすることによって生じる。この回転運動は関節を支点、筋の付着部を力点、力が作用する点を作用点としたテコの機構によってなされる。テコの機構は力学的有効性（テコ比）によって特徴が異なる。力学的有効性は力点のモーメントアームと作用点のモーメントアームの比であり、作用点より力点のモーメントアームが長いと小さな力で大きなトルクを発生させることができるが、力点を大きく移動させなければならない。逆に力点より作用点のモーメントアームが長いと大きな力が必要になるが、小さな移動で作用点を大きく移動させることができ、作用点の速度を高めやすくなる。テコには下記の3つの種類がある（図15）。

- 第1種のテコ：支点が力点と作用点の間にある。支点の相対的位置によって力学的有効性が変わる。
- 第2種のテコ：作用点が支点と力点の間にある。この場合、作用点より力点のモーメントアームが長くなるため、小さな力で大きなトルクを発

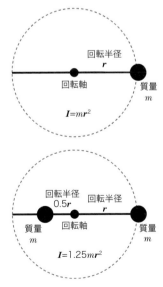

図14●慣性モーメント
慣性モーメントは回転半径と質量で決まる。

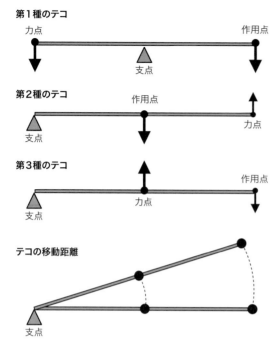

第1種のテコ

力点　　　　　　　　　　　　作用点

支点

第2種のテコ

作用点

支点　　　　　　　　　　　　力点

第3種のテコ

作用点

支点　　　　力点

テコの移動距離

支点

図15●3種のテコ
支点、力点、作用点の位置関係で3つに分類できる。力学的有効性が優れていると大きなトルクを発揮しやすいが、移動距離が長くなる。

揮できるが、力点を作用点よりも大きく動かさなければならない。トルク発揮に適したテコである。

- 第3種のテコ：力点が支点と作用点の間にある。この場合、作用点より力点のモーメントアームが短くなるため、大きな力発揮が必要になるが、力点の小さな移動で作用点を大きく動かすことができる。

11 仕事とエネルギー

　仕事もエネルギーも日常生活で用いられる単語であるが、物理的には明確な定義がある。力を加えて物体を移動させたことを、（力学的）仕事をしたという。斜めに力を加えたときは、移動方向に平行な成分の積（内積）、つまり移動方向に対して貢献した力のみが影響する。力と距離の積であるので単位は［Nm］となるが、一般的にジュール［J］を用いる。例えば10kgのダンベルを地上から1m持ち上げたとき、ダンベルに対して与える力は（平均で）98Nになるので、その人がダ

ンベルに対してした仕事は98Jとなる。

　（力学的）エネルギーとは、（力学的）仕事をする能力のことである。エネルギーも単位は［J］である。エネルギーは位置エネルギーと運動エネルギーに分けられる。位置エネルギーとは重力によって仕事ができる能力のことであり、基準となる面（通常は地面）からの高さで決まる。質量をm、重力加速度をg、高さをhとすると、位置エネルギー（E_p）は、

$$E_\mathrm{p} = mgh$$

と表す。地上からその物体の重力と同じ力を与えて（重力に逆らって）、高さhまで移動させることによって蓄えられたエネルギーと考えることもできる。1mの高さにある10kgのダンベルの位置エネルギーは98Jになり、地上からダンベルを持ち上げる際にした仕事と一致する。また物体が基準となる面より下にある場合は、負の位置エネルギーをもっていることになる。

　運動エネルギーは並進運動エネルギーと回転運動エネルギーに分けることができる。並進運動エネルギー（E_kt）は、質量をm、速度をvとすると、

$$E_\mathrm{kt} = 1/2\ mv^2$$

となる。回転運動エネルギー（E_kr）は慣性モーメントをI、角速度をωとすると、

$$E_\mathrm{kr} = 1/2\ I\omega^2$$

となる。物体のエネルギーは、その物体に保存力（重力や弾性力）以外の力が作用しない限り一定である。このことを力学的エネルギー保存の法則という。バネは長さの変化に比例した力（弾性力）を発揮し、元の長さに戻ろうとする。これはバネにエネルギーが蓄えられたと解釈することができ、このエネルギーを弾性力による位置エネルギーという。

　力学的エネルギー保存の法則の例として、落下の際、位置エネルギーは運動エネルギーに変換される。また振り子は位置エネルギーと運動エネルギーを変換することにより、運動が持続する例である（図16）。なお、衝突などの際は、力学的エネルギーは熱エネルギーなど別のエネルギーに変化してしまう。

12 パワー

　パワーも日常生活で力強さを表す用語として用いられるが、物理的には明確な定義がある。パワーは単位時間当たりの仕事（仕事÷時間）として定義される。仕事率とも呼ばれる。単位は［Nm/s］もしくは［J/s］となるが、一般的にワット［W］を用いる。仕事は力と移動距離の積であるので、パワーは力と速度（移動距離÷時間）の積としても表すことができる。つまりパワーは力と速度の両方の大きさを表す用語なのである。例えば10kgのおもりを地面から1mの高さまで1秒で持ち上げたとき、発揮したパワーは98Wであり、0.5秒で持ち上げたとき、発揮したパワーは196Wである。これは動作中の平均パワーであり、速度や加速度の計算と同様の考え方ができる。瞬間的なパワーは、パワーを時系列グラフにした際の接線の傾きになる。逆に、おもりを地面まで1秒で下ろしたときの平均パワーは、発揮した力のベクトルが鉛直上方で移動方向が鉛直下方なので、マイナス98Wとなる。

　回転運動のパワー（トルクパワーとも呼ばれる）も並進運動と同様にトルクと角速度の積で表すことができる。関節の回転運動でよく用いられ、単位は並進運動と同じワット［W］である。発揮したトルクの方向に対して物体の速度が同方向の場合、正のパワー発揮をし、逆方向の場合、負のパワー発揮をしていることになる。つまり正のパワー発揮は短縮性（コンセントリック）収縮、負のパワー発揮は伸張性（エキセントリック）収縮により発揮されたパワーになる（図17）。

13 並進運動と回転運動の対応関係

　これまでに説明した主な物理量について、並進運動と回転運動の対応関係を表2に示す。

（山下大地）

▶引用・参考文献
1) Yamashita D., et al.: Effect of landing posture on jump height calculated from flight time. Appl Sci, 10(3): 776, 2020.

図16●振り子による力学的エネルギー保存の法則
位置エネルギーと運動エネルギーの変換が行われ、力学的エネルギーは一定である。

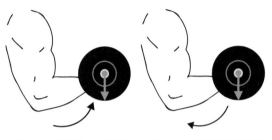

図17●関節運動にみられるパワー

表2●並進運動と回転運動の物理量の対応関係

物理量	並進運動	回転運動
変　位	変位 m	角変位 rad
速　度	速度 m/s	角速度 rad/s
加速度	加速度 m/s²	角加速度 rad/s²
動かしにくさ	質量 kg	慣性モーメント kg/m²
運動を起こす原因	力 N	トルク Nm
物体の勢い	運動量 Ns	角運動量 Nms
仕　事	仕事 J	
仕事をする能力	並進エネルギー J	
単位時間当たりの仕事	パワー W	

2) 阿江通良，湯海鵬，横井孝志：日本人アスリートの身体部分慣性特性の推定. バイオメカニズム，11: 23-33, 1992.

3) 横澤俊治，辻村諒太，窪康之，髙橋英幸，岡田英孝：国内一流競技者の競技別身体部分慣性係数. Jpn J Elite Sports Support, 8(1): 11-27, 2016.

スポーツおよびトレーニング動作のバイオメカニクス

前節では、バイオメカニクスの理解に必要な物理量やそれぞれの物理量の関係性について説明した。スポーツには様々な動作があり、それぞれ非常に複雑で現在もなお動作メカニズムの研究がさ

れている。本節では基本的な動作を取り上げ、それぞれの動作のバイオメカニクス的特徴について前節で触れた内容をもとに解説する。

---

1. スポーツ動作におけるバイオメカニクス

---

1 歩動作と走動作

ヒトの最も基本的な移動様式は歩行と走行である。遅い速度では歩行を、速い速度では走行を自

然に選択する。しかしながら歩行と走行は異なる特徴を有している。まずは、歩行は両脚支持期があり滞空期がない一方で、走行は両脚支持期がなく滞空期がある（図1）。歩行も走行も、足を身

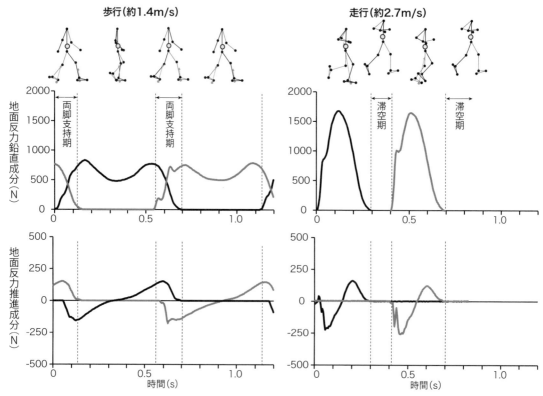

図1 ●歩行と走行の地面反力
歩行は両脚支持期があり滞空期がない一方で、走行は両脚支持期がなく滞空期がある。

体重心より前に接地し、進行方向に対してブレーキとなる力を受ける。その後、足が身体重心より後ろにいくにつれ、推進の力を出す。等速で移動する場合、進行方向に対して力積のブレーキ成分と推進成分の和はゼロになる。

ヒトが何時間も歩き（走り）続けることができ

ることからもわかるように、歩行と走行は最も効率のよい移動運動である。しかし両者の効率の良い移動を可能にするメカニズムは異なり、特に身体重心の振る舞いが全く異なる。歩行の場合、左右の足を振り子のように振る舞う。振り子は位置エネルギーと運動エネルギーを非常に効率よく転

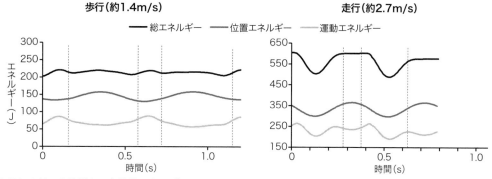

図2●歩行と走行の身体重心の力学的エネルギー
（各エネルギーの増減が見やすいよう、位置エネルギーの基準面を任意の高さに設定）
歩行は位置エネルギーと運動エネルギーの転換が行われており、振り子的な振る舞いをする。走行はエネルギーの吸収と再利用が行われており、バネ的な振る舞いをする。なお、走行の滞空期では総エネルギーは一定になる（エネルギー保存の法則）。図中の点線は両脚支持期と滞空期を示す。

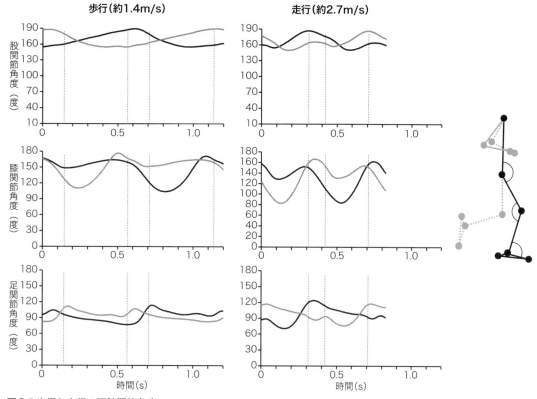

図3●歩行と走行の下肢関節角度
図中の点線は両脚支持期と滞空期を示す。

換し続けることができる（参考：p.66の仕事とエネルギー）。実際のヒトの歩行中の力学的エネルギーの変化を図2に示す。片脚支持中には位置エネルギーと運動エネルギーが転換されている（片方が減ると片方が増える）ことがわかる。図3を見ると、片脚支持期は支持脚の股関節と膝関節が180度に近くなっており、関節を伸展させて振り子のように振る舞っているのがわかる。片脚支持期の中間が最も位置エネルギーが高くなっている。両脚支持期は片方の脚の振り子の役目が切り替わるフェイズであり、後側の足を底屈させて地面を蹴ることによって達成することができる[4]（図1）。

　走行の場合は、左右の足をバネのように振る舞う。バネは弾性力によってエネルギーを吸収して再利用することにより、エネルギーを効率よく利用することができる[1]（参考：p.66の仕事とエネルギー）。ヒトの走行中の力学的エネルギーの変化を図2に示す。片脚支持中には位置エネルギーも運動エネルギーも減少し、離地に向けて増大している（図2）。位置エネルギーは片脚支持期の中間が最も小さくなっている。下肢の関節も、主に膝関節と足関節が接地時に屈曲し、離地時に伸展していることからも、バネのように振る舞っていることがわかる（図3）。

② 跳躍動作

　垂直跳びの動作中、身体重心は主に上下の運動をするため、鉛直成分だけで考えることができる。したがって地面反力と身体重心の速度の関係を説明しやすい。空中では身体には重力しか作用しないため、跳躍高は離地時の鉛直速度によって決定されることは3章1節でも述べた（参考：p.63の空中での並進運動）。ここでは離地時の鉛直速度を生成するまでの地面反力の発揮に焦点を当てる。

　跳躍動作時の地面反力と変位、速度、加速度の特徴について説明する[2]。静止立位時は身体重心の加速度がゼロである。つまり重力と地面反力が釣り合っている（同じ大きさで逆向きになっている）ことを表している（図4）。静止立位時の地

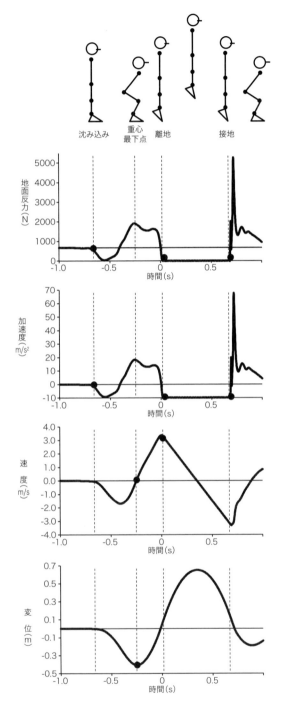

図4 ●垂直跳びの地面反力とスティックピクチャーとフェイズの説明

地面反力から加速度を算出する場合は、必ず静止してもらい体重を計測する。

面反力が体重になるので、重力加速度で除して身体質量を求める。そして地面反力を質量で除し、重力加速度を引くことで身体重心の加速度が算出される。高く跳ぶためには反動動作が必要である。反動動作は進行方向とは逆向きに移動することであり、跳躍動作では身体重心を下方向に移動させる。このとき、重力よりも地面反力が小さくなることにより、下方向の加速度を得る。そして、身体重心の下方変位の最下点（ボトム）になる。このとき速度はゼロである。その後、身体重心は上方に移動し、離地する。離地した後は重力だけが作用するため徐々に減速し、最高点を迎えた後落下していく。離地の瞬間の鉛直速度、つまり速度がゼロの状態（ボトム）からの加速度の積分値により跳躍高が決まる。

③ 投動作

投動作は野球の投手に代表されるように、手に持ったボールのスピードを高めることが求められる。一流選手のボールスピードは160km/h以上にもなる。このような投動作において、上肢筋群が発揮する力（もしくは関節トルク）だけではこのような高速な動作は実現しない。下肢による投球方向への移動から動作が始まり、多関節の動作を協調させて徐々に遠位のセグメントのスピードを高め、最終的に上肢の末端である手部およびボールのスピードを高める（図5）。近位のセグメントで生成されたエネルギーを徐々に末端のセグメントへ伝達していくという運動連鎖がみられる。各セグメントの力学的エネルギーも同様に、投動作において体幹部が最も大きく、力学的エネルギーの最大値は体幹部から上腕、前腕、手、ボールへと順にみられる[12]。このような現象はムチ動作、キネティックチェーンなどとも呼ばれる。

さらに投動作の特徴として、肩関節周辺が非常にダイナミックに動き、それによってボールに対して大きな仕事をすることができる。投動作は一般に、踏み出し脚接地時、最大肩外旋角度時、ボールリリース時で分けられる。踏み出し脚接地時は、下胴部は投球方向とは反対の力を受けるが、この

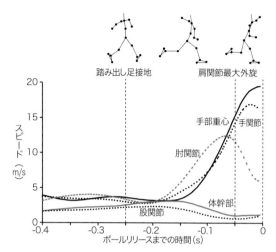

図5●身体の各部分のスピード　（木村新氏提供）
身体各部のスピードは股関節や体幹部から肘関節、手関節、手部重心と順に加速し、末端にかけて速度が増大していく。

力によって体幹の上部を投球方向へ回転させるトルクが発生する。近位部から順番に動作が開始されることによって近位と遠位のセグメントとの角度差が大きくなり、「ねじれ」や「ため」といった様子がみられる。肩最大外旋角度時、体幹に対して前腕がなす角度は145度であり、そのときの肩甲上腕関節外旋角度は105度、肩甲骨後傾角度は25度、胸椎伸展角度は10度、その他の要因が残りの5度になる[11]。球速の速い投手は遅い投手と比較して肩最大外旋角度が大きく、ボールリリース時の体幹がより前傾していた[6]ことからも、これらの特徴がボールに力を加える時間や距離を長くし、大きな仕事をすることができる要因である。

④ 打動作

打動作は野球のバッティングに代表されるように、手に持った道具の速度を大きくすることが求められる。主な動作の軸は鉛直軸であるため、ここでは水平面上の動作に着目していく。一般的な打動作の順序は、下肢から動作（体重移動およびステップ）を開始し、骨盤が回転していく。このとき、身体が回転するための角運動量は、地面反力により鉛直軸周りのモーメントを発生させることによって生じる。そのモーメントのピーク値が

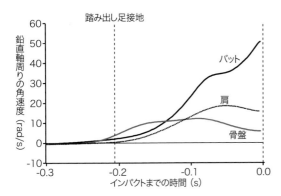

図6 ● 身体の各セグメントにおける鉛直軸周りの角速度
（中島大貴氏、堀内元氏提供）
踏み出し足接地付近で骨盤がまず回転を開始し、その後肩（両肩を結んだ線）が角速度のピークを迎え、バットは最後まで加速していく。

大きかった者はよりスタンス幅を広げており、さらにモーメント発生に寄与する地面反力の成分も大きい[9]。骨盤が回転する際、肩（両肩を結んだ線）は維持もしくは捕手方向へ反転させることにより体幹の捻転が生じる。続いて肩が回転し、バットが回転してバット速度が上昇していく[13]（図6）。スイング中盤は各関節の角速度が正になっており、下部（近位）のセグメントよりも速く回転していることがわかる。そしてその鉛直軸周りの角運動量をバットへ伝達するが、体幹に対する上肢の角速度はあまり大きくなく、後半にバットを急激に回転させることによって大きなヘッド速度を生み出す（図6）。

5 蹴動作

蹴動作には、サッカーやラグビー、アメリカンフットボールなどで見られる、下肢の末端である足部を加速させてボールをキックするものや、格闘技などで見られる、末端を振り回したり屈曲させた脚を伸展させることで対戦相手に衝撃を加えるキックがある。ここでは前者を扱うこととする。一流選手の蹴動作では、足部末端のスピードは100km/h程度にまで達する。このような動作において、下肢筋群が生成するエネルギーだけではこのような高速な動作は実現しない。蹴動作でも投動作と同様に、近位のセグメントからスピードが

大きくなり、徐々に末端のセグメントのスピードが大きくなるという運動連鎖がみられる[5]（図7）。

また、サッカーのフリーキックやペナルティキック、アメリカンフットボールやラグビーのプレスキックのように、大きなボール速度を獲得するために助走を利用できることも蹴動作の特徴である。一般に助走距離を大きくすることで助走速度が大きくなり、その運動量を支持脚で受け止めることにより骨盤に急激にブレーキをかけ、スイング脚の加速度を高め、足部のスイングスピードが大きくなる[7) 10]。図7を見てみると、助走により約5m/sのスピードで移動し、支持脚の接地により支持脚の股関節が減速する。一方で蹴り脚の股関節は支持脚の股関節を軸に回転して速度を維持し、その後減速する。股関節スピードの減速に伴い膝関節が加速し、その後膝関節の減速に伴い足関節および足部重心が加速してインパクトを迎える。それぞれの部位のピークスピードは遠位で大きな値になる。

蹴動作は、身体の発育とともに変化することが知られている[3]。幼児の時期は、歩行しながらつま先でボールを蹴るような動作となる。成長とともに、バックスイングが大きくなっていき、小学生高学年程度になると、体幹の回旋や腕の振りといった上半身のコーディネーションが向上し3次

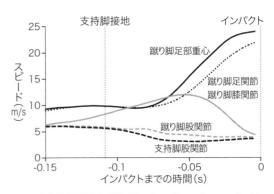

図7 ● 支持脚股関節と蹴り脚の各セグメントのスピード
支持脚接地により支持脚股関節は減速する一方で蹴り脚股関節は支持脚股関節を中心に回転し、その後減速する。股関節スピードの減速に伴い膝関節が加速し、膝関節の減速に伴い足関節および足部重心が加速してインパクトを迎える。それぞれの部位のピークスピードは遠位で大きな値になる。

元的な蹴動作が見られるようになる。その後、筋の発達とともにスイング速度は向上し、中学生から高校生に至るまでに、スイング動作は概ね完成される。ただし、成人してからもスイング速度の向上は見られる。その主な要因は筋力の向上である

る。高い助走速度に耐えうる支持脚の筋力や、蹴り脚の大腿四頭筋、体幹の姿勢を維持させる筋群の筋力が向上することで、スイング速度は向上される。

2. トレーニング動作におけるバイオメカニクス

1 エクササイズと力および関節トルクの関係

レジスタンストレーニングのバリエーションにダンベルとバーベルがあるが、両者は力の加わり方が全く異なる。ダンベルは重力の作用のみを受けるため、肩関節に対するトルクは図8のように、重力の大きさと、肩関節から力の作用線までの距離がモーメントアームになる。一方でバーベルは通常両手で肩幅より広く持つため、バーベルに対して外側に引っ張るようにして持つ。しかしバーベルは剛体でかつ摩擦があるため、手はバーの表面を滑らずに摩擦力が発生し、図8のようなベクトルの合力になる。似た例としては、ナローグリップでベンチプレスをする際は、バーベルから加わる力の作用線と肘関節の距離が大きくなるために、

肘関節の伸展トルクが大きくなる。

2 バーベルの挙上速度

レジスタンストレーニングというと、扱う重量をいかに大きく、またはいかに多くの回数できるかという点が評価の中心であったが、近年はバーベルの動作速度を測り、その速度をもとにトレーニングを処方するVelocity Based Training（VBT）というアプローチが提案されており、様々な用法が開発されている[8]。現在はケーブルが牽引される速さを記録するリニアポジショントランスジューサーと慣性センサー（加速度センサーおよびジャイロセンサー）が多く用いられている。

用いられる主な指標は平均速度とピーク速度である。平均速度は3章1節（参考：p.61の位置、速度、加速度）で説明したように、単位時間当たりの移動距離であり、動作（挙上）開始から動作終了までの変位を動作時間で除した値になる。ピーク速度は時々刻々と変化する速度（瞬間速度）の最大値である。つまり動作の可動範囲が決まっている場合は動作時間が平均速度を決定する要因となる。また動作範囲の大小も平均速度に影響を与える。一方でピーク速度は、動作開始からバーに力を加えて加速度を高め、その加速度の積分値（瞬間速度）の最大値である。ピーク速度を高めるためには動作開始時から大きな力を発揮することは重要だが、仮に動作前半をゆっくり行ったとしてもピーク速度の影響が小さいエクササイズや、動作範囲を大きくしてピーク速度を高めるほうがよいエクササイズもある。エクササイズの目的に合わせて評価する項目を変える必要がある。

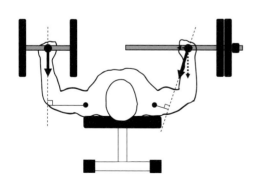

図8●ダンベルとバーベルのエクササイズにおけるモーメントアームの違い
ダンベルは重力による鉛直方向のベクトルだが、バーベルは両手で持つため摩擦力が発生し、内向きのベクトルになる。したがって両者のエクササイズにおいて、肩関節のモーメントアームが大きく変わってくる。

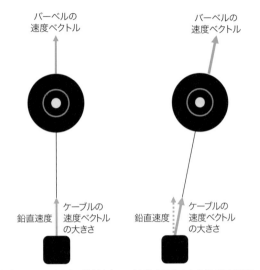

バーベルの
速度ベクトル

バーベルの
速度ベクトル

鉛直速度　ケーブルの
速度ベクトル
の大きさ

鉛直速度　ケーブルの
速度ベクトル
の大きさ

速度ベクトルの大きさ＝鉛直速度

速度ベクトルの大きさ＞鉛直速度

図9●リニアポジショントランスジューサーで計測される
バーの速度ベクトルとその鉛直成分の関係
システムによっては鉛直速度ではなく、ケーブルの移動す
る速さが計測されている場合もあるので、鉛直線上の軌道
を通らないエクササイズの評価は注意が必要である。

　また、速度はどの軸に沿った速度なのかを考慮
しなければならない。これは機器によっても異な
るが、プーリーに巻き取られたケーブルの変位
（プーリーの角変位）を計測するという性質上、
一般的には（方向によらない）速さが測定されて
いる。一方でケーブルの角度を同時に計測し、鉛
直成分の速度のみを計算してくれるシステムもあ
り、両システムの違いによって、特に斜め方向の
移動と伴った際に出力される値が異なる（図9）。

（山下大地）

▶引用・参考文献
1) Arampatzis A., et al.: The effect of speed on leg stiffness and joint kinetics in human running. J Biomech, 32(12): 1349-1353, 1999.
2) Chavda S., et al.: Force-Time Characteristics of the Countermovement Jump: Analyzing the Curve in Excel. Strength Cond J, 40(2): 67-77, 2018.
3) Davids K., et al.: Understanding and measuring coordination and control in kicking skills in soccer: Implications for talent identification and skill acquisition. J Sports Sci, 18(9): 703-714, 2000.
4) Kuo A. D., et al.: Energetic consequences of walking like an inverted pendulum: Step-to-step transitions. Exercise and Sport Sciences Reviews, 33(2): 88-97, 2005.
5) Lees A., Nolan L.: The biomechanics of soccer: a review. J Sports Sci, 16(3): 211-234, 1998.
6) Matsuo T., et al.: Comparison of kinematic and temporal parameters between different pitch velocity groups. J Appl Biomech, 17(1): 1-13, 2001.
7) Ozaki H., et al.: Multi-body power analysis of kicking motion based on a double pendulum. Procedia Engineering, 34: 218-223, 2012.
8) Weakley J., et al.: Velocity-based training: From theory to application. Strength Cond J, Publish Ahead of Print, 2020.
9) 阿江数通, 小池関也, 川村卓, 中島亮一: 野球打撃における身体の回転運動に対する下肢のキネマティクスについて：地面反力によるモーメントの上位群と下位群の比較. 体育学研究, 64(1): 135-149, 2019.
10) 苅山靖, 渡来真人, 図子浩二: サッカーのインステップキックにおけるボール速度に影響する支持脚の筋力およびジャンプ能力：助走速度の相違に着目して. 体育学研究, 59(2): 755-770, 2014.
11) 宮下浩二, 小林寛和, 越田専太郎, 浦辺幸夫: 投球動作の肩最大外旋角度に対する肩甲上腕関節と肩甲胸郭関節および胸椎の貢献度. 体力科学, 58(3): 379-386, 2009.
12) 宮西智久, 藤井範久, 阿江通良, 功力靖雄, 岡田守彦: 野球の投球動作における体幹および投球腕の力学的エネルギー・フローに関する3次元解析. 体力科学, 46(1): 55-67, 1997.
13) 森下義隆, 平野裕一, 矢内利政: 野球のバッティングにおけるバットヘッド速度に対する体幹および上肢のキネマティクス的貢献. バイオメカニクス研究, 17(4): 170-180, 2013.

4 章

運動生理学

呼吸循環系・エネルギー代謝と運動

　生命を維持するために、運動を行うために、我々の身体は常に働いている。そして、我々の身体は様々なメカニズムによって緻密にコントロールされている。本節では、身体内のメカニズムのうち、呼吸系、循環系、およびエネルギー代謝について解説する。体内の基礎的なメカニズムを正確に理解することは、運動時における身体の適応変化を理解するうえで非常に重要である。また、基礎的な生理学の情報は、アスリートに対して有意義なトレーニングプログラムを作成するためにも不可欠である。

1. 呼吸循環系の基礎的情報

1 血液循環について

　循環系とは、生体内で何かを運搬するためのメカニズムであり、血管系とリンパ管系に分けられる。ここでは血液循環について解説する。

(1)心臓の構造

　体内の血液循環は、心臓を中心としてコントロールされている（図1）。心臓は上下左右4つの部位に分けられており、上部は心房、下部は心室である。心房は血液を受け取り、心室は血液を送り出す部位である。心臓の各部位の境目には弁があり、血液の逆流を防ぐ役割をもつ。

(2)血液循環の経路

　左心室から送り出された血液は、大動脈を通って全身へ送られる。全身から戻る血液は、上下大静脈を経由し、右心房へ集められる（図1）。この左心室から右心房への循環を体循環と呼ぶ。体循環では、脳や腎臓などの臓器だけでなく、骨格筋や皮膚など身体の隅々へと血液を巡らせる。

　右心房に戻った血液は、すぐ下の右心室へ送られ、肺静脈を通って左右の肺に届けられる。血液は肺でガス交換を行い、豊かな酸素が供給される。この血液は肺静脈を通じて左心房に戻る。この右心室から左心房への循環を肺循環と呼ぶ。

(3)心臓の自律性

　心臓は交感神経と副交感神経の二重支配を受け、自ら収縮を反復する能力がある。心臓の収縮、すなわち拍動を支配し、ペースメーカーの役割を果たすのが心臓にある洞房結節という部位である。

(4)血液

　我々の身体の約60％は体液であり、そのうち血液は体重の約8％ほどである。身体の血液の約90％は常に血管系を循環しており、残り10％程度は肝臓や脾臓などの臓器に貯蔵されている。血液のもつ主な役割は、①循環を通じて酸素を組織

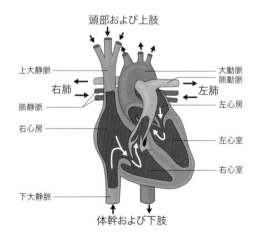

図1●心臓の各部位と血液循環　　　（文献1を改変）

や器官へ供給、同時に②二酸化炭素を回収（ガス交換）、③組織や器官にエネルギー源を供給、④ホルモンなどの物質を適切な部位に送る、などである。身体の循環系において血液は、心臓や骨格筋などの末梢（組織や器官）をつなぐ重要な連絡係である。

⑤血液成分

血液には図2のような成分が含まれ、年齢や性別、生活習慣によって変動する[2]。また、安静時と運動時で大きく変化するものもある。健康診断などの血液検査では、採取した血液を遠心分離して上清と沈殿に分ける。上清には水分や糖などのエネルギー源やホルモンなどが含まれている。沈殿には赤血球、白血球や血小板などが含まれる。

①上清に含まれる成分

上清（血漿）からフィブリノーゲン（線維素源）を除いたものを血清という。血清には血液によく溶ける物質や重量の軽い物質などが含まれている。

- タンパク質…浸透圧の維持、輸送機能、免疫機能など
- エネルギー源（基質）…グルコース（血糖）や脂質は、必要に応じて血液中へ放出され、体内を循環し、必要とする組織や器官へ供給される。特に運動時には、エネルギー需要の急増によって、より多くのエネルギー基質が必要となる。
- ホルモン…生命維持のために我々の身体をコントロールする指示系統の1つが内分泌系である（詳細は次節参照）。分泌されたホルモンは、身体を循環する血液によって各臓器に届けられる。ホルモンは臓器などに適切な働きを指令する役割を担う。

②沈殿に含まれる成分

血液を遠心分離した後、沈殿に含まれる成分を細胞成分と呼ぶ。前述した上清と細胞成分の比率（容積率）をヘマトクリット値といい、特にスポーツ分野では貧血の指標として注目される。

- 赤血球…複合タンパクヘモグロビンで構成され、約120日の寿命で新生・崩壊を繰り返す。赤血球は酸素と結合し、血液を介して身体を循環しながら、全身の組織や器官への酸素を供給する。
- 白血球…赤血球と同様に血液を介して体内を循環している。血管壁を通過しながら、体内に侵入したウイルスや菌を捕食し、生体を防御する免疫系を担う。
- 血小板…寿命は10日ほど、生体内で止血作用という重要な役割を担う。

2 呼吸ガス交換について

我々の身体は生活や運動に必要なエネルギーを得るために、身体に蓄えられたエネルギー源を分解しているが、このときに酸素を必要とする。また、エネルギーを得る際に二酸化炭素が生じるが、これを身体の外へ排出しなくてはならない。このため、ガス交換として呼吸を行っている。

⑴ガス交換の流れ

我々は無意識に息をする。呼吸は鼻口腔を通じて、外気を体内に取り入れることであり、ガス交換作業の第1ステップである（図3）。外気は口と鼻から気道を通って気管支へと運ばれる。気管支を通った外気は肺へと移動し、肺を構成する肺胞に到達する。

肺胞の周りには毛細血管が取り巻いており、吸気中に含まれる酸素を肺胞内へ取り込む。肺胞周辺の毛細血管は、肺動脈から枝分かれしたものであり、これを流れる血液は酸素濃度が低い[2]。よって、肺胞に含まれる高濃度の酸素はガス圧勾配の作用で、酸素濃度の高い肺胞から酸素濃度の低い肺胞周囲の毛細血管へと拡散する。これと同様の

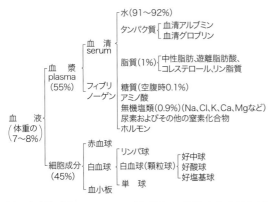

図2●血液成分　　　　（文献2、p.201 表9-1を改変）

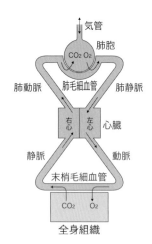

図3●呼吸ガス交換の流れ（文献2、p.243表10-3を改変）

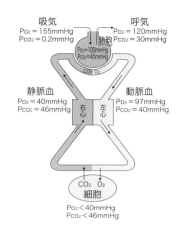

図4●身体各部位における酸素分圧（PO₂）と二酸化炭素分圧（PCO₂）　（文献2、p.249表10-11を改変）

仕組みによって、二酸化炭素のガス交換も行われる。すなわち、肺胞周辺の毛細血管によって、生体内の二酸化炭素は肺胞へと拡散し、最終的には口鼻腔から呼気ガスへと排出される。

(2)全身におけるガス交換

　肺によって体内に取り込まれた酸素は、血液循環を利用して全身へと供給される。図4は肺と心臓を中心とした、各地点における酸素と二酸化炭素の分圧を示している[2]。まず、吸気として口鼻腔から取り込まれた酸素は約155mmHgである。その後、肺胞の毛細血管から血液中に拡散して約100mmHgとなり、肺静脈を介して心臓へ送られる。この酸素を豊富に含んだ血液は、心臓から大動脈を通じて全身へと送られる。酸素を消費している末梢の器官や臓器では酸素濃度が低く、二酸化炭素濃度が高い。そこへ酸素を豊富に含んだ血液が循環してくると、肺胞と同様にガス圧の勾配に従って酸素が供給され、二酸化炭素は回収され

る。このガス交換によって、心臓へ戻る大静脈血中の酸素は40mmHg以下になる。このように呼吸循環器系を通じて、我々の身体は肺胞におけるガス交換（酸素取り込みと二酸化炭素排出）に始まり、骨格筋や臓器などの末梢においてもガス交換（酸素供給と二酸化炭素回収）を行っている。

(3)換気量と肺活量

　安静時の呼吸によって肺に出入りする空気の量を1回換気量（約450mℓ）という[2]。安静時の呼吸に続いて、さらに吐き出せる空気の量を予備呼気量、同様に吸い込める空気の量を予備吸気量という。自己努力ですべての空気を吐ききったとしても、肺と気管支には空気が残っており、これを残気量という。またできるだけ息を吸った後、最大努力で息を吐き出した際の空気の量を肺活量という。

　　肺活量＝1回換気量＋予備呼気量＋予備吸気量

2. 運動と呼吸循環系

[1] 運動における血液循環の応答

(1)心臓——心拍出量の変化

　運動を行うと身体には様々な変化が起こる。そ

の1つに、酸素とエネルギーの需要増加が挙げられる。そのため、我々の身体は末梢へ循環する血流量を増やす必要がある。よって心臓は、運動に対してその拍動数を上昇させる。一般的に心拍数

は1分間当たりの拍動数で表される。

運動を行うと、心臓が1分間に全身へ送り出す血液の量が増加する。これには心拍数の増加だけではなく、1回の拍動（収縮）によって心臓から駆出する血液量（1回拍出量）の増加も関係する。この拍出量は、心臓が拡張した際の心室内圧によって自己調整されている。運動を行うと静脈を通じて心臓へ戻ってくる血液（静脈還流量）が増加する。これによって静脈圧が増加し、心臓は拡張終期により大きく伸展する。この伸展が心筋の収縮張力を増加させ、1回拍出量が増加する[2]。

1回拍出量に影響を与えるもう1つの因子はホルモンである。運動を行うと、交感神経を活性化させるカテコールアミンの分泌が増加する。この興奮性のホルモンは心筋の収縮力を増強させ、1回拍出量の増加に関与する。心臓から1分間に拍出される血液量を心拍出量と呼ぶ。これは前述の1回拍出量と、1分間当たりの心拍数を掛け合わせることで求められる。

心拍出量＝1回拍出量×心拍数（1分間）

⑵血液──血液循環の変化

運動時における骨格筋への血液流量の増加は、活発に収縮する骨格筋が多くの酸素とエネルギー源の供給を必要とするためである。また、骨格筋周辺の毛細血管が拡張することで、より多くの血液流量を確保している。

一方、腎臓や肝臓などの臓器では、最大運動時には血液流量が低下し、活動する骨格筋へ優先的に血流を循環させている。また、全身への指令を司る脳では、安静時も運動時もその血液流量が不変で、常に安定した血液供給が行われている[3]。

⑶血液成分の変化

運動を行うと、血液中の内容物も変化する。

①エネルギー基質の変化

運動を行い、運動を継続するためには、エネルギーが必要である。我々の身体はエネルギー源を分解することによって、運動に必要なエネルギーを得ている。運動では、より多くのエネルギー源を骨格筋へ供給する必要がある。この場合、主な

エネルギー源となるのは糖質と脂質である。糖質と脂質は貯蔵されている場所（肝臓、脂肪細胞など）から必要量に応じて血液中へ放出され、活動する骨格筋で取り込まれる。

②ホルモン

運動による生体内の変化を全身へ適切に伝えるために、ホルモンは重要な役割をもつ。エネルギー産生のために、アドレナリンなどのホルモンが活発に分泌される。また交感・副交感系の神経支配をコントロールするためにも、カテコールアミンなどが分泌される。

② 運動における呼吸ガス交換の応答

運動は安静時より多くの酸素を必要とする。よって、運動を行うと呼吸数が増加し、1分間当たりの換気量が増加する。ここでは、運動に対する呼吸系の応答について述べる。

⑴酸素摂取量

ヒトが呼吸（換気）によって身体に取り込んだ酸素の量を酸素摂取量（$\dot{V}O_2$）と呼ぶ。体内に取り込まれた酸素の量は、動脈と静脈における酸素濃度の較差から算出される。また、疲労困憊に至るような最大運動時において、摂取することができる酸素の最大量を、最大酸素摂取量（$\dot{V}O_2max$）という。特にスポーツ科学の分野では、漸増負荷運動時の呼吸気ガスを採取・分析することによって、$\dot{V}O_2max$を算出する場合が多い。$\dot{V}O_2max$は選手の持久的能力を評価する指標として用いられる。また、トレーニングなどで運動強度を設定する場合、その強度が$\dot{V}O_2max$の何％に相当するかを算出して活用する。

⑵換気性作業閾値
──VT：Ventilation Threshold

運動を仕事量で表すと、仕事量が増加するに従って、心拍数や血流量だけでなく、換気量（$\dot{V}E$）や$\dot{V}O_2$も増加する。この換気の亢進によって二酸化炭素排出量（$\dot{V}CO_2$）も増加する。図5に運動強度の上昇と、$\dot{V}E$、$\dot{V}O_2$、$\dot{V}CO_2$の関係を示した[4]。徐々に負荷を上げる漸増負荷運動を行う場合、運動強度がおおよそ60％$\dot{V}O_2max$付近で、

この3つの指標は急激な増加を示す。この運動強度は換気機能に変化が起こる点と考えられ、換気性作業閾値（VT）と呼ばれる。VTは呼吸循環系の能力を反映する指標として利用される。

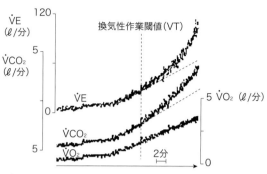

図5●漸増負荷運動中におけるガス交換の変化
（文献4、p.59図3-17を改変）

$\dot{V}CO_2$＝二酸化炭素排出量、$\dot{V}O_2$＝酸素摂取量、$\dot{V}E$＝換気量

3. トレーニングと呼吸循環系

1 血液・呼吸循環系におけるトレーニング効果

我々の身体は、運動や定期的なトレーニングに対して適応変化を示す。ここでは血液および呼吸循環系における主なトレーニング効果について整理する。

(1)最大心拍数の推定

運動を行うと心拍数が上昇する。最大努力を必要とするような高強度運動では、心拍数が200拍/分近くにまで上昇する。心拍数にはおおよその上限値が存在し、以下の推定式で簡易的に求められる。

最大心拍数（HRmax）＝220−年齢

例えば、年齢が20歳ならば、HRmaxは200拍/分程度である。また、トレーニングの強度を設定する場合、前例の$\dot{V}O_2$maxと同様にHRmaxを用いて、運動強度を％HRmaxとすることも可能である。

例）25歳の選手に70％HRmaxのトレーニング強度を設定

　HRmax　220−25＝195拍/分
安静時心拍数を60拍/分とすると、
　70％HRmax　60+（195−60）×0.7
　　　　　　　＝154.5拍/分
この推定式（カルボーネン法）によって算出さ

れた値は、個人の体格や運動能力を必ずしも反映するものではないが、トレーニングを行う際の指標の1つとして利用できる。

(2)心臓と心拍数の適応変化

トレーニングを行うと、骨格筋だけでなく心筋にも適応変化が起こる。その典型的なものがアスリートにみられるスポーツ心臓である。スポーツ心臓は、特に左心室における心筋肥大が特徴であり、血液を全身へ送る体循環能力の向上につながる。

また、アスリートの心臓の適応変化として、①安静時心拍数が低値、②LT程度の運動時（60％$\dot{V}O_2$max）で心拍数が低値、などが挙げられる。アスリートの心臓は1回拍出量が増加するので、安静時には少ない心拍数で体内の循環を満たすことができる。血液は心臓から送り出されて全身を循環しているが、その一部は常に心臓に残っている。これを残余血液量と呼び、一般人は約50mℓ程度であるのに対し、アスリートでは約120mℓにも達する。アスリートの心臓では、豊富な残余血液量のおかげで心臓自体にも酸素を供給することができる。

心臓は生活習慣や運動習慣によって大きな適応変化を示す臓器である。心筋は遅筋線維であり、ミトコンドリアが豊富で持久力に優れ、酸化系エネルギー代謝によって自律性の拍動を維持している。

⑶酸素摂取量の変化

酸素摂取とは、酸素を「口鼻から肺へ」取り込むだけではなく、酸素を「全身で」取り込む作業である。習慣的なトレーニングを行うと、身体の酸素を取り込む能力が向上する。この機能向上には、以下に挙げるような要因が関係している。

- 肺における換気…横隔膜などの呼吸筋を含めて、肺全体で酸素を取り込み、二酸化炭素を排出する能力。
- 肺胞-毛細血管におけるガス交換…肺胞において吸気中の酸素を血管へ放出し、血管から二酸化炭素を回収する。
- 血液循環…肺胞で受け取った酸素を、心臓を経由して全身へ供給する。特に酸素の運搬役である赤血球が重要。
- 心臓と血管系…血液循環の基点となる心臓の機能と、全身へのパイプラインである血管の連絡系統の整備。毛細血管網の拡充など。
- 末梢でのガス交換と酸素消費…骨格筋におけるガス交換効率。また、酸素の消費と供給の効率。

呼吸や運動時における$\dot{V}O_2max$は、何か１つの要因によって規定されるわけではなく、全身の適応反応が複合したものである。

⑷酸素摂取量のトレーニング効果

図５は運動強度に対する呼吸系指標の変化であるが、トレーニングを行うと、より高い運動強度まで運動を継続することが可能となり$\dot{V}E$、$\dot{V}O_2$、$\dot{V}CO_2$が高値を示す[4]。これら３つの曲線の急激な変化点から推定されるVTについても、より高い運動強度へとシフトする。このトレーニング効果は、選手の呼吸循環系において、急激な変化が起こり始める運動強度が高くなったことを意味し、より高い運動強度まで、定性的な呼吸循環機能を維持することが可能であると解釈される。またトレーニングによって、中強度（最大下運動時）における呼吸数の低下と、最大運動時における換気効率（$\dot{V}E/\dot{V}CO_2$）の向上がみられる[5]。運動時の酸素摂取量に対するトレーニング効果は、口鼻腔から末梢におけるガス交換効率まで、様々な要因の向上が蓄積されたものである。

---

4. エネルギー代謝の基礎的情報

1 生体内のエネルギー代謝機構

我々の身体は生命を維持するために、常にエネルギーをつくらなければならない。運動するときだけではなく、安静時や寝ているときも、活動に必要なエネルギーをつくり出すために、体内ではエネルギー源を燃焼している。ここでは特に生体内のエネルギー代謝に注目して、基本的な解説と運動時におけるメカニズムを紹介する。

我々の身体はエネルギーを得るために、体内でアデノシン３リン酸（ATP）を分解している。ATPはアデノシンに３つのリン酸が結合した物質である。このATPを分解すると、リン酸（P）が１つ外れてアデノシン２リン酸（ADP）となり、この過程でエネルギーが発生する。生体はこのエネルギーを利用して、生命維持に不可欠な活動を行っている。

生体の活動に必要なATPは、３つのエネルギー代謝によって供給されていて、それぞれATP-CP系、解糖系、酸化系と呼ばれる。これらの代謝機構は、エネルギー源となる物質やエネルギーを得る過程、つくられるエネルギーの総量などがそれぞれ異なる。特に、運動時では運動の強度、時間、選手のエネルギー代謝能力によって、３つの代謝系の利用割合が調整される。よって、エネルギー代謝機構を理解することは、トレーニングプログラムを作成するうえで非常に重要である。

2 ATP-CP系代謝機構

①ATP→ADP＋P＋エネルギー

ATPをADPとPに分解することでエネルギーが得られる。この分解は酵素（ATPase）で触媒

される。

②CP→Cr＋P

　ADPの増加に伴い、クレアチンリン酸（CP）がクレアチン（Cr）とリン酸（P）に分解される。

③ADP＋Cr＋P→ATP＋Cr

　単体となったリン酸がADPに結合することによって、ATPがつくられる。この反応も酵素（ATP合成酵素）による。

　運動時には、消費されるATPを一定に維持することが重要である。よって生体内には、ATPの合成を促進する様々な経路が存在する。特に短時間に多くのエネルギーを必要とする場合に、骨格筋はATP-CP系代謝機構を優先的に動員する。一方、急激なリン酸の増加などはATP合成を阻害する可能性があり、パフォーマンス（筋活動）を低下させる原因の1つとも考えられている。

③ 解糖系代謝機構

　解糖系では体内の糖質（グリコーゲンとグルコース）を分解することによって、ATPを産生する。解糖系は、様々な酵素によって多くの段階を経由する（図6）。第一段階では、筋内に貯蔵した筋グリコーゲンや筋外から血中グルコース（血糖）を筋内に取り込み、分解が始まる[6]。速筋線維は筋グリコーゲンの分解に優れ、遅筋線維は血中グルコースを積極的に取り込むという特徴がある。筋グリコーゲンは、まずホスホリラーゼという酵素によって分解される。一方、グルコースは必要に応じて肝臓から放出されて血液中を循環している。このグルコースは骨格筋膜に存在するグルコース輸送担体（GLUT4）によって筋内に取り込まれ、ヘキソキナーゼという酵素によって分解される（この過程では1 ATPを消費）。その後、筋グリコーゲンとグルコースはどちらもグルコース6リン酸に転換され、以後様々な酵素によって分解されながら、同じ代謝経路をたどる。そして最終段階では、ピルビン酸から乳酸へと代謝される。運動時に骨格筋内で乳酸が増加すると、血中へと放出される。解糖系過程は糖1分子から2 ATPを産生する。

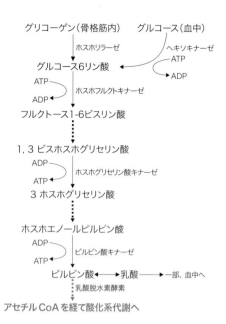

図6 ● 解糖系の代謝図　　　（文献6、p.68図3.3を改変）

　運動時における解糖系の活性化には、エネルギーの需要量、ATPとADPの濃度など様々な要因が関連し、酵素活性やGLUT4などを通じて、解糖系代謝をコントロールしている。

④ 酸化系代謝機構

　酸化系代謝は骨格筋内のミトコンドリアで行われ、エネルギー源となる物質は糖質と脂質である（図7）。糖質の分解は解糖系代謝の続きであり、ピルビン酸がミトコンドリアの中へ移動し、ピルビン酸脱水素酵素によってアセチルCoAに変換される点から始まる[2]。一方、脂質は脂肪細胞などから遊離脂肪酸（FFA）などの形で血液循環へ供給される。FFAも血中グルコースと同様に活動する骨格筋に取り込まれる。現在、骨格筋膜には数種類の脂肪酸輸送タンパク質が発見されている。脂質も骨格筋内のミトコンドリアに取り込まれ、β酸化によってアセチルCoAへ変換される。酸化系代謝の起点であるアセチルCoAは様々な酵素によって変換される。この過程をTCAサイクル（クエン酸回路、クレブス回路ともいう）と呼ぶ。

　この代謝過程において産生された水素（H）や

NAD、FADは、ミトコンドリア内で電子を供給することでATP合成を担っている。これを電子伝達系という。エネルギー基質がTCAサイクルを経て水と二酸化炭素にまで分解された場合（酸化的リン酸化）、糖質からは36ATPが合成される。一方、脂質（例：パルミチン酸）からは129ATPが合成される。日常生活や安静時では、酸化系代謝を主として活動に必要なATPが合成されている。スポーツでは、持久的種目で主に酸化系代謝が利用されるが、その分解過程は長く複雑なので、解糖系代謝と相互協働しながらATPをつくり出している。

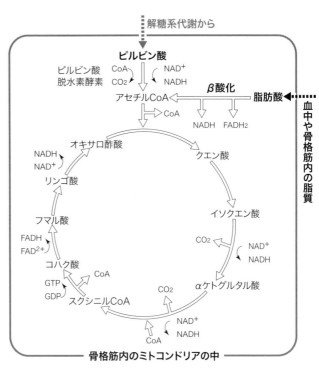

図7 ● TCAサイクルの代謝図
（文献7、p.208 図8-6を改変）

---

5. 運動とエネルギー代謝

1 運動におけるエネルギー代謝の応答

　運動を行うと、前述した3つのエネルギー代謝系が活性化し、運動に必要なATPをつくり出す。例えば、短時間・高強度の運動時にはATP–CP系がメインとしてエネルギーをつくり出し、長時間・低中強度の運動では酸化系がメインとなる。しかし実際には、3つのエネルギー産生経路は、常にそのエネルギー供給比率を変えながら活性化している。この3つのエネルギー代謝系は、運動の強度と時間、選手の能力すなわちエネルギー産生能力、呼吸系と循環系の能力、骨格筋の筋線維特性（遅筋・速筋）などの因子によって規定される。

2 長時間運動のエネルギー代謝

　トレッドミルで漸増負荷運動を行った際の血中乳酸濃度の変化を図8に示した。図では、血中乳

酸濃度が急激に増加する点が認められる。この点を乳酸性作業閾値（LT：Lactate Threshold）といい、おおよそ乳酸が2〜4mmolとなる強度である。また、LTは最大酸素摂取量の60〜70％程度の運動強度でもあり、これは前述した換気性作業閾値（VT）に近い運動強度である（図5）。このLTの運動強度の特徴は、①エネルギー産生

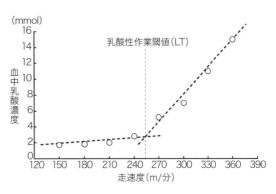

図8 ● 漸増負荷運動（乳酸カーブテスト）におけるLTの算出

の貢献割合が酸化系から解糖系へシフトし始める（解糖系の亢進）、②解糖系の亢進により血中乳酸濃度が増加する、③遅筋線維に加えて速筋線維の動員割合が増える、などである。マラソンは2時間を超える持久的運動だが、選手はエネルギー代謝に過度の負担をかけないように、自身のLT強度を意識しながら、走速度を調節する必要がある。運動強度とエネルギー代謝の関係を図9に示す。横軸は運動強度（% $\dot{V}O_2max$）、縦軸はエネルギー利用量である。LTやVTと呼ばれる運動強度（約65%）を超えたあたりから、より多くの筋グリコーゲンを分解していて、これは解糖系の活性化を示している[8]。

選手のLT測定には、いくつかのメリットがある。それらは、①最大努力を発揮しなくてよい（選手への負担が少ない）、②球技など多くのスポーツでLTの運動強度のパフォーマンスが重要視される、③呼気ガス分析機などの機械が不要、④トレーニング効果を判定しやすい、などである。

③ 短時間運動のエネルギー代謝

短距離スプリント系の種目やウエイトリフティングなどは、ATP-CP系や解糖系のエネルギー貢献度が大きいスポーツである。これらの競技種目では、脂質を利用した酸化系エネルギー代謝よりも、短時間に莫大なエネルギーを得られるATP-CP系のエネルギー代謝能力が鍵を握る。その規定因子は、①ATP分解および再合成に関わる酵素の活性能力、②全身および動作に貢献する活動筋の筋量、③速筋線維の割合、④筋グリコーゲンの保有量、などである。

ATP-CP系および解糖系のエネルギー代謝能力を測定する方法の1つに、自転車エルゴメーターを使ったウインゲートテストがある。体重から負荷を決定し、自転車エルゴメーターを30秒間全力でペダリングするこの測定では、短時間に発揮することができる仕事量を測定する。

ATP-CP系と解糖系を無酸素性代謝、酸化系を有酸素性代謝と呼ぶことがある。これはATP-CP系におけるATP合成・再合成や、解糖系におけ

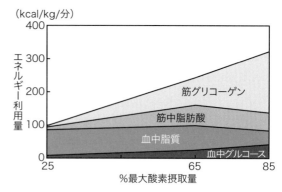

図9●運動強度とエネルギー基質の利用割合の変化
（文献8より）

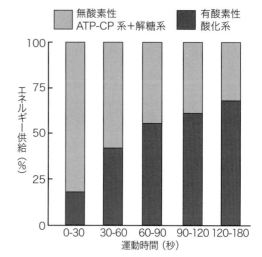

図10●運動強度とエネルギー代謝の利用割合
（文献9より）

る乳酸までの分解反応が、酸素の仲介を必要としないからである（生化学では嫌気的代謝と呼ぶ）。そこからスポーツ科学の分野では、ATP-CP系と解糖系がメインの運動を無酸素性運動（無酸素運動）、酸化系がメインの運動を有酸素性運動（有酸素運動）と呼ぶことがある。しかし前述したように、運動時の生体内では3つのエネルギー代謝機構がそれぞれ比率を変えて貢献しているのであって、1つが独占的にエネルギー供給を行っているわけではない。図10のように、30秒間の全力運動（無酸素性運動）であっても、20%ほどは酸化系代謝（有酸素性代謝）によるエネルギーが利用されている[9]。

6. トレーニングとエネルギー代謝

1 エネルギー代謝機構のトレーナビリティ

トレーニングはエネルギー代謝を向上させるが、競技スポーツに活用するためには、その競技がどの様なエネルギー代謝の特性をもっているのかを把握する。100m走と5000m走では、野球とラグビーでは、エネルギー産生における3つのエネルギー産生機構の貢献割合が異なる。また、サッカーのような球技では、3つのエネルギー代謝機構を総合的に向上させる必要がある。90分間走り続けられる持久力だけではなく、1回のダッシュで相手選手に負けない瞬発力も重要である。スポーツ競技では、技術や戦術が重要であるが、それを支える基礎体力のトレーニングもまた重要である。

2 パフォーマンスとエネルギー代謝

LTは運動時におけるエネルギー代謝の局面が変わる強度である。よってLTが高い選手は、高い運動強度でもエネルギー代謝が安定しているといえる。図11に2選手のLTの違いを示した。A選手のLTは約240〜250m/分であるのに対し、B選手はおおよそ270m/分であった。これは、B選手のエネルギー代謝が270m/分程度の運動強度まで酸化系を活用していることを示し、A選手に比べてエネルギー代謝能力が高いといえる。B

選手の様に、高い運動強度でも酸化系代謝を活用しながら遂行できると、ラストスパート時など、さらに高い運動時に向けて糖質(筋グリコーゲン)をセーブすることが可能となる。運動強度が高くなれば、筋グリコーゲンやCPの利用が増えるが、そのときのために糖質をセーブすることは有効な代謝戦略である。これはマラソンでもみられ、レース中盤で糖質を使ってしまった選手は、後半のペース上昇についていけない。走速度が上がった瞬間に脱落するのは、それまでの代謝負担が一因でもある。よって、酸化系エネルギー代謝を活用して、より高い走速度でパフォーマンスを維持することが重要である。

3 エネルギー代謝を向上させる要因

(1)筋線維の代謝特性

エネルギー代謝から骨格筋を分類すると、①酸化系筋線維(SO)、②酸化系＋解糖系筋線維(FOG)、③解糖系筋線維(FG)となる[10]。エネルギー代謝の向上とは、①と③が②の能力に近づくことを意味する。特に、速筋と呼ばれる③解糖系筋線維に注目すると、トレーニングでミトコンドリアを増加させることによって、酸化系エネルギー代謝の能力を高めることが、高い筋発揮の持久的な維持に貢献すると考えられている。

(2)呼吸循環系

トレーニングを行うと最大酸素摂取量の増加やガス交換効率の向上が期待できる。また末梢循環である骨格筋周辺では毛細血管網の拡充が起こる。このような適応変化が積み重なって、運動パフォーマンスの向上へ貢献する。

(3)酵素活性

骨格筋内のATP産生は、エネルギー基質が分解されることによって進む。この分解の触媒となるのが酵素であり、アスリートの骨格筋では、酵素の総量や活性能力が高く、より多くのエネルギーを産生することが可能になる。

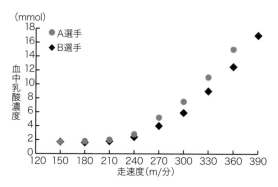

図11 ● 2選手におけるLTの違い

⑷疲労の要因

　運動時のパフォーマンスを低下させる要因の1つに疲労がある。エネルギー代謝の観点から、疲労に関与する因子は、ATPの低下、リン酸の増加、イオン平衡の乱れ、エネルギー基質の減少（枯渇）など、様々な研究報告がある[11]。

（榎木泰介）

▶引用・参考文献
1) 佐藤達夫：からだの地図帳, 講談社, 2013.
2) 貴邑冨久子ほか：シンプル生理学, 南江堂, 2016.
3) 斉藤満ほか：循環—運動時の酸素運搬システム調節, ナップ, 1999.
4) 室増男：運動科学, 理工学社, 1999.
5) 宮村実晴ほか：呼吸 運動に対する応答とトレーニング効果, ナップ, 1998.
6) 谷口正子ほか：スポーツとトレーニングの生化学, メディカル・サイエンス・インターナショナル, 1999.
7) 片野由美, 内田勝雄：図解ワンポイント生理学, 医学芸術社, 2015.
8) Romijn, J.A., et al.: Substrate metabolism during different exercise intensities in endurance-trained women. J. Appl. Physiol., 88: 1707-1714, 2000.
9) Bangsbo, J., et al.: Anaerobic energy production and O2 deficit-debt relationship during exhaustive exercise in humans. J. Physiol., 422: 539-559, 1990.
10) Megeney, L., et al.: Effects of muscle activity and fiber composition on glucose transport and GLUT4. Am J. Physiol. Endocrinol. Metab., 264, E583-E593, 1993.
11) 下光輝一, 八田秀雄：運動と疲労の科学—疲労を理解する新たな視点, 大修館書店, 2018.

骨格筋系、神経系、内分泌系と運動

　すべての運動の源となるのは骨格筋の活動である。トレーニングの目的は、この骨格筋の力学的特性や、代謝的機能を改善したり、骨格筋の活動を調節する神経系の機能を高めたりすることにある。トレーニングのこのような効果には、筋活動に伴うメカニカルストレス、筋内の局所環境の変化、ホルモンや成長因子などの液性因子の作用など、様々な要因が関与している。

　ここでは、運動やトレーニングを理解するうえで必要となる、骨格筋の構造と機能、筋活動の神経支配、運動に対する内分泌系の応答についての基礎知識を解説する。

1. 骨格筋の形態と機能

1 骨格筋の形態

　骨格筋は、筋組織、結合組織、神経、血管からなる器官である。その形態は特有の階層構造を示す（図1）。筋の中で能動的に張力を発揮したり、短縮したりするのは筋線維（筋細胞）であり、通常筋の端から端にまでわたる、直径50〜100μmの細長い細胞である。個々の筋線維は、筋内膜と呼ばれる、結合組織性の膜でできた「鞘（さや）」のような構造に覆われている。さらに、多数の筋線維が集まって束をつくり、その周囲を筋周膜という結合組織性の膜が覆っている。この筋線維の束を筋線維束（筋束）と呼ぶ。筋線維束と筋線維束との間の空間には、線維性の結合組織や血管がある。多数の筋束が集まり、筋外膜（または筋上膜）という結合組織性の膜に覆われ、筋となる。筋の表層と皮膚の間にはさらに筋膜という膜がある。筋の両端では、筋内膜、筋周膜、筋外膜と連続した結合組織が腱をつくり、腱の結合組織は、やはり結合組織性の膜である骨膜とつながっている。

2 筋線維の走行方向と筋の特性

　骨格筋は、筋線維の走行方向に基づき、紡錘状筋（じょうきん）（または平行筋）と羽状筋（うじょうきん）とに分類される。紡錘状筋では、筋線維が筋の長軸と平行に走行しているが、羽状筋では、筋線維は筋の長軸に対し

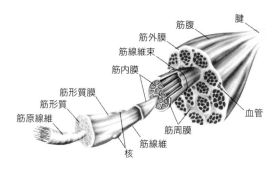

図1●骨格筋の階層構造　　　　　（文献1より）

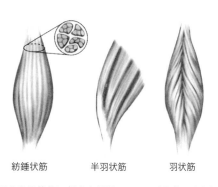

紡錘状筋　　　半羽状筋　　　羽状筋

図2●骨格筋の様々な形状　　　（文献1より）

て一定の角度（羽状角）をもって走行していて、鳥の羽のような形状を呈する（図2）。筋長に対する筋線維長の割合は、紡錘状筋で大きく、羽状筋では羽状角に応じて小さくなる。一方、筋の体積当たりの力学的に並列な筋線維数は、羽状筋のほうが多くなる。したがって、横断面積当たりの筋力は羽状筋が大きく、短縮速度は紡錘状筋のほうが大きい。上腕二頭筋などは紡錘状筋であり、外側広筋、腓腹筋などは羽状筋である。

③ 筋線維の微細構造

筋線維は、発生の段階で筋芽細胞と呼ばれる細胞が多数融合してできた多核細胞である。通常、核は細胞の表層に配列しているが、トレーニング後には、細胞の中心部付近にも見られることがある（中心核）。細胞の内側は筋形質で占められている。筋形質中には、収縮タンパク質からなる収縮装置、ミトコンドリアや筋小胞体などの細胞器官（オルガネラ）、グリコーゲン顆粒、脂肪粒、種々の溶存タンパク質などが含まれる（図3）。

収縮装置は筋形質の大部分を占め、直径約1μmの筋原線維が束になったものである。筋原線維の周囲は、筋小胞体という、複雑な網目構造をした袋状のオルガネラが取り巻いている。隣接する筋小胞体同士の間には、細胞膜が落ちくぼんでできたT-小管という管が走っており、2つの筋小胞体

と1本のT-小管の3者がつくる構造を三つ組み構造と呼ぶ。

筋原線維を光学顕微鏡で観察すると、明暗の横紋が見える。同様の横紋は心筋にも観察されるので、骨格筋と心筋を合わせて横紋筋と呼ぶ。横紋の中で暗く見える部分をA帯、明るく見える部分をI帯、A帯とA帯の間で線状に見える部分をZ膜、またはZ線と呼ぶ（図4、5）。2本の隣接するZ線で挟まれた領域を筋節（サルコメア）と呼ぶ。横紋構造は、太いフィラメントと細いフィラメントという2種のフィラメント（ミクロな線維状の構造）が、規則的に重なり合うように配列していることで生じる。太いフィラメントは、約200個のミオシンというタンパク質が規則的に集合し、会合体を形成してできる。一方、細いフィラメントはアクチンという球形のタンパク質が、二重らせん状に重合してできる。太いフィラメント、細いフィラメントはそれぞれ、ミオシンフィラメント、アクチンフィラメントとも呼ばれる。細いフィラメント上には、アクチン以外に、トロポニン、トロポミオシンというタンパク質があり、筋活動の調節機構に関係している（後述）。また、Z線とZ線との間は、ゴムひものような弾性をもつタイチンフィラメント（コネクチンフィラメント）が連結しており、筋線維を伸張すると、このタイチンフィラメントが引き伸ばされて受動的張力を

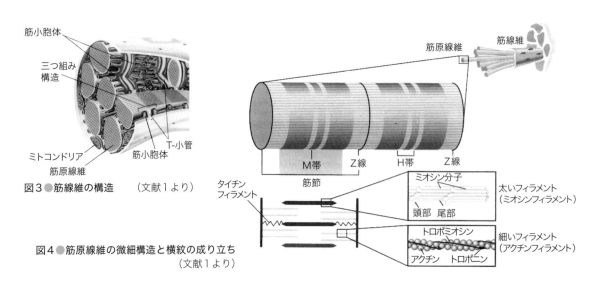

筋小胞体
三つ組み構造
ミトコンドリア
筋原線維
T-小管
筋小胞体

図3●筋線維の構造　（文献1より）

筋原線維
筋線維

M帯　Z線　H帯　Z線
筋節

タイチンフィラメント

ミオシン分子
頭部　尾部
太いフィラメント（ミオシンフィラメント）

トロポミオシン
アクチン　トロポニン
細いフィラメント（アクチンフィラメント）

図4●筋原線維の微細構造と横紋の成り立ち
（文献1より）

発生すると考えられている。

　ミオシン分子は、2個の頭部と1本の尾部をもつ巨大なタンパク質で、筋活動の源である収縮張力を発生する本体である。ミオシン頭部は、太いフィラメントから突き出ており、この突起をクロスブリッジと呼ぶ。

④ 筋節と滑り説（滑走説）

　筋活動によって筋線維が短縮するときには、A帯の幅は変わらず、隣接するI帯とH帯の幅が狭まる。このことから、太いフィラメントと細いフィラメントの長さは常に一定であり、これらが互いに滑り合うようにして筋活動が起こると考えられ、このような考え方を滑り説または滑走説と呼ぶ（図5）。

　2種のフィラメント間の滑りは、ミオシン頭部がATPを分解しながら、アクチンと結合・解離を繰り返すことによって起こると考えられている（図6）。したがって、収縮張力は筋節の中の太いフィラメントと細いフィラメントのオーバーラップの量に比例して変化する、すなわち、筋節長や筋線維長に依存して変化することになる（図7）。こうした筋線維長と張力の関係を長さ-張力関係と呼ぶ。筋線維の長さ-張力関係は、身体内では、関節角度に依存して発揮筋力が変化するような、関節角度-トルク関係を生じる一要因となる。

⑤ 筋の神経支配

　筋線維の活動は、運動神経からの指令によって起こる。運動神経は脊髄前角に細胞体をもち、軸索(じくさく)を筋に向けて伸ばしている。細胞体は上位中枢からの神経の終末とシナプスを介して接合し、入力を受けている。運動神経の軸索は、途中で数十〜数千回枝分かれし、枝分かれした1本の軸索はそれぞれ1つの筋線維に接合する。この運動神経の終末と筋線維との接合部を、神経筋接合部または終板(しゅうばん)と

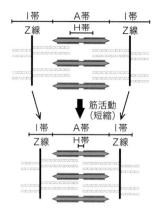

図5●筋収縮（筋活動）の滑り説
筋活動は、太いフィラメントと細いフィラメントとの間の滑りによって起こるので、筋節が短縮したときにはA帯の幅は変わらず、I帯とH帯の幅が狭まる。

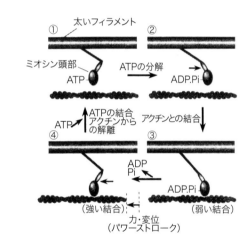

図6●筋活動の分子構造（レバーアーム説）
ミオシン分子がATPのエネルギーを利用して変形し、アクチン分子と結合・解離を繰り返すことによって張力発揮が起こる。
（文献2より）

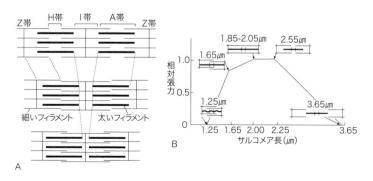

図7●骨格筋線維内の筋節構造（サルコメア構造：A）とカエル骨格筋単一筋線維の長さ-張力との関係（B）
（文献3より）

呼ぶ。1個の運動神経（1個の細胞体と枝分かれした多数の軸索）と、それが支配する筋線維の集団を運動単位と呼ぶ（図8）。

神経の興奮は、活動電位として軸索を伝導し、終板にまで伝えられる。活動電位は、全か無かの法則に従い、閾値下の刺激では全く発生せず、閾値を超える刺激では、刺激の強さにかかわらず同一の反応を示す。神経を伝導してきた活動電位は、終板の神経終末から、神経伝達物質であるアセチルコリンを放出させる。すると、筋線維はアセチルコリンを受容して、全か無かの活動電位を発生する。このようにして、運動単位は全体として、同期した全あるいは無の活動を示す。同じ運動単位に属する筋線維のうち、あるものは活動しほか

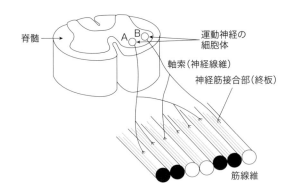

図8●運動単位の模式図
ここでは、A、B 2つの運動単位を示すが、実際には1個の運動単位は数十～数千の筋線維を支配する。

（文献4より）

は活動しないということは起こらない。

---

2. 筋力発揮のメカニズム

1 筋活動の調節と興奮-収縮連関

筋線維内には、エネルギー源であるATPが常にほぼ一定量存在する。したがって、筋活動をオンにしたりオフにしたりするのはATPの量的変化ではなく、ほかの要因である。この役割を果たしているのがカルシウムイオン（Ca^{2+}）である。静止状態では、筋形質内のCa^{2+}濃度はきわめて低く（細胞外の約1/10000）、筋線維が興奮して活動するときには、静止状態の濃度の約100倍にまで増加する。すると、Ca^{2+}は細いフィラメント上にあるトロポニン（図4）に結合し、細いフィラメントの微細構造が変化してミオシン頭部と結合できるようになる。

こうした筋形質内のCa^{2+}濃度の変化には、筋小胞体とT-小管が働いている。筋線維が活動電位を発生すると、活動電位は細胞膜からT-小管の奥まで伝導する。T-小管の活動電位は、三つ組み構造をつくっている筋小胞体の端に伝達され、筋小胞体に多量に蓄えられているCa^{2+}が筋形質に向けて放出される。筋線維の興奮が終わると、筋形質中のCa^{2+}は筋小胞体の膜にあるカルシウ

ムポンプによって筋小胞体に再吸収され、筋線維は活動を止めて速やかに弛緩する。

2 単収縮と強縮

実験上、1個の活動電位を筋線維に生じさせたときに起こる、1回の短い収縮を単収縮（twitch）と呼ぶ。一方、繰り返し刺激によって、一連の活

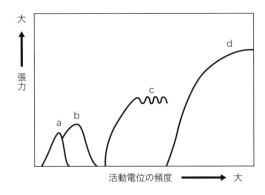

図9●単収縮と強縮の模式図
図中aは1個の単収縮、bはさらにもう1個の単収縮が加重したものを示す。繰り返し刺激による強縮では、低頻度の刺激の場合、個々の単収縮のピークが分離された不完全強縮（c）となり、刺激頻度の増加とともに張力も増大する。個々の単収縮のピークが完全に融合し、なめらかな張力発揮を示すものを完全強縮という（d）。（文献1より）

動電位を生じさせたときに起こる収縮を強縮（tetanus）と呼ぶ。さらに、低頻度の活動電位によって起こり、それぞれの単収縮のピークが分離しているものを不完全強縮、高頻度の活動電位によって起こり、張力発揮がなめらかなものを完全強縮と呼ぶ（図9）。生理的条件下での生体内の筋活動は通常、すべて強縮である。

③ 筋線維タイプ

筋線維は大きく、速筋線維（FT線維：Fast Twitchの略）と遅筋線維（ST線維：Slow Twitchの略）とに分類される。FT線維は単収縮が速く、その張力も大きいもの、ST線維は単収縮が遅く、その張力が小さいものである。最大強縮における断面積当たりの張力もFT線維のほうが大きい。一方、ST線維は有酸素性代謝能力が高く、持久力に優れている。細胞内の酸素運搬に関わるミオグロビンや、ミトコンドリアでのエネルギー産生に関わるチトクロームなど、赤色の色素タンパク質を多量にもつため、外観上赤みを帯びていることから、赤筋線維とも呼ばれる。FT線維はこれらの色素タンパク質が少なく、白筋線維とも呼ばれる。

FT線維とST線維は、特定の染色法や、ミオシン分子種（アイソフォーム）の違いによる識別法に基づき、さらに細かくタイプ分けされている（図10）。染色法と力学的特性に基づく一般的な標記法では、遅筋線維をタイプI線維、速筋線維をタイプII線維と呼ぶ。タイプII線維はさらに、最も

収縮速度が速く、持久力に乏しいタイプIIb線維と、タイプIとタイプIIとの中間的で、オールマイティーな性質をもつタイプIIa線維とに分けられる。IIa、IIbなどを速筋線維のサブタイプと呼ぶ。

一方、ミオシンアイソフォームに基づく分類では、収縮速度の遅い順にタイプI（ミオシン重鎖1：MHC1をもつ）、タイプIIa（MHC2aをもつ）、タイプIIx（MHC2xをもつ）、タイプIIb（MHC2bをもつ）というように分類する。ヒトの骨格筋では、MHC2bはきわめて少なく、従来染色法などでタイプIIbと同定されてきたものは、この分類法ではタイプIIxであるとされている。したがって、ヒト骨格筋は主にタイプI、IIa、IIxの3種の筋線維で構成されると考えてよい。

④ 運動単位の動員様式

一般に、ST線維を支配する運動神経は、その細胞体が小さく、興奮の閾値が低く、運動単位に含まれる筋線維の数も少ない（運動単位のサイズが小さい）という特徴をもつ。反対に、FT線維を支配する運動神経は、その細胞体が大きく、興奮の閾値が高く、運動単位に含まれる筋線維の数も多い（運動単位のサイズが大きい）。

通常の筋力発揮を行った場合、まずサイズが小さく、動員閾値の低いST線維の運動単位から優先的に動員され、筋力発揮レベルの増大とともに、サイズの大きな、FT線維の運動単位が付加的に動員されてゆく（図11）。これを「サイズの原理」

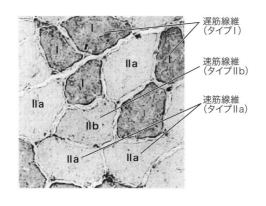

図10●ラット骨格筋の筋線維タイプ
ATPase染色法による識別。　　　　　　（文献5より）

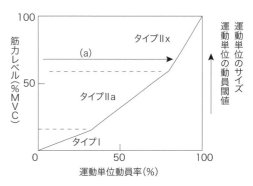

図11●通常の筋力発揮における運動単位の動員順序（サイズの原理）の模式図
（a）は筋肥大・筋力増加に通常必要とされる負荷強度に相当する筋力レベルを示す。

と呼ぶ。

レジスタンストレーニングにおける筋線維の動員様式も、基本的には負荷強度の大小に応じ、サイズの原理に従って変動する。一方、伸張性筋活動（後述）や、クイックリフトなどの場合にはサイズの原理が必ずしも成り立たず、多くのFT線維が動員されることが示唆されている。

⑤ 筋活動の様式

筋の主な活動様式には、①等尺性（アイソメトリック）、②等張力性または等張性（アイソトニック）、③等速性（アイソキネティック）の3者があり、それぞれに対応したトレーニング法がある。①は筋の長さが一定のもとで張力発揮を行うもの、②は張力が一定のもとで短縮・伸張を行うもの、③は短縮・伸張速度が一定のもとで張力発揮を行うもの、である。トレーニングの場合にも、①〜③に準じた動作様式に対応して、アイソメトリックトレーニング、アイソトニックトレーニング、アイソキネティックトレーニングと呼ぶ。

⑥ 力と短縮速度

等張力性および等速性筋活動では、張力と短縮速度とは互いに反比例し、双曲線で近似される関係を示す（図12）。これを力−速度関係と呼ぶ。

⑦ 短縮と伸張

等張力性および等速性筋活動で、筋が張力を発

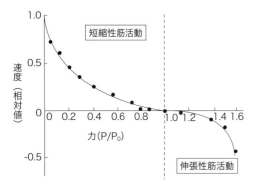

図12●等張力性筋活動におけるヒト肘屈筋の力−速度関係
Poは等尺性最大筋力、負の速度は伸張速度を示す。
（山田と石井、未発表データ）

揮しながら短縮する場合を短縮性筋活動（コンセントリックアクション）、逆に張力を発揮しながら強制的に伸張される場合を伸張性筋活動（エキセントリックアクション）と呼ぶ。トレーニング動作では、前者は負荷を挙上する動作、後者はブレーキをかけながら負荷を下ろす動作に対応する。一般に、伸張性筋活動は短縮性筋活動に比べ、より大きな筋力発揮が可能である（図12）。

伸張性筋活動ではまた、サイズの原理に反して、発揮張力の大小にかかわらずFT線維が動員されやすいと考えられている。このため、トレーニング全般においては、伸張性筋活動を十分に利用すること、すなわち、負荷を下ろすときにも十分に筋力を発揮することが重要である。また、やや特殊なトレーニングとして、伸張性筋活動に重点をおいた方法があり、エキセントリックトレーニングと呼ぶ。一方、伸張性筋活動は、筋線維の微小な損傷を引き起こし、遅発性筋痛（DOMS）を誘発する原因となる。このため、オーバートレーニングには十分に注意する必要がある。

⑧ 予備的伸張によるパフォーマンスの増強

筋が活動した状態でいったん伸張され、切り返して短縮するようにすると、短縮時の張力発揮やパワー発揮が、単に短縮のみを行う場合に比べて増大する。そのメカニズムには、腱などの弾性成分による弾性エネルギーの蓄積・放出と、収縮装置そのものの特性の両者が関与する。筋のこうした性質は、伸張−短縮サイクルトレーニング（SSCトレーニング）や、プライオメトリクスに利用されている。

⑨ 筋力を決める要因

身体が随意的に発揮できる最大筋力（随意最大筋力：MVC）を決める要因には、①筋横断面積、②神経系の機能、③筋に占めるFT線維の割合、の3者がある。このうち、③は主に遺伝的に決定され、レジスタンストレーニングによって大きくは変化しないので、トレーニングの主目的は、筋肥大と神経機能の改善の2点に集約される。

10 筋力の調節

　我々は必要に応じ、微小な筋力から最大筋力までの間で、発揮筋力の調節をしている。これを筋力発揮のグレーディングという。筋力発揮の調節には、①動員する運動単位の数による調節、②活動電位の頻度（発火頻度）による調節、の2種がある。前述の通り、運動単位は全体として全か無かの反応を示すので、動員する運動単位の数に応じて筋力も変化する。一方、強縮張力は、ある範囲内では、筋線維の活動電位の頻度が増すと増大し、やがて一定値に達する（図9）。したがって、こうした活動電位の頻度による調節も行われる。

11 自己受容器と反射

　身体には、自身の状態を感受する受容器があり、自己受容器（固有受容器）と総称される。骨格筋には、筋紡錘とゴルジ腱器官という2種の自己受容器がある（図13）。筋紡錘は筋の長さ変化を、ゴルジ腱器官は張力を受容する。

　筋紡錘は、筋の中に散在する微小な器官で、袋状の鞘の中に特殊化した筋線維をもっている。筋紡錘の内部の筋線維を錘内線維、外部にある通常の筋線維を錘外線維と呼ぶ。錘内線維が伸張されると、伸張の程度や速度に応じた反応を示す。錘内線維は運動神経（γ-運動神経）の支配も受けており、錘内線維が短縮すると筋紡錘の感度が高まる。筋が急激に伸張されると、筋紡錘の興奮は中枢に伝えられて感覚を生じ、一方、脊髄中で運動神経（α-運動神経）に入力され、同名筋（その筋自体）の筋活動を引き起こす。このように、急激な伸張に抗するための反射を伸張反射と呼ぶ。膝蓋腱をハンマーで軽く叩くと膝伸展が起こる膝

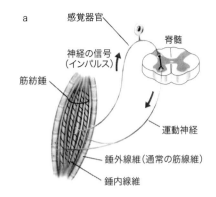

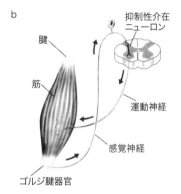

図13●筋の自己受容器とその働き
a：筋紡錘による筋の活動増強（伸張反射）
b：ゴルジ腱器官による筋の活動抑制（ゴルジ腱反射）
（文献1より）

蓋腱反射が、その代表例である。伸張反射は、姿勢の維持や、様々なスポーツ動作に利用されている。

　ゴルジ腱器官は腱にある感覚神経の終末で、腱の微小な伸張、すなわち筋の張力を感受する受容器である。この器官が興奮すると、ゴルジ腱反射（逆伸張反射）と呼ばれる反射が生じる。この反射は、脊髄で同名筋を支配する運動神経を抑制するように働き、過大な張力発揮から筋や腱を保護する役割をもつ。

---

3. 筋・神経系に対するトレーニング効果

1 レジスタンストレーニング

　レジスタンストレーニングは、用いる負荷の大

きさや、動作様式に応じ、神経-筋系に様々な適応を引き起こす。ここでは、神経系の適応、筋肥大、代謝的適応の順に説明する。

⑴神経系の適応

レジスタンストレーニングを開始して初期の間は通常、著しく筋力が増加するが、筋横断面積の増加は緩やかである。すなわち、この間には主に筋横断面積当たりの筋力が増加する。これは、神経系に適応が起こり、中枢神経系およびゴルジ腱反射などによる、筋力発揮の抑制が低減するためと解釈されている。ある程度トレーニングされている選手などの場合、こうした神経系の適応を引き出すためには、高強度（1RMの90％以上）のトレーニングが必要である。

⑵筋肥大

神経系の適応が上限近くに達すると、筋横断面積の増大、すなわち筋肥大が起こるようになる。筋肥大は、主としてタイプII筋線維の横断面積の増大による。トレーニング条件によっては、筋線維の損傷とその再生に伴い、筋線維数の増加（筋線維の増殖）も起こることが示唆されているが、その程度はきわめて小さいとされている。タイプI線維の太さは、高強度のトレーニングでは変わらないが、筋肥大を主目的とするトレーニングプロトコルでは若干増大する。筋線維の肥大とともに、筋内の結合組織断面積も増大するが、一般的なトレーニングの場合、その増大の程度は筋線維断面積の増大と比例すると考えられている。

筋肥大には、筋内でのタンパク質合成の活性化が必要である。この過程には、筋線維が強く活動することの他、内分泌系の働きも関与している（後述）。

⑶代謝的適応

筋線維が繰り返し活動すると、その活動に有利となるよう、特定のタンパク質の合成が活性化すると考えられる。

レジスタンストレーニングは通常、無酸素性代謝に依存するので、無酸素性代謝に関連した酵素の合成が高まり、筋の無酸素性代謝能力が向上する。一方、筋肥大のための中〜高強度、大容量のトレーニングを行うと、タイプIIb（IIx）線維では、有酸素性代謝も高まり、徐々にタイプIIa線維に向かうサブタイプ移行が起こる。また、筋線維内

のグリコーゲン量、クレアチンリン酸濃度の増加が起こり、これらも筋線維の肥大にある程度関与すると考えられている。

② 有酸素性持久力トレーニング

⑴代謝的適応

有酸素性持久力トレーニングに対しては、筋は一般的にレジスタンストレーニングの場合と反対の適応を示す。特に、すべてのタイプの筋線維で有酸素性代謝に関連した酵素活性が上昇し、有酸素性代謝能力が向上する。同時に、筋線維内のミトコンドリア密度の上昇、筋内の毛細血管密度の上昇が起こる。

タイプIIb（IIx）線維は、タイプIIa線維を経て、最も有酸素性能力の高いタイプIIc線維[*1]に向かうサブタイプ移行を示す。動物実験などではさらに、タイプIIcからタイプIへのタイプ変換が起こりうるが、ヒトで同様のことが起こるかは明らかではない。

> [*1] タイプII線維は、染色法により有酸素性能力の高い順にIIc、IIac、IIa、IIab、IIbのサブタイプに分類されている。タイプIIc、IIacはタイプIとIIaの間の移行型、タイプIIabはIIaとIIbないしIIxの間の移行途中のものと考えてよい。

⑵筋線維のサイズ

適度な有酸素性持久力トレーニングでは、筋線維の横断面積には著しい変化は起こらない。しかし、高強度のトレーニングを長期間行うと、タイプI線維とタイプIIc線維では筋横断面積の減少が起こるとされている。これは、筋線維が細いほど、酸素や代謝産物の拡散や輸送に都合がよく、そのための適応であろうと解釈されている。

こうしたことからも、筋力やパワーが重要となる競技種目で、レジスタンストレーニングと有酸素性持久力トレーニングを組み合わせて行う際には、注意深いプログラムが必要であることがわかる。

4. 主な内分泌器官とホルモン

1 ホルモンの合成と分泌

ホルモンとは、主として内分泌器官（腺）で合成・貯蔵・分泌され、血流に乗って体内を循環し、微量で身体の機能を調節したり維持したりする物質である。主要な内分泌器官を図14に、主要なホルモンとその機能を表1に示す。これらの典型的な内分泌器官以外にもホルモンを分泌する器官があり、例えば胃はガストリンやグレリン、小腸はGIPやGLPと呼ばれる消化管ホルモン群を分泌し、エネルギー代謝の恒常性に働いている。

間脳視床下部の神経細胞や自律神経の細胞は、神経終末から標的器官や血中に向けてホルモンを分泌する。これを神経内分泌と呼ぶ。一方、様々

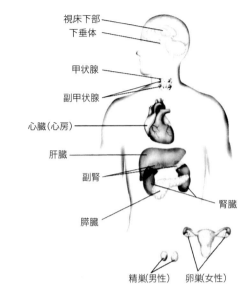

図14●主な内分泌器官　　　　　（文献6より）

表1●主要な内分泌器官とホルモン

内分泌器官	ホルモン	主　な　効　果
下垂体 （前葉）	成長ホルモン 副腎皮質刺激ホルモン（ACTH） 卵胞刺激ホルモン（FSH） 黄体形成ホルモン 甲状腺刺激ホルモン	筋や骨でのタンパク質合成を刺激し成長を促す。肝臓からIGF-Iを分泌させる。 副腎皮質を刺激し、グルココルチコイドを分泌させる。 卵巣に対し卵胞の成長を刺激し、精巣に対し精子形成を刺激する。 卵巣に対し黄体形成を刺激し、精巣に対しテストステロン分泌を刺激する。 甲状腺を刺激し、チロキシンなどを分泌させる。
下垂体 （後葉）	抗利尿ホルモン（アルギニンバソプレシン） オキシトシン	腎臓での尿生成を抑制し、血管平滑筋を収縮させて血圧を上げる。 子宮を収縮させたり、乳腺からの乳の放出を刺激したりする。
甲状腺	チロキシン カルシトニン	全身的にミトコンドリアでの有酸素性エネルギー代謝活性を高める。 骨へのカルシウム沈着を促し、血中のリン酸カルシウム濃度を下げる。
副甲状腺	副甲状腺ホルモン	骨からのカルシウム遊離を促す（骨吸収の活性化）。
膵　臓	インスリン グルカゴン	血糖の細胞への取り込みとグリコーゲン合成を刺激する。筋ではタンパク質合成を促す。 肝臓でのグリコーゲン分解を刺激し、血糖値を上げる。
腎　臓	レニン	血中のアンギオテンシンを活性化して尿生成を抑制し、血圧を上げる。
副　腎 （皮質）	グルココルチコイド （コルチゾール、コルチゾンなど） 塩類コルチコイド	グリコーゲン、タンパク質、脂質などを分解して糖を生成し、血糖値を上げたり、エネルギー基質として供給したりする。 腎臓での水の再吸収を促進し、尿の生成を抑制する。
副　腎 （髄質）	アドレナリン（エピネフリン） ノルアドレナリン（ノルエピネフリン）	心収縮力、心拍数を高める。グリコーゲンや脂質の分解を刺激し、血糖値を高める。 アドレナリンと同様の働きをもつ。
肝　臓	インスリン様成長因子-I（IGF-I）	筋や骨でのタンパク質合成を刺激し成長を促す。
精　巣	アンドロゲン（テストステロン）	男性の性徴発現を刺激する。筋に対してはタンパク質合成を促す。
卵　巣	エストロゲン（エストラジオールなど） プロゲステロン	女性の性徴発現を刺激する。筋に対してはタンパク質合成を抑制する。 女性の性徴発現を刺激したり、妊娠を維持させたりすることに働く。
心　臓 （心房）	心房性利尿ホルモン（ANP）	腎臓での尿生成を刺激し、血圧を下げる。

（文献1より抜粋・改変）

な細胞が局所的な情報伝達のために分泌する生理活性物質（作動物質）を総称してサイトカインという。サイトカインは近傍の細胞に作用したり（傍分泌）、自身の細胞に作用したりする（自己分泌）が、血中に遊離してホルモンのようにはたらくこともある。サイトカインのうち、脂肪組織中の脂肪細胞などが分泌するものをアディポサイトカイン、骨格筋線維が分泌するものをマイオカインと総称する。アディポサイトカインやマイオカインは健康の維持増進にも深く関わっている。

このように、従来内分泌器官と呼ばれてきたもの以外に多くの組織・器官がホルモンやサイトカインを分泌することがわかってきている。最近では、すべての組織・器官がこれらの物質を介して臓器間ネットワークを形成し、全身の生理的恒常性に関わっていると考えられるようになった。

② ホルモンの受容体

ホルモンが標的器官に作用するときには、まず細胞にあるホルモン受容体というタンパク質と結合する。ホルモンの化学的構造とホルモン受容体の化学的構造との間には、「鍵と鍵穴」の関係があり、1種類の受容体は、1種類のホルモン（またはそれにきわめて似た構造をもつ物質）しか結合しない。

ホルモン受容体には、大きく分けて2つのタイプがある。1つは、細胞膜に埋まっていて、細胞外でホルモンと結合し、細胞内に2次的情報（2次メッセンジャー）を送るタイプ。他方は細胞質中または核内にあって、細胞膜を通過してきたホルモンと結合し、ホルモン−受容体複合体をつくるタイプである。ホルモン−受容体複合体は遺伝子DNAに直接結合して、特定のタンパク質の合成を高める。成長ホルモンやインスリンなどのペプチドホルモン、ノルアドレナリンなどのカテコールアミンの受容体は前者のタイプであり、テストステロン、グルココルチコイドなどのステロイドホルモン（脂質からなるホルモンで、細胞膜を通過できる）の受容体は後者のタイプである。

③ 運動に対する一般的ホルモン応答

図15に、有酸素性運動の強度と、主要なホルモンの血中濃度との関係を模式的に示す。インスリンを除き、ほとんどのホルモンの分泌は運動強度とともに増大し、特に乳酸性作業閾値（LT）を超えた強度でその増大が顕著となる。レジスタンストレーニングを含む、さらに強度の高い運動については、基本的により大きな変化を生じると考えてよいが、運動強度だけでなく、持続時間、運動の容量、休息時間のとり方など、多数の要因が関与する（後述）。

5. 身体機能へのホルモンの作用

① 呼吸・循環・代謝系

呼吸・循環・代謝系は、自律神経系、ホルモン、代謝物などの局所的作用により、複雑な調節を受けている。交感神経の主要な伝達物質であるノルアドレナリン（ノルエピネフリン）、副腎髄質から分泌されるアドレナリン（エピネフリン）などを総称してカテコールアミンと呼ぶ。これらは、エネルギー代謝を活性化するとともに、心収縮力と心拍数を上げ、筋血流を増加させるなど、運動に対する急性の身体適応をもたらす（図15）。

カテコールアミンは多くの組織で血管を収縮させるが、筋や肝臓では血管を拡張させる。ほかに、血管を収縮させるホルモンとしてアルギニンバソプレシン（AVP）、血管を拡張させるホルモンとして心房性ナトリウム利尿ペプチド（ANP）などがある。また、局所性因子として、アンギオテンシンII、エンドセリン、セロトニン（以上収縮作用）、アデノシン、一酸化窒素（以上拡張作用）などがある。

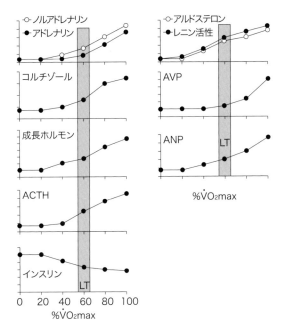

図15 ●有酸素性運動における運動強度と主要なホルモンの分泌の関係
LTは乳酸性作業閾値に相当する強度を示す。

(文献7より)

カテコールアミンはまた、肝臓に働き、グリコーゲン分解を促進して血糖を高める。一方、脂肪細胞にも働いて中性脂肪の分解を促し、血中の遊離脂肪酸濃度とグリセロール濃度を高める。運動時には、これらの機構によってエネルギー基質の供給が行われる。脂肪細胞のカテコールアミンに対する感受性は、長期的な持久力トレーニングによって高まるとされている。脂肪細胞における脂肪分解はまた、成長ホルモンによっても強く刺激される。

運動強度の増大とともにACTH、コルチゾール、グルカゴンの分泌も増加する。コルチゾールとグルカゴンは、カテコールアミンと同様に血糖を上昇させる作用をもつ。一方、血糖を下げる作用を

もつインスリンの分泌は、運動時には低下する（図15）。インスリンは、骨格筋、肝臓、脂肪細胞などに働き、糖の取り込みを促すが、運動時の骨格筋では、インスリンとは無関係に糖の取り込みが高まる。

2 骨格筋

筋が運動・トレーニングに対して適応する際には、身体に与えられた運動刺激やストレスの強度・量・種類に応じ、特定のタンパク質の合成が高まり、様々な機能が向上する。ホルモンはこうした過程での情報伝達の役割を果たす。

一般に、筋に対して、タンパク質の合成を刺激し、成長や肥大を促すホルモンをアナボリックホルモン、逆にタンパク質の分解を刺激するホルモンをカタボリックホルモンと呼ぶ。代表的なアナボリックホルモンには成長ホルモン（GH）、インスリン、インスリン様成長因子-I（IGF-I）、テストステロン（男性ホルモン）などがあり、カタボリックホルモンにはグルココルチコイド（副腎皮質ホルモン：コルチゾール、コルチゾンなど）やプロゲステロンなどがある。インスリンは筋をはじめとするさまざまな器官で血糖の取り込みを促進し、エネルギー備蓄を増やすとともにタンパク質合成を高める。脂肪細胞に対しては、同様に脂肪合成を高め、体脂肪の蓄積を助長する。一方、成長ホルモンは、筋ではタンパク質合成を高めるが、脂肪細胞に対しては、強い脂肪分解作用を示す。グルココルチコイドは、エネルギー欠乏時や、身体が強いストレスにさらされたときに分泌され、筋に対しては、タンパク質と糖質を分解してエネルギーを獲得するように作用する。

6. 筋肥大におけるホルモンの役割

1 成長因子の働き

成長因子は前述のサイトカインの一種であり、

器官内の細胞から分泌され、主に局所的に働いて細胞の成長を調節するペプチドである。筋の成長や肥大に深く関連する成長因子として、インスリ

ン様成長因子-I（IGF-I）とマイオスタチン（ミオスタチン）がある。IGF-Iはインスリンに類似した構造をもち、肝臓や筋線維自身から分泌される。

下垂体で分泌された成長ホルモンは肝臓に作用し、IGF-Iを分泌させる（循環型IGF-I）。このIGF-Iは体内を循環し、ホルモンとして筋、骨、脂肪などの様々な器官に作用する。成長ホルモンの分泌は運動刺激や日内変動に伴って素早く増減するが、その刺激を受けて上昇したIGF-Iの血中濃度は長時間安定して保持される。成長ホルモンの各器官に対する効果は、ほとんどすべてIGF-Iを介した作用によるものと考えられている。

また、高強度の運動やレジスタンストレーニングに伴う強い筋活動によって、筋線維自身もIGF-Iを分泌する（特に力学的刺激によって分泌されるアイソフォームをMGFと呼ぶ）。このIGF-Iは筋線維自身や筋サテライト細胞（後述）に作用し、それぞれにタンパク質合成と細胞増殖を促す（自己分泌と傍分泌）。

一方、マイオスタチンは筋の成長や肥大をきわめて強く抑制する成長因子であり、筋線維に対してはタンパク質合成を抑制し、筋サテライト細胞に対しては増殖を抑制する。常時一定量が筋線維から分泌されているが、がんなどに伴う筋萎縮（カヘキシア）では増加し、レジスタンストレーニング刺激によって減少する。突然変異などによってマイオスタチンをつくれない動物では著しく筋が発達する（筋倍加変異）。

② タンパク質代謝系と筋線維再生系

筋の成長・肥大には、タンパク質代謝系と筋線維再生系という2つの経路が関わっている。前者は筋線維内でのタンパク質合成と分解のバランスをいい、後者は筋サテライト細胞という幹細胞を中心とする細胞再生系をいう。

細胞内でのタンパク質合成には転写過程と翻訳過程が関わっている。転写過程は、遺伝子DNA上のタンパク質のコードがメッセンジャー RNA（mRNA）に写し取られる過程、翻訳過程は、細胞質中でmRNAにリボソームが結合し、mRNA上の情報に従ってアミノ酸をつないでタンパク質を合成する過程をいう。このうち、運動やトレーニングによる筋肥大に深く関わるのは翻訳過程であると考えられている。

翻訳過程の活性化において中心的な役割を果たす経路はmTOR(mammalian target of rapamycin)シグナル伝達系と呼ばれる反応系である。この反応系が活性化することによって、リボソームの翻訳活性が上昇してタンパク質合成が亢進すると同時に、プロテアソームにおけるタンパク質分解が抑制される。

前述の通り、筋線維は多核細胞であるが、ひとつの核が支配できる細胞体積には限界があると考えられ、その範囲を核領域と呼ぶ（図16）。筋線維が、個々の核領域の限界を超えて肥大する場合には、核数を増やす必要がある。このような場合

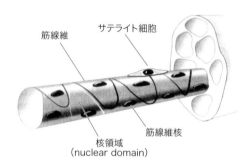

図16 ●筋線維における核（筋核）の支配領域と筋サテライト細胞

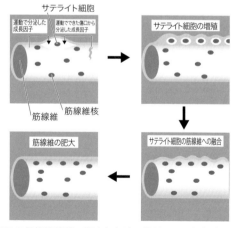

図17 ●骨格筋線維の肥大における筋サテライト細胞の役割
（文献8より）

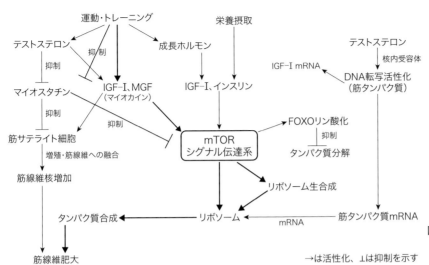

図18●トレーニングによる骨格筋肥大の仕組みとホルモン・成長因子の役割

→は活性化、⊥は抑制を示す

には、筋線維の周囲にある筋サテライト細胞が増殖し、筋線維に融合することによって筋線維内の核数が増えると考えられている（図17）。筋サテライト細胞は、筋損傷時などに新たな筋線維をつくる再生系をなす幹細胞であるが、このように運動・トレーニングによる筋線維の肥大においても、核の供給源としてはたらくと考えられている。

③ ホルモン・成長因子と筋の成長・肥大

図18にトレーニングによる筋肥大の仕組みと、その中でのホルモン・成長因子の役割をまとめて示す。上記のmTORシグナル伝達系を最も上流で活性化する因子はインスリンとIGF-Iである。さらに、IGF-Iは筋サテライト細胞に働き、分裂・増殖を活性化する。成長ホルモンのアナボリックな作用は、IGF-Iを介した間接的な作用と考えられている。

一方、マイオスタチンは筋サテライト細胞の細胞周期の進行を止め、その増殖を抑制する。同時に、mTORシグナル伝達系にも抑制的に作用す

ると考えられている。図には示していないが、マイオスタチンを拮抗的に阻害する成長因子にフォリスタチンがある。ヒトのフォリスタチン遺伝子をウイルスベクターに組み込み、カニクイザル大腿四頭筋に注入して過剰発現させると、トレーニング刺激なしで短期間のうちに著しい筋肥大が起こる。レジスタンストレーニング刺激によってフォリスタチンの発現は低下する。

テストステロンとその関連薬物（アナボリックステロイド）は筋に対して強いアナボリック効果をもつことで知られる。ステロイドホルモンとしての特性から、まず核内での転写活性を高めると考えられるが、どの遺伝子の転写を高めるかなどの詳細は不明である。マウスを用いた実験では、テストステロンの単独投与によって筋線維核数の著しい増加が起こることから、IGF-Iの転写活性を高めることでその生成を促し、筋サテライト細胞の増殖を活性化するという経路が考えられる。また、テストステロンの投与によってマイオスタチンの筋での発現が低下することも示されている。

7. レジスタンストレーニングとホルモン分泌

トレーニングを行うと、その直後には、様々なホルモンの血中濃度が、急性の一過的変化を示す。

一方、トレーニングを繰り返すことにより、慢性的・長期的な変化も現れる。これらの変化は、運

動に伴う身体的ストレスの大きさ、運動に必要な
エネルギー量などに依存し、きわめて多様である。
したがって、レジスタンストレーニングによる内
分泌系の変化も、トレーニングに用いたプロトコ
ルに強く依存するといえる。

　血中ホルモン濃度は、内分泌器官によるホルモ
ン分泌量だけでなく、ホルモンの分解速度や受容
体との結合量にも関連する。また、活性型と不活
性型の両者が血中に存在する場合もあり、血中ホ
ルモン濃度の変化が筋にどの程度の効果を及ぼす
かは、実際には解釈が難しい。ここでは、筋の適
応に関わる主要なホルモンの血中濃度の変化と、
レジスタンストレーニングのプロトコルとの関係
を述べる。

① 性ホルモン

　主に精巣から分泌されるテストステロンは筋の
タンパク質合成を高める働きをもつ。女性では微
量（男性の場合の約1/20）が副腎皮質から分泌
される。またその前駆体であるアンドロステンジ
オンやジヒドロエピアンドロステロン（DHEA）
も副腎皮質から分泌され、筋の適応に関与すると
考えられている（テストステロンは骨格筋からも
分泌される）。テストステロンの一部は、血中で
は性ホルモン結合グロブリンというタンパク質に
結合していて、結合していないフリー型のみが活
性をもつ。一般に、総テストステロン濃度が高け
ればフリー型の濃度も高く、また結合型はホルモ
ンの寿命を長くする役割をもつと考えられること
から、総テストステロン濃度をその活性の指標に
してよいとされるが、異論もある。

　一般男性では、レジスタンストレーニングによ
り、血中総テストステロン濃度は急性の上昇を示
す（図19A）。より大きな上昇を引き起こすため
には、次の条件が必要とされる。①大筋群の種目
（スクワットやデッドリフトなど）を用いる、②
高重量（85〜95% 1RM）を用いる、③複数のセッ
トを行うなど、十分な容量のトレーニングを行う、
④セット間休息時間を短くする（60〜90秒）。

　上記のようなトレーニングを長期間行うと、安

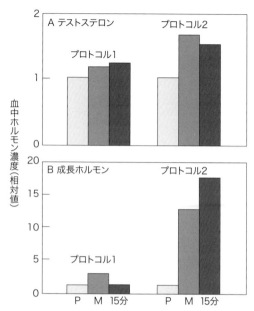

**図19●トレーニングプロトコルが血中テストステロン
（A）および成長ホルモン（B）に及ぼす効果**
大筋群を用いたエクササイズ（スクワット、デッドリフ
トなど）を、5RM強度で3分のセット間休息時間で行っ
た場合（プロトコル1）と、10RM強度で1分のセット間
休息時間で行った場合（プロトコル2）との比較。P、M、
15分はそれぞれ、エクササイズ前、エクササイズ中、エ
クササイズ後15分を示す。ホルモンはエクササイズ前に
対する相対濃度で示す。　　　　（文献1をもとに作図）

静時のテストステロン濃度もわずかではあるが上
昇する。こうしたわずかな上昇も、長期的な筋の
適応という観点では重要と考えられている。

　一方、女性では、血中テストステロン濃度もト
レーニングによるその変化も小さいため、トレー
ニング効果には強く寄与していないと考えられて
いる。

② 成長ホルモンと成長因子

　成長ホルモンは下垂体から分泌されるペプチド
ホルモンで、その血中濃度は日内変動がきわめて
大きい。筋や骨の成長を促すだけでなく、体脂肪
を減らすなど、健康の維持増進面でも重要なホル
モンである。その分泌は、間脳の視床下部による
調節を受けていて、ここから神経内分泌される成
長ホルモン遊離ホルモン（GHRH）によって活性
化され、ソマトスタチンによって抑制される。視

床下部は、上位の運動中枢が強く興奮した場合、および骨格筋内にある化学受容器(代謝物受容器)が乳酸などの代謝産物を受容した場合に興奮し、GHRHなどのホルモン遊離因子を下垂体に向けて分泌する。したがって、成長ホルモンの分泌を活性化するためのプロトコルには、次の条件が必要となる（図19B）。①大筋群の種目を用いる、②乳酸などの代謝産物の生成と蓄積を促すため、中〜高重量（75〜85% 1RM）で大容量のトレーニングを行う。③セット間休息時間を短くする（60秒程度）。

しかし、セット間休息時間については極力短縮することが推奨されてきたが、最近の研究から、中〜高強度（75〜85% 1RM）条件であれば、むしろ3分程度の休息時間をとることでトレーニング容量が増し、筋肥大効果もより大きくなることが示されている。

肝臓から分泌されるIGF-Iについては、その分泌が成長ホルモンによって刺激されるため、成長ホルモンの場合と同傾向の変化を示す。

安静時または1日当たりの成長ホルモン分泌量が、トレーニングによって長期的な変化を示すかどうかは十分に調べられてはいないが、高強度の持久的トレーニングを一定期間継続することにより、1日当たりの成長ホルモン分泌量が増加するという報告もある。

③ カテコールアミン

前述の通り、カテコールアミンは、エネルギー代謝を活性化するとともに、心収縮力と心拍数を上げ、筋血流を増加させるなど、運動に対する急性の身体適応をもたらす。一方、アドレナリン類似物であるクレンブテロールなど（β2-アゴニスト）のドーピングが筋肥大をもたらすことから、カテコールアミンはトレーニングによる筋肥大にもある程度関わっていると考えられている。交感神経の調節中枢は視床下部にあるため、カテコールアミンの分泌を促すトレーニングプロトコルの条件は、成長ホルモンの分泌の場合と同様と考えられる。

④ 副腎皮質ホルモン

副腎皮質からは、性ホルモンとその前駆体、塩類調節ホルモン（ミネラルコルチコイド）、グルココルチコイドなど、多数のステロイドホルモンが分泌される。コルチゾールなどのグルココルチコイドは、エネルギー代謝を活性化する一方、タンパク質もエネルギー基質として分解してしまうカタボリックホルモンである。これらの分泌は、下垂体から分泌される副腎皮質刺激ホルモン（ACTH）によって刺激される。ACTHの分泌はさらに上位にある視床下部の支配を受けており、交感神経や成長ホルモンの分泌活性化と基本的に同様の仕組みで活性化される。グルココルチコイド、ACTH、成長ホルモンなどは、身体が強いストレスにさらされたときに分泌されるため、ストレスホルモンと総称される。したがって、上述のように、アナボリックホルモンの分泌を強く活性化するようなトレーニングプロトコルは同時に、グルココルチコイドの分泌をも高めてしまう可能性を併せもつといえる。アナボリックホルモンの分泌量に対するグルココルチコイドの分泌量の割合が長期的に高まった状態は、オーバートレーニングの一症状となる。したがって、アナボリックホルモンの分泌を十分に活性化するプロトコルを用いながら、グルココルチコイドの過度な分泌を避けるように留意する必要があろう。

（石井直方）

▶引用・参考文献
1) Hunter, G.R.: Muscle physiology. Beacle, T.R. and Earle, R.W. (Ed.), Essentials of Strength Training and Conditioning, pp.3-13, Human Kinetics, 2000.
2) 石井直方: ミオシン分子が力を発生するメカニズムは？ 大野秀樹, 及川恒之, 石井直方編, 運動と遺伝, pp.106-107, 大修館書店, 2001.
3) 石井直方: 骨格筋の力学的性質. 東京大学基礎実験委員会編, 基礎実験, 東京大学出版会, 1995.
4) 石原昭彦: 運動と神経. 勝田茂編, 運動生理学20講, pp.61-66, 朝倉書店, 1993.
5) Ochi, E., Nakazato, K., and Ishii, N.: Effects of eccentric exercise on joint stiffness and muscle connectin (titin) isoform in the rat hindlimb. J. Physiol. Sci., 57: 1-6, 2007.

6) Kraemer, W.J.: Endocrine responses to resistance exercise. Beacle, T.R. and Earle, R.W. (Ed.), Essentials of Strength Training and Conditioning, pp.91-114, Human Kinetics, 2000.

7) 井澤鉄也: 内分泌系と運動. 健康・体力づくり事業財団編, 健康運動指導士講習会テキスト, pp.341-350, 2007.

8) Ishii, N.: Factors involved in resistance-exercise stimukus and their relations to muscular hypertrophy. Nose, H. (Ed.), Execise, Nutrition and Environmental Stress, Cooper Publication, pp.119-138, 2002.

9) Egner, I., et al.: A cellular memory mechanism aids overload hypertrophy in muscle long after an episodic exposure to anabolic steroids. J. Physiol., 591: 6221-6230, 2013.

10) Ishii, N., et al.: Roles played by protein metabolism and myogenic progenitor cells in exercise-induced muscle hypertrophy and their relation to resistance training regimens. J. Phys. Fitness Sports Med., 1: 83-94, 2012.

11) Otzel, D.M., et al.: Activity-based physical rehabilitation with adjuvant testosterone to promote neuromuscular recovery after spinal cord injury. Int. J. Mol. Sci., 19: 1701, 2018.

運動と栄養

運動と栄養の基礎理論

「運動と栄養」や「スポーツ栄養」という言葉から、「アスリートのための食事・栄養」を連想する人は少なくない。しかし、「運動と栄養」には、アスリートの競技力向上という目的だけではなく、レクリエーションスポーツや余暇（レジャー）活動を楽しみ、日常の身体活動を健康に行うことまでが含まれる。つまり、生きていくために必要な活動から、激しいスポーツまでの幅広い運動に対して、いかに栄養を摂っていくのが最適なのかを考える学問分野であり、そのため子どもから高齢者までの幅広いライフステージを対象とするものである。

1. 5大栄養素の役割

ヒトは従属栄養生物なので、自ら栄養をつくり出すことはできず、他の生物（動物、植物、菌類など）を外界から摂取して、自らの栄養にしないと生きていくことができない。その栄養の機能は3つに大別され、まず、身体活動に必要な燃料を、筋肉、脳、内臓等に十分量蓄えること（エネルギー）、次に、筋肉、骨格、血液、内臓、皮膚、毛髪に至るまで、身体組織の構成材料を確保すること（身体づくり）、そして、運動後や日常の体調を調えること（コンディショニング）が必要である。

この3つには、5大栄養素が概ね図1のように関係している。エネルギーとなるのは、糖質、脂質、タンパク質の3種類である。通常の生活活動においては、糖質と脂質が約1対1の割合でエネルギーを生み出しているが、運動強度が高まるにつれて糖質の割合が高くなる。タンパク質は、体内に糖質が不足しているときなど、いわゆる飢餓状態のエネルギー源であり、運動中は全エネルギーの3〜15%を占めると言われる。

身体づくりには、タンパク質が最も重要であり、ミネラルがその補強をしている。脂質も細胞膜や体脂肪組織を形成するので、身体づくりに関係する。

コンディショニングは、生体内の化学反応を円滑に行うこと、ストレスやスポーツ傷害を予防したり回復したりすることから、ビタミンとミネラルに代表される。

1 糖質（炭水化物）

糖質は食物繊維と合わせて、炭水化物と呼ばれる。

糖質は、1gが4kcal（キロカロリー）の熱量（エネルギー）をもつ。主食として食されるごはん、パン、めん類、いも類等の穀物デンプンおよび砂糖（ショ糖）などの糖分に多く含まれる（表1）。デンプンはブドウ糖（グルコース）というもっとも小さい糖が多数結合してできているが、このブドウ糖が、脳の唯一のエネルギー源となる。そこで血液中のブドウ糖濃度（血糖値）を維持し、脳のエネルギーを絶やさないことが重要である。糖

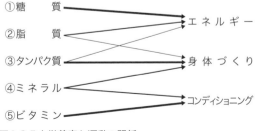

① 糖　　質
② 脂　　質
③ タンパク質
④ ミネラル
⑤ ビタミン

エネルギー
身体づくり
コンディショニング

図1 ● 5大栄養素と運動の関係

表1 ●糖質の種類

種　　類		具　体　例
単糖類（monosaccharide）	トリオース（炭素数3）	グリセルアルデヒド
	テトロース（炭素数4）	食品中には存在しない
	ペントース（炭素数5）	リボース・キシロース・アラビノース
	ヘキソース（炭素数6）	グルコース（ブドウ糖）・フルクトース（果糖）・ガラクトース
二糖類（disaccharide）	麦芽糖（マルトース）	グルコース2分子からなる
	乳糖（ラクトース）	ガラクトースとグルコースからなる
	ショ糖（スクロース）	グルコースとフルクトースからなる
オリゴ糖類（oligosaccharide）構成糖2～10程度	マルトオリゴ糖	マルトデキストリン・シクロデキストリン
	フラクトオリゴ糖	ラフィノース・スタキオース
多糖類（polysaccharide）構成糖10～	ホモ多糖類	アミロース（デンプン）：グルコースポリマー（直鎖）
		グリコーゲン：グルコースポリマー（分岐）
		イヌリン：フルクトースポリマー（直鎖）
	ヘテロ多糖類	グルコマンナン・ペクチン・ヒアルロン酸・コンドロイチン硫酸

質はまた、骨格筋のエネルギー源としても重要であるので、主食を3度の食事でしっかり食べることが勧められる。ブドウ糖やショ糖などの糖分は、分子が小さいので吸収が速く即効性があるものの、多量に摂取すると急激な血糖値の上昇と、それに伴うインスリンの分泌による血糖値の急激な低下を招くので、食事をする時間のないときに少量を摂るくらいにとどめる。例えば、運動の直前や運動中などは、主食を食べても消化吸収する時間がないが、糖分ならすぐにエネルギーになるので都合がよい。

食物繊維は、人間の腸では消化吸収されない無駄なものと考えられていたが、血糖値や血中コレステロール値の調整、有害物質の吸収を防ぐ上で有効であることがわかってきた。また、腸の運動を刺激して便秘を防ぐ働きもあるので、雑穀類、コンニャク、豆類、海藻、キノコ等を食べることが望ましい。しかし、タンパク質やカルシウムの吸収には阻害的に働くという研究もあるので、多量に摂取することは避けたい。

2 脂質

脂質には、代表的なものとして中性脂肪、リン脂質、コレステロールがある（表2）。

表2 ●脂質の種類

種　類	構　成	構成内容	具　体　例
単純脂質	トリ・ジ・モノグリセリド	グリセロール・脂肪酸	中性脂肪（動物性、植物性）
	ステロールエステル	ステロール・脂肪酸	
	ロウ	脂肪酸・脂肪アルコール	動物では体表部、植物では葉・茎
複合脂質	リン脂質	グリセロリン脂質	フォスファチジルコリン（レシチン）など卵黄・乳脂肪・植物種子に含まれる
		スフィンゴシンリン脂質	セラミドなどスフィンゴシン塩基が骨格
	糖脂質	グリセロ糖脂質	植物・微生物
		スフィンゴ糖脂質	セレブロシド
	硫脂質	スフィンゴ脂質系	硫酸エステル（動）
			スルホン酸エステル（植）
誘導脂質	脂肪酸	飽和・不飽和脂肪酸	カルボキシル基をもつ（R-COOH）
	ステロール	ステロイド骨格	コレステロール（動物脂肪）
			βシトステロール（植物油脂）
	カロテノイド		
	テルペノイド		

中性脂肪は、1個のグリセロールに3個の脂肪酸が結合しており、体内の貯蔵脂肪の90％以上を占めている。この脂肪酸は、動物性脂肪に多い飽和脂肪酸と、植物性油脂に多い不飽和脂肪酸に大別される。飽和脂肪酸は常温で固体となり、肉、魚（トロやハマチ）、バター、ラード、乳製品などの動物性食品に多く含まれている。不飽和脂肪酸は常温で液体であり、コーン油、ナタネ油、ベニバナ油、ゴマ油、オリーブ油などの植物性の油に多く含まれている。中性脂肪は、1gが9kcalのエネルギーをもち、重要な貯蔵エネルギーであって、運動では主に有酸素性運動で消費される。

コレステロールは、細胞膜や神経組織に使われたり、ステロイドホルモン、胆汁酸、ビタミンDの材料になっている。

このように脂質は重要な役割を担っているものの、一般に日本人はやや過剰摂取気味である。体脂肪率の高めな人や減量が必要な人の場合は、脂質の少ない食材、調理法を選ぶ必要がある。

③ タンパク質

タンパク質は、1gが4kcalのエネルギーをもつ栄養素であるが、身体をつくる材料として非常に重要である。その構成成分は、約20種類のアミノ酸であり、消化管でタンパク質分解酵素によりペプチド結合を切られて小腸から吸収されてアミノ酸となり、身体をつくるタンパク質となったり、身体にとって必要な様々な物質、すなわち酵素やホルモンの材料となる。20種類のアミノ酸のうち、9種類は体内で合成できないため食物から摂取しなければならない「必須アミノ酸」であり、体内で合成することができる「非必須アミノ酸」とに分けられる。アミノ酸の種類と働きを表3に示す。

タンパク質は、食品として、肉、魚、卵、乳製品および大豆製品（豆腐、納豆）に豊富に含まれる。一般に、動物性タンパク質は、アミノ酸の組成において植物性タンパク質よりも優れており、栄養価も高い。運動する場合に特に摂取不足に注

表3●アミノ酸の種類と働き

分　類	種　類	働　　　き
非極性 （中性アミノ酸）	グリシン	グルタチオンや血色素成分であるポルフィリンをつくる
	アラニン	肝臓のエネルギー源として重要なアミノ酸
	バリン*	分岐鎖アミノ酸、身体のタンパク質を増やす働き（筋タンパク分解抑制、ロイシンのタンパク合成促進）や、運動時のエネルギー源として重要な役割を果たす、中枢性疲労軽減効果
	ロイシン*	
	イソロイシン*	
	フェニルアラニン*	芳香族アミノ酸、多種の有用なアミンなどをつくる
	プロリン	コラーゲンの主要成分、速効性のエネルギー源
極　性 （中性アミノ酸）	セリン	リン脂質やグリセリン酸をつくる
	スレオニン*	酵素の活性部位などを形成する
	システイン／シスイチン	含硫アミノ酸、メラニン色素の産生を抑える、グルタチオン
	メチオニン*	含硫アミノ酸、生体内で必要なさまざまな物質をつくる
	トリプトファン*	芳香族アミノ酸、多種の有用なアミンなどをつくる
	チロシン	芳香族アミノ酸、多種の有用なアミンをつくる
	アスパラギン	TCAサイクル（エネルギー生産の場）の近くに位置
	グルタミン	胃腸や筋肉などの機能を正常に保つ、免疫増強、成長ホルモン
酸性アミノ酸	アスパラギン酸	アスパラガスに多く含まれ、速効性のエネルギー源
	グルタミン酸	小麦や大豆に多く含まれ、速効性のエネルギー源
塩基性アミノ酸	リジン*	パン食・米食で不足しがちなアミノ酸
	アルギニン	血管などの機能を正常に保つ、成長ホルモン分泌亢進
	ヒスチジン*	ヒスタミンなどをつくる

＊は必須アミノ酸

意する栄養素であるが、成長期に重要であるだけでなく、高齢者にとっても最優先して摂取したい栄養素である。ただし、腎臓に疾患をもつ人は、タンパク質の摂取制限が必要である。

また、減量種目に見られるような極度の食事制限では、体内の糖質不足により血糖値を維持できなくなるので、筋タンパクを分解して得られるアミノ酸から糖新生を行い、脳のエネルギーを確保するようになる。このように、タンパク質がエネルギー化されるのは、かなり栄養不足の状態であるので、糖質を多く含む食品を十分に食べておき、タンパク質は身体づくりのために摂取するものと考えたい。

4 ミネラル

ミネラルには多くの種類があり、身体づくりとコンディショニングに重要である（表4）。日本人にとって不足しがちなものとしてカルシウムと鉄があり、運動においても重要となるので十分に摂取する必要がある。一方、過剰摂取に気をつけるものとしては、ナトリウムとカリウムがある。

(1)カルシウム

体内に最も多いミネラルであり、その99％がリン酸カルシウムとして骨や歯の形成に用いられるが、残りの1％は血液や体液中にあり、血液凝固、筋肉の収縮や神経の伝達を調節している。日本人のカルシウム摂取量は年々増加傾向にあるとは言え、いまだにもっとも不足している栄養素である。さらに、運動により汗からの喪失が起こるため、食事からの摂取が不足すると、骨からカルシウムが溶け出し、骨がもろくなってスポーツ障害の原因となる。そのため、特に牛乳、乳製品、小魚などカルシウムの豊富な食品をしっかり食べるようにする必要がある。

(2)鉄

酸素の運搬に関わる血中のヘモグロビン、筋肉中のミオグロビンの構成要素であり、また、チトクロームを構成し、細胞レベルの呼吸に関与する重要な栄養素である。摂取不足は、鉄欠乏性貧血を起こす。鉄を多く含むのはレバー、赤身の肉や魚、貝、ホウレン草である。

(3)ナトリウム

体内では、主に細胞外液に存在し、体液の平衡性を維持するのに重要な働きをもち、pHの調節、筋肉の収縮、神経の興奮、水分の代謝に関わっている。ナトリウムは、塩素と結合して食塩として存在するが、日本人の食事ではまず不足することはなく、むしろ過剰摂取によって血圧上昇の要因となるため、健康上の問題となっている。

(4)カリウム

体内に0.2％の割合で含まれ、主に細胞内液に存在して体液の平衡性を維持している。ナトリウムと同様、普通の食事をしていれば不足することはない。しかし、腎臓病等でカリウム制限食を摂

表4●ミネラルの種類

種　類	生理作用	豊富に含む食品
カルシウム	骨・歯の形成、筋収縮、神経伝達	牛乳、チーズ、煮干、ヒジキ、切干大根
鉄	酸素の運搬、呼吸酵素の成分	アサリ、豚レバー、ヒジキ、海苔、きな粉
ナトリウム	体液の恒常性維持、筋収縮	食塩、漬物、その他多くの食品
カリウム	体液の恒常性維持、筋収縮	丸干、トマト、セリ、バナナ、ヒマワリの種
マグネシウム	骨・歯の成分、糖質代謝酵素の活性化	昆布、ワカメ、ゴマ、落花生、玄米、大豆
リン	骨・歯の成分、リン脂質の形成	牛乳、チーズ、卵黄、牛・豚肉、魚
亜鉛	すい臓ホルモンの成分	昆布、ノリ、ワカメ、カツオ、ウナギ、アジ
クロム	糖代謝機能の改善	玄米、ヒジキ、アサリ、鶏肉
セレン	抗酸化	カツオ、ウナギ、アジ、タマネギ、トマト
銅	鉄の吸収と利用促進	牡蠣、ゴマ、牛レバー、大豆、抹茶
マンガン	糖質代謝等に関わる酵素の活性化	エンドウ、グリーンピース、ナッツ、米糠
ヨード（ヨウ素）	エネルギー代謝の調節	海藻、昆布、タマネギ

表5●ビタミンの種類

種　類		生理作用	豊富に含む食品
脂溶性ビタミン	ビタミンA	眼の機能、細胞膜生成	レバー、ニンジン、カボチャ、パセリ、海苔
	ビタミンD	カルシウム、リンの吸収促進	カツオ塩辛、マグロ、マイワシ、レバー
	ビタミンE	抗酸化、生体膜の安定化	小麦胚芽油、大豆油、コーン油、ウナギ、カツオ
	ビタミンK	血液の凝固、骨のカルシウム代謝	緑黄色野菜、豆、トマト、海藻
水溶性ビタミン	ビタミンC	抗酸化、コラーゲン合成に関与	ミカン、イチゴ、グレープフルーツ、ブロッコリー
	ビタミンB_1	糖質代謝に関与	小麦胚芽、ヒマワリの種、海苔、豚肉
	ビタミンB_2	糖質代謝、脂質代謝に関与	ヤツメウナギ、海苔、レバー、干し椎茸
	ナイアシン	糖質、脂質代謝の酸化還元反応	カツオ、サンマ、サバ、鶏肉、豚肉
	ビタミンB_6	アミノ酸（タンパク質）代謝に関与	カツオ、マグロ、バナナ、シリアル
	葉　酸	核酸代謝、アミノ酸代謝に関与	豆、きな粉
	ビタミンB_{12}	アミノ酸代謝、造血作用	牡蠣、ホッキ貝、レバー、チーズ
	パントテン酸	糖質代謝、脂質代謝に関与	メロン、乳製品、玄米
	ビオチン	糖質代謝、脂質代謝に関与	レバー、イワシ、きな粉、卵黄

るとき、過剰摂取が問題となることがある。

5 ビタミン

　ビタミンは、微量栄養素であるものの、身体のエネルギー代謝反応をはじめとする各種の生理的機能や、発育・発達過程での潤滑油の働きをする栄養素である。水溶性と脂溶性に大別されるが、ビタミンの大部分は体内で合成されないため、食物から意識して摂らなければならない。各種ビタミンの働きを表5にまとめる。

　ビタミンをその性質から大別すると、脂溶性と水溶性に分かれる。脂溶性ビタミンであるA、D、E、Kは、主に肝臓と脂肪組織に溶けて蓄積するため、必ずしも毎日摂取する必要はない。一方、水溶性ビタミンであるB群とCは、体内で使用される分以外は尿に排泄されるので、毎日、できれば毎回の食事で適量が供給されなければならない。摂取が難しい場合には、サプリメントの活用を考える。

コンディショニングを考える上で重要なのはビタミンB群とCである。ビタミンB_1、B_2、B_6はそれぞれ糖質、脂質、タンパク質の代謝に関与するので、食事量が多くなれば、それだけ摂取量を増やさないと、エネルギー合成が円滑に進まないばかりか、体内に老廃物が蓄積する恐れがある。ビタミンCはコラーゲンの合成、ストレスの防止、抗酸化機能など様々な働きをもっている。いずれも水溶性のビタミンであるので、長時間体内に保持されないため、3食でしっかりと摂る必要がある。

　また、抗酸化機能は、脂溶性ビタミンであるβ-カロテン（ビタミンAの前駆体）とビタミンEにも認められている。酸素フリーラジカルによる生体膜の酸化障害は、加齢による老化の原因の1つと考えられているので、抗酸化ビタミンは十分量を摂取するように心がけたい。

2. 標準的な栄養のガイドライン

1 日本人の食事摂取基準

　2005年に、食育基本法が制定・施行され、国家として『食育』に取り組むという方向性が示されたのと同時に、戦後から栄養失調を防ぐ目的で

使われ「健康の維持増進と欠乏症予防に必要な栄養量を示すもの」であった『日本人の栄養所要量』を、『日本人の食事摂取基準』に変更した。これは健康な個人または集団を対象として、国民の健康の維持・増進、生活習慣病の予防を目的とし、

表6●推定エネルギー必要量

(kcal/日)

性　別	男　性			女　性		
身体活動レベル*1	I	II	III	I	II	III
0〜5 （月）	–	550	–	–	500	–
6〜8 （月）	–	650	–	–	600	–
9〜11 （月）	–	700	–	–	650	–
1〜2 （歳）	–	950	–	–	900	–
3〜5 （歳）	–	1,300	–	–	1,250	–
6〜7 （歳）	1,350	1,550	1,750	1,250	1,450	1,650
8〜9 （歳）	1,600	1,850	2,100	1,500	1,700	1,900
10〜11 （歳）	1,950	2,250	2,500	1,850	2,100	2,350
12〜14 （歳）	2,300	2,600	2,900	2,150	2,400	2,700
15〜17 （歳）	2,500	2,800	3,150	2,050	2,300	2,550
18〜29 （歳）	2,300	2,650	3,050	1,700	2,000	2,300
30〜49 （歳）	2,300	2,700	3,050	1,750	2,050	2,350
50〜64 （歳）	2,200	2,600	2,950	1,650	1,950	2,250
65〜74 （歳）	2,050	2,400	2,750	1,550	1,850	2,100
75以上 （歳）*2	1,800	2,100	–	1,400	1,650	–
妊婦 （付加量）*3 初期				＋ 50	＋ 50	＋ 50
中期				＋250	＋250	＋250
後期				＋450	＋450	＋450
授乳婦 （付加量）				＋350	＋350	＋350

＊1　身体活動レベルは、低い、ふつう、高いの3つのレベルとして、それぞれ I 、II 、IIIで示した。
＊2　レベルIIは自立している者、レベル I は自宅にいてほとんど外出しない者に相当する。レベル I は高齢者施設で自立に近い状態で過ごしている者にも適用できる値である。
＊3　妊婦個々の体格や妊娠中の体重増加量及び胎児の発育状況の評価を行うことが必要である。　　　　（文献1より）

エネルギーおよび各栄養素の摂取量の基準を示すものであり、栄養素の摂取不足により招来するエネルギー・栄養素欠乏症の予防にとどまらず、生活習慣病の一次予防、過剰摂取による健康障害の予防が目的とされた。

　栄養所要量からの変更点の1つは、基準が最低摂取量から、摂取量の範囲に移行した点である。2点目は、確率論的な概念が導入された点である。以前の栄養所要量の概念からは、個人のエネルギーもしくは特定の栄養素の摂取量をRDA（所要量）と比較して、充足率という考え方で評価してきた。しかしながら実際には、エネルギーや栄養素の「真の」望ましい摂取量は個人により異なり、また個人内によっても変動する。そのため一定の摂取量が、個人の栄養状態に対して充足するものかを定量的に評価することは困難である。そ

こで『食事摂取基準』では、エネルギーに関しては推定エネルギー必要量が、各栄養素については推定平均必要量、推奨量、目安量、目標量、耐容上限量の5つの基準値および範囲が設定された。推定エネルギー必要量を表6に示す。ここには、性別、身体活動レベル、年齢区分により、エネルギー必要量が推定されているが、一流アスリートの競技種目や練習時間によっては、身体活動レベルIII（高い）を超えてエネルギーが必要になる場合もある。

　食事摂取基準は5年ごとに改訂され、現在は「日本人の食事摂取基準2020年版」（厚生労働省）が用いられている[1]。

2 食事バランスガイド

　日本人の食事摂取基準で、どのくらいの栄養素

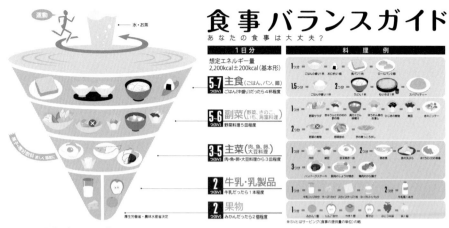

図2 ●食事バランスガイド

等を摂取するかを示すと同時に、それを食物として、1日に「何を」、「どれだけ」食べたらよいのかをイラストで示したものが『食事バランスガイド』である。こちらも2005年に、厚生労働省と農林水産省により発表された（図2）。

食事バランスガイドでは、生活習慣病予防を中心とした健康づくりという観点から、野菜の摂取不足、食塩・脂肪の摂り過ぎ等の食生活上の問題や、男性を中心とした肥満者の急激な増加などに対し、より多くの人々に栄養・食生活についての関心や必要な知識を身につけてもらい、食生活上の問題解決や肥満の改善に用いられることが期待されている。

そのためには、国をはじめ、地方公共団体、学校、食品生産者・事業者、管理栄養士・栄養士、その他の保健医療福祉分野の専門家、地域における食生活改善推進員等が連携して、普及活用の取り組みを進めていく必要がある。とりわけ一般の人々が日々の食べ物を購入・消費する小売店、外食の場等で日常的に活用されることが必要になる。

この食事バランスガイドは、健康な人々の健康づくりを目的に策定されたものであり、糖尿病、高血圧などで病院または管理栄養士から食事指導を受けている人には適用しない。毎日の食事を①主食、②副菜、③主菜、④牛乳・乳製品、⑤果物の5つに区分し、区分ごとに「つ（SV：Serving Value）」という単位を用いる。また、欠かすことのできない水・お茶、菓子・嗜好飲料、運動についてもイラストで表現されているのが特徴的である。

3. エネルギー消費量の構成要素

1 エネルギー代謝

我々は生きていくために、必要なエネルギーを食物中の糖質、脂質、タンパク質から得ている。そして蓄えたこれらのエネルギー源を、筋の収縮（機械的エネルギー）、神経の伝達（電気的エネルギー）、体温の維持（熱エネルギー）、組織の合成（化学的エネルギー）など、様々な活動のための

エネルギーへと変換するプロセスをエネルギー代謝と呼ぶ。その単位は、日本ではカロリー「kcal（キロカロリー）」が使われるが、国際単位はジュール「kJ（キロジュール）」である。1kcalは4.184kJに相当する。

2 エネルギーの収支

食事・栄養からどのくらいのエネルギーを得て

（エネルギー摂取量）、運動・身体活動によってどのくらいのエネルギーを使うか（エネルギー消費量）を知ることは、健康に生活するために有益である。図3のように、両者が釣り合っていれば、成人の場合、基本的に体重は変化しないことになる。

エネルギー摂取量を調べるには、食事調査を行うが、図3の4つの方法のうち、スポーツの競技力向上と健康増進の目的で現場で用いられるのは、毎日の食事を記録する「食事記録法」および、対象者の食事傾向を把握する「食物摂取頻度調査法」が多い。「24時間思い出し法」は、例えば、食中毒の患者に24時間以内に何を食べたかを聴き取るときなどに用いられ、「陰膳法」は対象者が食べるものと全く同じ料理を用意しておき、それをミキサー等で均一の懸濁液にしてエネルギー・栄養素含有量の分析を行う方法である。

エネルギー消費量を測定するには、現場では呼気ガス分析法・心拍数法、加速度計法と生活活動記録法が用いられ、日本人の食事摂取基準等を策定するための基礎研究では、二重標識水法およびヒューマンカロリーメーター法が用いられる。後者はいずれも設備や消耗品が高額である。

③ エネルギー消費量の構成要素

エネルギー消費量は、3つの構成要素に大別される（図4）。

⑴基礎代謝

基礎代謝とは、覚醒状態で必要な最小限のエネルギーであり、早朝空腹時に快適な室内において安静仰臥位・覚醒状態で測定される。1日の総エネルギー消費量を基礎代謝量で除した身体活動レベルの成人における標準値は、「日本人の食事摂取基準（2020年版）」において1.75程度（総エネルギー消費量は基礎代謝量の約1.75倍）と考えられている。よって、逆算すると、平均的な成人においては、基礎代謝量は総エネルギー消費量の約60％程度を占めると考えられる。また、基礎代謝量は除脂肪量（主に骨格筋量）によって比例的に影響を受ける。なお、安静時代謝は、基礎

図3 ● エネルギーの収支に関する考え方

〈食事調査法〉
・食事記録法
・24時間思い出し法
・陰膳法
・食物摂取頻度調査法

〈エネルギー消費量測定法〉
・二重標識水法
・ヒューマンカロリーメーター法
・呼気ガス分析法・心拍数法
・加速度計法
・生活活動記録法

図4 ● エネルギー消費量の内訳（一般成人の場合）

代謝が安静仰臥位で測定されるのに対して、安静坐位で測定されるものと定義されてきたが、最近では同義で用いられることも多い。メッツという活動強度の指標は、この安静時代謝のエネルギー消費量を1メッツとして計算する。

⑵食事誘発性熱産生

食後に見られる熱産生のことであり、DIT（Diet-Induced Thermogenesis）と呼ばれることが多い。タンパク質を摂取した場合に顕著にみられ、約30％であるが、糖質、脂質はそれぞれ約8％、約2％である。よって、総エネルギー摂取量の10％までを占めると考えられている。

⑶身体活動

身体活動は、「安静時より余分にエネルギーを消費するすべての営み」と定義される。日常の生活活動と、運動・スポーツによるエネルギー消費量が含まれる。一般成人の場合は、総エネルギー摂取量の30％程度であるが、アスリートおよび肉体労働の重労働に携わる人々の場合は、50％を超える場合もある。

4. 水分摂取のガイドライン

　ヒトの身体は体重の約60%が水から構成されている。体内水分量は加齢に伴い減少するので、乳幼児で最も高く、新生児では体重の70〜80%にも達する。また一般に、男性のほうが女性より水分保有量が高い。

　この水分は、主に摂取する食事や飲料から由来し、その量はそれぞれ約1.15ℓと約1ℓ程度であるとされている。そして摂取した栄養素が生体内で代謝されることで生じる燃焼水が約0.35ℓであり、1日に成人では約2.5ℓの水分が体内に入ることになる。これに対し、体外に排泄される水は尿として約1.5ℓ、糞便に約0.1ℓ、体表面から不感蒸泄として0.9ℓである。この結果、摂取水分量と排泄水分量は約2.5ℓずつで均衡が保たれる（図5）。

　水は生体内において大きく4つの役割をもつ。第1は酸素や栄養素を運搬する作用、第2は尿量を増やし不要な代謝産物や老廃物を排泄する作用、第3は細胞内水分量を維持し、代謝を促進する作用、第4は発汗や不感蒸泄による体温を調節する作用である。アスリートでは汗の問題が取り上げられるが、例えば高所トレーニングでは、呼吸数の増加に伴う不感蒸泄の増加が考えられるし、また航空機での移動の場合は、機内の低湿度環境をも考慮しないといけない。とりわけ夏季の暑熱環境下においては、合宿など練習時間が長くなるのに対して十分な水分摂取がなされないことから、暑熱障害を引き起こし死亡事故が発生する場合もあるため注意が必要である。特に、高齢者と子どもは体温

調節がうまくできないため、一層の注意を払う必要がある。

　発汗作用が亢進しているにもかかわらず、摂取水分量が十分に補完されない状態では水分欠乏を引き起こす場合がある。この状態では、渇きという感覚が生じ、水分摂取行動を引き起こし水分代謝の平衡状態を取り戻そうとするが、十分な給水がなされなければ循環血液量が減少し、血圧低下

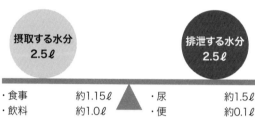

・食事　　　　　　約1.15ℓ　　・尿　　　　　　　約1.5ℓ
・飲料　　　　　　約1.0ℓ　　　・便　　　　　　　約0.1ℓ
・体の中でつくられる水　　　　・不感蒸泄(呼吸・汗)
　(燃焼水)　　　　約0.35ℓ　　　　　　　　　　　約0.9ℓ
　　　　　　　　　　　　　　　※スポーツではさらなる発汗
　　　　　　　　　　　　　　　　を生じる

図5●水分の収支は1日2.5ℓ

表7-a●運動量と水分補給の目安量

運動の種類	運動強度		水分摂取量の目安	
	(最大強度の%)	持続時間	競技前	競技中
トラック競技 バスケット サッカー　など	75〜100%	1時間以内	250〜500㎖	500〜1000㎖
マラソン 野球　など	50〜90%	1〜3時間	250〜500㎖	500〜1000㎖ /1時間ごと
ウルトラマラソン トライアスロン など	50〜70%	3時間以上	250〜500㎖	500〜1000㎖ /1時間ごと 必ず塩分を補給

（文献2より）

表7-b●暑熱障害予防のための液体摂取に関するガイドライン

1. 飲料は低張液（hypotonic）であり、糖は少量（2.5%以下）で冷たい（8〜13℃）もの。
2. 競技30分前には400〜600㎖の水分補給をする。
3. 競技中は10〜15分間隔で100〜200㎖の水分補給をする。
4. 競技後は適度に塩分を含む食事と電解質を補える飲料を摂取する。
5. 脱水症状を把握するために、起床排尿後の体重管理を行う。
6. 水分補給は競技時間が約60分以上の場合重要。

（文献3より）

に伴う脳血流量の低下から熱失神を引き起こす場合もある。このような状態を脱水状態と呼び、体重の2%の脱水で強い口渇感を認め、4〜6%の脱水で血漿量、唾液量、尿量の減少が認められ、体温上昇を誘発する。体重の20%にもおよぶ脱水では生命活動の危機を引き起こす。

水分補給には、水分だけではなく、電解質（ナトリウムおよび塩素）と糖質補給についても触れられる場合が多い。（財）日本体育協会（現　日本スポーツ協会）の水分補給の目安量（表7-a）は、運動の種類別のガイドラインとなっているが、長時間の運動では塩分補給（0.1〜0.2％程度）と糖質（4〜8％）が含まれた飲料を、水温5〜15℃で、1回に20ml程度の量を15〜30分間隔で摂取することを推奨している[2]。Foxらの報告したガイドライン（表7-b）は、低張液（ハイポトニック）で、糖濃度2.5％以下で、8〜13℃に冷えた液体を10〜15分間隔で1回100〜200mlを目安に摂取することを推奨している[3]。

5. サプリメント

サプリメントは、食事からの摂取が不足する栄養素の補完を目的とする栄養補助サプリメントと、広義の意味では栄養補完を含めた、スポーツパフォーマンスの改善を目的としたエルゴジェニックサプリメントに大別される。エルゴジェニックサプリメントには、「栄養素」以外の食品成分も含まれる。

サプリメントは、スポーツの世界に限らず、健康の維持増進を目的に多くの健康食品として市場に流通している。法的には、食品は「疾病の判断、治療、予防に使用することを目的」とすることや、「身体の機能、構造に影響を及ぼすことを目的」としてはならないとされている。食品が、その機能を標榜することが許可されているのは、特別用途食品および保健機能食品である（図6）。しかしながら、一部の健康食品ではその食品の機能性を高めるために、違法な食品設計がなされ市販されている場合もある。その中で、最も問題とされるのは、医薬品成分の混入による健康被害である。また医薬品においては用法・用量が決められているが、食品には摂取制限が決められていないため、サプリメントの過剰摂取による健康被害も危惧される。特に、スポーツの場合はドーピングの問題もあるので、サプリメント使用の際は、その製品や食品成分に関する十分な知識と安全な摂取方法を理解する必要がある。安全なサプリメントを見分ける1つの方法として、インフォームドチョイスのような第三者認証を取得しているかどうかを確認することも心掛けたい。

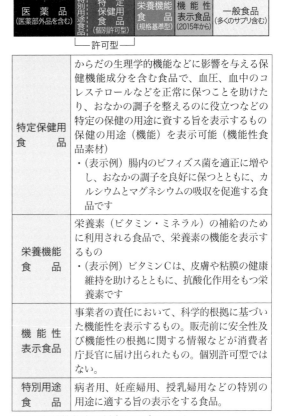

特定保健用食品	からだの生理学的機能などに影響を与える保健機能成分を含む食品で、血圧、血中のコレステロールなどを正常に保つことを助けたり、おなかの調子を整えるのに役立つなどの特定の保健の用途に資する旨を表示するもの　保健の用途（機能）を表示可能（機能性食品素材） ・（表示例）腸内のビフィズス菌を適正に増やし、おなかの調子を良好に保つとともに、カルシウムとマグネシウムの吸収を促進する食品です
栄養機能食品	栄養素（ビタミン・ミネラル）の補給のために利用される食品で、栄養素の機能を表示するもの ・（表示例）ビタミンCは、皮膚や粘膜の健康維持を助けるとともに、抗酸化作用をもつ栄養素です
機能性表示食品	事業者の責任において、科学的根拠に基づいた機能性を表示するもの。販売前に安全性及び機能性の根拠に関する情報などが消費者庁長官に届け出られたもの。個別許可型ではない。
特別用途食品	病者用、妊産婦用、授乳婦用などの特別の用途に適する旨の表示をする食品。

図6●保健機能食品制度とサプリメント

表8●IOCコンセンサス　①証拠の強いもの

サプリメント	処　　方	効　　果
カフェイン	3〜6mg/kg BM	持久力向上、短時間繰り返し最大運動
クレアチン	ローディング　20g/日 5〜7日　メンテナンス　3〜5g/日	瞬発力向上・筋トレ効果をサポート
硝酸塩	ビーツ（根の部分）	持久力向上、短時間繰り返し最大運動
β-アラニン	〜65mg/kg BM	細胞内の緩衝作用、高強度運動の維持、パワー持久力向上
重炭酸ナトリウム	0.2〜0.4g/kg BM	細胞外の緩衝作用、高強度運動の維持、パワー持久力向上

BM：体重　　　　　　　　　　　　　　　　（文献4より）

表9●IOCコンセンサス　②よく使われるもの

スポーツドリンク	糖質、ナトリウム、カリウム、水分補給
エナジードリンク	液体、エナジージェル、糖質とカフェイン〈運動前、運動中〉
スポーツジェル・菓子	〈運動中の糖質補給〉
電解質代替物	粉末、タブレット〈脱水時〉
プロテイン	ホエイ、カゼイン、卵白、大豆〈トレーニング時、遠征時の携帯食〉
液状食	粉末、液状〈高エネルギー摂取時、運動前・運動後、遠征時など〉
スポーツバー	〈運動中・運動後、携帯食〉
タンパク強化食	牛乳、ヨーグルト、アイス、シリアルバーほか〈高タンパク必要時〉

（文献4より）

サプリメントの種類としては、国際オリンピック委員会（IOC）のコンセンサス[4]によって、有効性の証拠が強いもの（表8）、よく使われているもの（表9）が報告されているので、この中から選ぶとよい。ただし、表8の重炭酸ナトリウムは、重曹のことであり、有効量が約20gとなるが、ナトリウム量が多い（食塩10g相当）ため、頭痛や体調不良の原因となるので勧められない。特に血圧の高い人にとっては致命的になる。研究はされているが、商品化はされていないものである。他のものは健常人にとっては摂取量を守っていれば危険ではないが、例えば腎臓病の人はタンパク質の摂取を制限しなければならないので、症状改善のために筋力トレーニングをして、その後にプロテインを摂取するということを行うのは危険で

ある。体調や既往症をよく把握し、場合によっては主治医に相談するなど、サプリメントが適しているかについてよく考慮する必要がある。

（杉浦克己）

▶引用・参考文献

1) 厚生労働省「日本人の食事摂取基準」(2020年版).　https://www.mhlw.go.jp/stf/seisakunitsuite/bunya/kenkou_iryou/kenkou/eiyou/syokuji_kijyun.html（2021年4月6日閲覧）
2) 日本体育協会. スポーツ活動中の熱中症予防ガイドブック第3版, 2006.
3) Fox, E.L. and Mathews, D.K.: The Physiological Basis of Physical Education and Athletics. Saunders College, Philadelphia, 677, 1981.
4) Maughan, R.J., et al.: IOC consensus statement: dietary supplements and the high-performance athlete. Br J Sports Med. 52: 439-455, 2018.

対象と目的に応じた栄養摂取

1. アスリートの競技特性と栄養摂取のガイドライン

競技特性の分類として、ここでは筋肉のエネルギー供給機構（パワー発揮）から3つに大別し（図1）、また、減量を伴う審美系・階級制スポーツとチームスポーツを加えて、栄養的な特徴を解説する。

1 ハイパワー系

第1のエネルギー供給機構は、主にATP-CP系と呼ばれるシステムであり、ATP（アデノシン3リン酸）とCP（クレアチンリン酸）から構成され、ハイパワー（瞬発系）とも呼ばれ、無酸素性の機構である。

ウエイトリフティング、陸上競技の投擲、短距離、ボディビルディング等が含まれる。栄養のポ

イントを表1にまとめておく。

2 ミドルパワー系

第2のエネルギー供給機構は、主として筋中の糖質（グリコーゲン）がエネルギー基質として利用されるものであり、ミドルパワー（解糖系）とも呼ばれ、無酸素性と一部が有酸素性の機構である。

競技としては、陸上競技の短・中距離、自転車競技のトラック種目、水泳、格闘技等が含まれる。栄養のポイントを表2にまとめておく。

表1●ハイパワー系競技の栄養

1. 筋肉を維持する食事
2. トレーニングのための炭水化物
3. タンパク質を十分に、でも行きすぎて摂取しない
4. トレーニング直後に20〜25gのタンパク質補給
5. タンパク質補給を1日に何度も行う
6. 低脂肪を心がける
7. 無理な減量をしない（特にボディビル）
8. 階級の選び方に気をつける
9. クレアチン
10.サプリメントは専門家のアドバイスを受ける

表2●ミドルパワー系競技の栄養

1. トレーニング量によってエネルギー量調節
2. トレーニングのための炭水化物
3. 長いトレーニングでの水と炭水化物
4. トレーニング直後に20〜25gのタンパク質と糖の補給
5. 試合期にかけて体組成を調整する
6. サプリメントは注意深く選ぶ
7. 試合前の最適な食事を決める
8. 試合間の栄養摂取を考える
9. 高地トレーニング対策
10.サプリメントは専門家のアドバイスを受ける

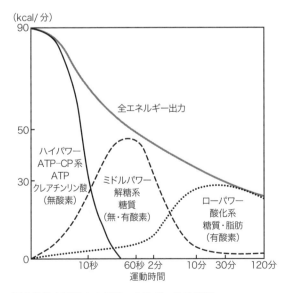

図1●最大運動中の各種エネルギー供給機構

③ ローパワー系

第3のエネルギー供給機構は、糖質や脂質など
の基質から酸素を用いてATPを産生するもので
あり、ローパワー（酸化系）とも呼ばれ、有酸素
性の機構である。競技としては、陸上競技の長距
離・マラソン、自転車競技のロードレース、トラ
イアスロン等が含まれる。栄養のポイントを表3
にまとめておく。

④ 審美系・階級制スポーツ

競技の技術レベルだけでなく、姿勢や所作振舞
いの美しさも審査される競技や階級制競技の場合、
常に体重を意識して管理したり、試合前に減量を
伴うことが多い。競技としては、前者には体操競
技、水泳の飛込、フィギュアスケート、後者には
各種格闘技、ボート競技の軽量級などが含まれる。
栄養のポイントを表4にまとめておく。

⑤ チームスポーツ

チームスポーツは主に球技が多く、全体的に運
動量が多いので、それを支える栄養を考えなけれ
ばならない。競技としては、フットボール（サッ
カー、ラグビー、アメリカンフットボール）、ハン
ドボール、バスケットボール、バレーボール、
フィールドホッケー、ラクロスなどが含まれる。
栄養のポイントを表5にまとめておく。

表3●ローパワー系競技の栄養

1. エネルギー、水分、鉄を意識する
2. 炭水化物が重要
3. 長いトレーニングでの水と炭水化物
4. トレーニング直後に20〜25gのタンパク質と糖質の補給
5. ベストな体組成を決めて維持
6. レース前のグリコーゲンローディング
7. レース直前の食事（消化時間）
8. レース中の栄養摂取を慎重に決める
9. 高地トレーニング対策
10. サプリメント：カフェイン、ゲル／バー／飲料

表4●審美系・階級制スポーツの栄養

1. エネルギー利用率を十分に（特に成長期）
2. トレーニングのための炭水化物
3. 目標体重・体脂肪率は達成可能で長期にわたり健康と競技力を維持するものに
4. 栄養密度の高い食品、特にタンパク質を
5. 食の問題は早期に発見・解決を
6. 適正でストレスの少ない階級を選ぶ
7. 極端な減量法を用いない
8. 軽い脱水と食事制限を伴う減量では、水分とエネルギーを回復する期間を取る
9. サプリメント摂取は注意深く
10. うまくいかない時は専門家に相談する

表5●チームスポーツの栄養

1. 時期によりエネルギーと炭水化物を調節
2. 長いトレーニングでの水と炭水化物
3. トレーニング直後に水分、糖分、電解質、20〜25gのタンパク質の補給
4. オフの過ごし方、試合期に向けての調整
5. ミッドフィルダーは試合1〜2日前から炭水化物多め
6. 試合前の食事の最適化。快腸に
7. 試合中の補給は練習試合で決めておく
8. アルコールには神経を使う
9. カフェイン、ゲル／バー／ドリンクなどの使用
10. うまくいかないときは専門家に相談する

2. トレーニングスケジュールと食事

① 栄養教育

アスリートの栄養教育にはいくつかのパターン
があり、年間を通じての通常練習期パターンと、
強化合宿期、試合期、およびこれらに海外遠征が
からんだり、減量を伴ったりする場合がある。そ
のいくつかの事例は後述するとして、まずは、手

順を図2に示す。

選手あるいはチームからの依頼により栄養サ
ポートが始まることが多いが、まずはその目標を
確かめることが重要である。大きな目標（何かの
大会に勝つこと、記録を伸ばすこと等）のために、
チームのフィットネス（フィジカル）レベルを向
上したい、個人が具体的に筋力アップを図りたい、

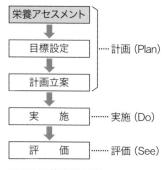

```
┌─────────────────┐
│ 栄養アセスメント │
└─────────────────┘
        ↓
┌─────────────────┐
│   目標設定      │ ┐
└─────────────────┘ ├····· 計画 (Plan)
        ↓           │
┌─────────────────┐ │
│   計画立案      │ ┘
└─────────────────┘
        ↓
┌─────────────────┐
│   実　施        │ ····· 実施 (Do)
└─────────────────┘
        ↓
┌─────────────────┐
│   評　価        │ ····· 評価 (See)
└─────────────────┘
```

図2●栄養教育の流れ

瞬発力をつけたい、持久力を伸ばしたい、試合前の減量を無理なく行いたい、ケガをしない身体づくりをしたいなどの、栄養に関連した目標を共有する必要がある。チームであれば責任者である監督の考え、個人であればその選手の考えを聞き、共有する。このときに、かけられるコストも把握しておく必要がある。

　そして、図2のように、まず『栄養アセスメント』を行う。これには、直接的評価方法として、臨床検査や臨床診査、体格・体組成測定、体力・筋力測定等のデータを提供してもらえるとよい。栄養サポートとしては、間接的評価方法として、食事調査や食環境等のアンケート・聴き取りを実施し、現状の栄養状態を直接的・間接的に把握する。次に『目標設定』を行う。これは、いつまでに何をどのレベルまで達成するかを決めることであり、いつまでにという期間については、長期・

中期・短期の目標を立てる場合もある。目標設定は、いわば理想状態であるから、栄養アセスメントで把握した現状とのギャップを明らかにし、そのギャップを埋めるためにどのような手法を用いるかを考えるのが『計画立案』となる。同時に、目標が達成できているかをどのように評価するかの尺度も決めておく必要がある。そして『実施』し、定期的に『評価』し、必要があれば計画の見直しをしていくというのが、一般的な手順となる。

② 食事の基本形を身につける

　栄養士が栄養価計算したメニューがなくても、バランスのよい食事を揃えるには、食品群別の考え方を用いることができる。これは5章1節図2の『食事バランスガイド』を活用してメニューを立案することである。

　アスリートであれば、1日3食の食事で、主食、副菜、主菜、果物、牛乳・乳製品の5つを毎食揃えてよいと考える。

　図3のように、主食には糖質が多く含まれるので、脳と筋肉のエネルギー源が確保できる。主菜と牛乳・乳製品にはタンパク質、脂質、カルシウム、鉄が豊富に含まれるので、筋肉・骨格・血液等の身体づくりに貢献する。そして、野菜と果物で、ビタミン、ミネラル、食物繊維を摂取し、コンディションを整えるのである。

 糖質（炭水化物）
エネルギー

 ビタミン・ミネラル
食物繊維
コンディショニング

 タンパク質・鉄
身体づくり

 ビタミン・ミネラル
糖質
コンディショニング、エネルギー

 タンパク質・カルシウム
身体づくり

図3●バランスのよい食事とは

（文献1より作成）

3. トレーニングや試合前・中・後の栄養

1 トレーニング期の栄養

スポーツのシーズンを、通常練習期と身体をつくる筋力トレーニング（筋トレ）期、夏場に多い強化練習期に大別する。このようにシーズン別に食事を考える場合にも、『食事バランスガイド』が参考になる。

通常練習期では、3食をバランスよく摂ることと、間食の内容とタイミングにも配慮し、体重測定により食事量の過不足を把握して修正していく。まずはきちんと食べる習慣を身につけることを目指す。

筋トレ期では、ウエイトトレーニングを重点的に行うので、栄養的にはタンパク質の摂取を心がけ、主菜および牛乳・乳製品を多めにする。しかし、全体の運動量が通常練習期より少なくなる場合には、摂取エネルギーを制限しなければならないので、食材を脂肪の少ないものに替えたり、調理や調味の油を減らす。具体的には、揚げものや炒めものを減らし、乳製品を低脂肪や無脂肪のものに替えるとよい。

強化練習期は、食事量全体を増やす。学生のうちは、夏場が強化練習期になることが多いが、暑さのために食欲が低下することがあるので、昼食は、午後の練習を考慮してのどごしがよく消化のよいものにしたり、練習中の水分と糖分の摂取に気をつけて疲労を軽減する工夫が必要である。

2 試合期の栄養

試合期では前日までのコンディショニングと試合当日のエネルギー確保が重要であり、主食と果物の摂取を心がける。

⑴試合前のコンディショニング

前日までのコンディショニング（調整期）においては、テーパリングとともに活動量が低下することから食事の摂取量をコントロールする必要があり、あわせて糖質主体の食事を摂ることが勧められる。試合前の数日間においては、マラソン選手など持久系アスリートは「グリコーゲンローディング」を実施することもあるであろう。練習量を計画的に低下させていくとともに、食事量も減らす必要があるが、炭水化物量は十分に確保する必要がある。具体的には主食（ご飯やパン、めん類、餅など）と果物をしっかりと摂ることが重要である。エネルギー比としては、炭水化物エネルギー比で70％を目指したいところである。炭水化物からのエネルギー供給にはビタミンB群が重要な役割を担うため、場合によっては米にビタミンB群の多い強化米を加えて炊飯することもよい。白米が中心の食事を考えるのであれば、おかずにビタミンB群が含まれるものを選択したり、サプリメントを上手に利用することも勧められる。またこの期間では、普段から食べ慣れた食事を心がけることが重要であろう。また、生ものを避け、加熱調理した食品を選択することは食品衛生上の問題から不必要な健康障害（食中毒など）を避けるために意味のある選択となる。野菜では、食物繊維が豊富に含まれる根菜類も過剰な摂取は避けるべきである。試合当日は試合時間に合わせた食事時間を確保することも重要であろう。

⑵試合前の栄養

試合当日の朝食は午前に競技がある場合、競技開始3〜4時間前までには済ませられるように起床時刻も気をつける。午後の競技であれば、直前の食事を競技開始3〜4時間前になるよう準備するのが適当であり、朝食および昼食の時間と内容をコントロールする必要がある。

競技当日は、ウォームアップ開始前やアップ中、アップ後にも適度なエネルギーおよび水分補給が必要になる。競技当日の食事は消化・吸収を意識した食事のため、若干の空腹感を招くこともある。空腹時は血糖値の低下を引き起こしている場合もあり、集中力を低下させる。このようなときは、食品の消化・吸収を考慮して、「水分が豊富に含

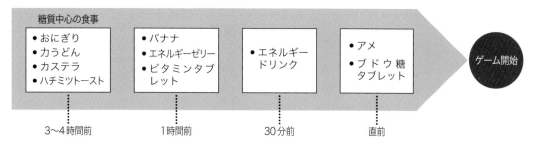

糖質中心の食事

• おにぎり • カうどん • カステラ • ハチミツトースト	• バナナ • エネルギーゼリー • ビタミンタブレット	• エネルギードリンク	• アメ • ブドウ糖タブレット
3〜4時間前	1時間前	30分前	直前

ゲーム開始

図4 ●試合までの時間と食べ物の関係

まれる食品」で炭水化物（糖質）中心の食品を摂る。具体的にはスポーツドリンク、エネルギー系のゼリードリンク、バナナなど、炭水化物が豊富に含まれ消化・吸収に優れたものなどが挙げられる（図4）。また、よく噛んで、少しずつ、ゆっくり口に入れることが基本となる。一度に大量の糖質を摂取すると、一時的な低血糖状態を引き起こすインスリンショックが起こる場合があるので、注意が必要である。

⑶試合中の栄養

　持久系の運動中では、糖質補給をすることが血糖値の維持とパフォーマンスの持続に有効であることが報告されている[2]。マラソン選手であれば給水所での補給、サッカー選手であればハーフタイムの補給など競技によって様々な補給のタイミングがある。競技中のエネルギー補給は液体での摂取が好ましい。

　また、競技中の補給でなくとも、陸上短距離、

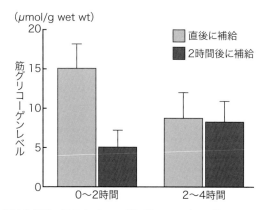

図5 ●糖質の摂取タイミングとグリコーゲン回復
（文献3より）

競泳、柔道、レスリングなど1日に何試合も行う競技においては、次の競技時間とのインターバルも考え、最初の競技終了後は速やかに上述のとおりのエネルギー補給を実施し、次の競技への準備を行うことが推奨される。

⑷試合後の栄養

　競技終了後は、血糖値の低下や筋グリコーゲン量の低下など、生体内のエネルギー貯蔵が低下した状態にある。また、競技が終了した段階で次の競技への準備は既に始まっている。運動直後に糖液（マルトデキストリン溶液）を摂取したグループと、運動2時間後に同様の液体を飲んだグループにおいて、外側広筋のグリコーゲン量の回復を比較した研究では、前者が後者に比べてグリコーゲン量に有意な上昇が観察された（図5）[3]。また、グリコーゲンの回復には糖質と一緒にタンパク質やクエン酸を摂取することでその効果が増大することが期待されるので、これら成分が含まれる食品を摂取することも推奨される[4) 5]。

　競技後の食事は、エネルギーの確保、消化・吸収のよいもの、十分なタンパク質量の3つに注意する。エネルギーの確保には炭水化物を中心に摂取するが、調整期から試合当日までは炭水化物中心の食事であったため、競技後の食事ではしっかりとタンパク質も確保する必要がある。骨格筋は過度の運動刺激をうけ、微細構造が損傷することも考えられるため、運動後の効率的な骨格筋のタンパク質代謝を促進するために、主菜や牛乳・乳製品を意識する。

4. 減量時の栄養管理

1 体組成を意識する

　階級制競技および審美的な評価を受ける競技においては、試合に出るため、減量が必要になることが多い。このとき大事なのは、減らすのは体重であるが、試合でパフォーマンスを発揮するためには、減らすのは体重のうちの体脂肪の重量であって、筋肉の重量ではないということである。よって、体組成を2つの要素に分けて考え、体脂肪量（FM：Fat Mass）を減らす、除脂肪量（体脂肪を除いた筋肉、骨、臓器、体液などの量のこと。FFM：Fat Free Mass、あるいはLBM：Lean Body Massと表す）は維持するという目標

表6●減量のための栄養

栄養を運動に合わせていく
①食べて減量（3食＋間食） ②外食控えめに（手作りでコントロール） ③和食を中心に脂肪を減らす（ご飯は味方！） ④塩分控えめ（薄味に慣れる） ⑤必要に応じてサプリメントを使用

を立てる。体脂肪率の測定法としては、研究目的で用いられる水中体重法やDXA法等もあるが、より簡便なインピーダンス法が改良・普及されてきたので、これを用いて体組成をモニタリングしながら減量を実行するとよい。

2 運動と栄養の合わせ技で考える

　減量には、摂取エネルギーよりも総消費エネルギーを大きくしなければならない。これには運動量を多くすることと、食事量を制限することが含まれる。また、急速減量は、除脂肪量をも減らしやすいので、ある程度時間をかけて行うことが必要である。できれば1か月に2kg減くらいのペースが望ましい。理論的には、1日に500kcalの赤字をつくると1か月で15,000kcalの赤字となる。体脂肪は1gが約7kcalのエネルギーをもつとされるので、1kgでは7,000kcalである。つまり、このペースであれば、1か月で約2kgの体脂肪を燃やすことができることになる。栄養摂取の方法は、表6にまとめておく。

5. 増量時の栄養管理

1 エネルギーを十分に摂取する

　増量を可能にするには、1日の総消費エネルギー量を、食事や飲料から得る1日の摂取エネルギー量が上回らなければならない。特に練習量の多いアスリートにとっては、その消費量を上回る食事を毎日摂取することは結構たいへんなものである。また、減量と同様に、体組成も意識してなるべく筋肉で増量し、あまり体脂肪が増え過ぎないように注意することも必要であろう。

2 食べる内容を考える

　摂取エネルギーを高めるには、ご飯をいっぱい

食べればよいかと言えば、ご飯の主成分は炭水化物（糖質）であり、筋肉の材料はタンパク質であるため、ご飯だけで筋肉をつけようとするのは効率的ではない。また、エネルギー量の高い脂肪を多く摂るようにすることは、体脂肪の増加を招くことになるので、安易に炒め物や揚げ物を増やすことも勧めることはできない。

3 主菜と牛乳・乳製品に重点を置く

　そこで、食事バランスガイドを見ると、5つの食品群の役割として、主食はエネルギー、副菜はコンディショニング、主菜は身体づくり、果物はコンディショニングとエネルギー、牛乳・乳製品

は身体づくりに主に役立つので、主菜（おかず）と牛乳・乳製品をしっかり摂っているかが重要になる。毎食、タンパク質が豊富なおかずと乳製品がそろっているかをチェックする。タンパク質の量としては、アスリートの場合は、体重1kgあたり2gの確保を目指してほしいが、3大栄養素のエネルギー比率（PFC比）としては、タンパク質20％：脂肪25％：炭水化物55％くらいが良さそうである。

---

6. 貧血に対する栄養管理

持久系競技および女性アスリート一般に、貧血が頻繁に認められる。その主な原因は鉄欠乏性貧血である。①成長、トレーニングによって造血作用が活発になり鉄の需要が高まること、②足にかかる衝撃による赤血球の溶血および汗や表皮、上皮の老廃物からの鉄の損失が高まること、女性では生理で失う分もある、③食事・栄養からの鉄の摂取が不足すること等により、徐々に貧血になってしまうことが多い。

赤血球のヘモグロビンは、鉄とタンパク質からつくられ、呼吸により体内に取り入れた酸素を結合して、筋肉に運ぶ働きをしているため、鉄が不足すると酸素の供給が不十分となり、有酸素性作業能力が著しく損なわれることになる。他にも、疲れやすさ、だるさ、息切れ、めまい、動体視力の低下、判断力や集中力の低下が起こる。そこで、定期的な血液検査を行い、ヘモグロビン、血清鉄に加えて、貯蔵鉄を反映するフェリチンの値も調べるとよい。

栄養素としては、動物性食品で鉄を豊富に含む赤身の肉や魚、レバー、貝類などを摂取する。鉄は吸収率の低い栄養素である一方で、アスリートの鉄の摂取基準は、少なくとも15～20mgになるので、鉄サプリメントの使用を考えることも必要になるかもしれない。加えて、タンパク質、鉄の吸収を高めるビタミンC、造血に関わるビタミンB群、亜鉛、マグネシウムの摂取にも留意する必要がある。

---

7. 海外遠征時の栄養管理

海外遠征では、国内での食事とは異なる環境が待っている。

1 衛生面

国によって衛生面には差がある。水（氷を含む）、食堂の殺菌・消毒の程度、生の食材（生野菜、果物）が食べられるか、など食中毒、水あたりのリスクを避けねばならない。水はキャップの閉まったミネラルウォーターを購入するなど気を使う必要がある。

2 食事

競技大会で主催者側が用意したホテルや選手村に滞在し、レストランでビュッフェ形式の食事が楽しめる場合は、料理を見まわして、食べていいもの、避けたほうがよいものを選択し、食べ過ぎないように注意すればよい。しかし、小さな大会や武者修行的に遠征する場合は、衛生面などにも配慮し、ある程度慣れ親しんだ料理が食べられる店を探さねばならない。初めから衛生面の心配な屋台などに行かず、現地の人にも聞いて店を選ぶべきであろう。日本人にもなじみのあるファストフード店、レストラン、カフェやスーパーマーケット、コンビニエンスストア、日本食（アジア）レストラン・マーケットなどを探すことも必要であろう。

③ 情報収集などの準備

実際には、国内での準備として、インターネットでの情報収集や、渡航国の日本大使館や商社(各国に駐在員がいる)に問い合わせておくことも必要である。現地の衛生面、治安面、地理面とレストランや店の状況について知識を得ておく。

常備薬の準備とともに、インスタント食品やレトルト食品、サプリメント等の準備も怠らないようにする。

また、時差ボケにも配慮し、機内での食事や水分の摂取、睡眠などのコンディショニング、現地に着いてからの過ごし方(食事、睡眠、運動等)、メラトニンなどのサプリメントを使用するかなども考えておくとよい。

8. 女性に対する配慮

女性アスリートの環境はここ数年飛躍的に向上し、オリンピックなどへの参加選手数は増加しているが、競技種目によっては男性アスリートに比べ未だ十分とは言いがたい。中にはパートタイムアスリートとして競技を続ける選手も多く、生活環境など改善が求められる点も多い。

食事や栄養に関する教育や指導も、これまで十分になされてきたとは言いがたい。女性アスリートの多くは、一般女性と同様に痩身願望をもつ場合が多く、適切な栄養摂取の妨げとなっており、利用可能エネルギー不足、月経異常(視床下部性無月経)および骨粗鬆症などいわゆる「女性アスリートの三主徴」(Female Athletes Triad:FAT)

の発生が危惧されている(図6)[6] [7]。そのため,女性選手は男性選手以上に食事や栄養に関心をもつべきであると言えよう。

月経異常にはカルシウムとビタミンDが含まれる食品を摂取することが勧められる。月経異常は女性ホルモンのエストロゲン分泌の低下を引き起こし、ひいては骨障害を助長する。エストロゲンは排卵を準備するホルモンであり、骨形成(造骨作用)を促進し、骨吸収(破骨作用)を抑制する作用があるので、分泌が低下すると逆の作用となってしまう。女性スポーツ選手はとりわけ、発育発達期にしっかりと運動し、カルシウムをはじめタンパク質やビタミンDをしっかり摂ることで

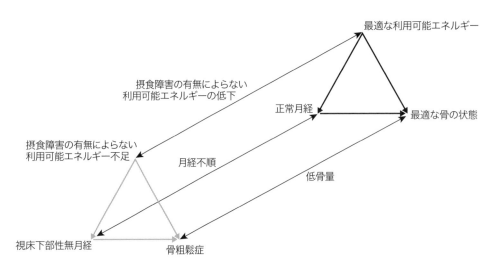

図6●女性アスリートの三主徴(Female Athlete Triad)の概念図　　　　　　(文献6、7より改変)

最大骨量を高めておく必要がある。無理な体重減少は骨量を低下させるため、小児期から過酷なトレーニングを課したり、審美的な要素を追及するあまり減量を課してしまうと、思春期以降に月経異常となり、最大骨量を高めることに不利な状況を生み出し、骨障害のリスクを高め、将来の骨粗鬆症のリスク年齢を早めることにつながる。規則正しい生活、食習慣が最も重要になる。

9. 子どもに対する配慮

10～11歳でスポーツをする子どもには、お父さん以上の量の食事を用意することが求められる。「日本人の食事摂取基準（2020年版）」によれば、お父さん世代である30～49（歳）の男性の参照体重は68.1kgであり、子どもの10～11（歳）の参照体重は、男性35.6kg、女性36.3kgであって、お父さんの約半分である。

しかし、推定エネルギー必要量は、p.109表6より、30～49（歳）男性で身体活動レベルが「低い」場合は2,300kcal、「ふつう」では2,700kcalであるのに対して、10～11（歳）の子どもは、活動レベルが「高い」場合の男性2,500kcal、女性2,350kcalである。つまり、男の子も女の子も、あまり動かない仕事をしているお父さんに比べて、多くのエネルギーが必要ということになる。

タンパク質の摂取基準は、「推奨量」で比較すると、30～49（歳）男性の数値が65gであり、10～11（歳）の子どもは男性で45g、女性で50gである。体重はお父さんの半分であってもタンパク質は70％以上必要ということになるが、その子どもが活発に運動する、例えば選手養成コースに所属するような子どもであれば、必要量がお父さんレベルを超えることもあり得る。

カルシウムは、30～49（歳）男性の推奨量が750mgであるのに対して、10～11（歳）の子どもは男性で700mg、女性で750mgであり、生活活動レベルにかかわらず、すでに大人と同等である。牛乳・乳製品を積極的に摂取することが勧められる意味はここにある。

鉄は、30～49（歳）男性の推奨量が7.5mgであるのに対して、10～11（歳）の子どもは男女ともに8.5mg、月経のある女の子では12.0mgである。大人を超えるどころか、早熟な女性では、お父さんの1.6倍量が必要ということになるので、赤身の肉や魚、レバーなどを食卓に用意する必要があるであろう。

高校生なら親よりたくさん食べることをイメージできるであろうが、小学生でも高学年になれば大人並みかそれ以上に食べなければいけないということも意識しなければならない。ただし、嫌がる子どもに無理やりたくさん食べさせ、食べることを嫌がる子どもにしてしまっては逆効果なので、食べる理由も理解し合った上で、自ら積極的に食べるように支援していきたいものである。

10. 高齢者に対する配慮

「高齢者」は65歳以上を指す言葉であるが、日本の高齢化率は世界トップである。加齢とともに体力レベルは個人差が大きくなり、同じ年代であっても、スポーツを楽しむ高齢者もいれば、介護で寝たきりになる高齢者もいる。介護が必要な高齢者が多くなれば、医療費や介護費もかさみ、国の財政を圧迫することになるため、いかに元気な高齢者をつくっていくかは喫緊の課題である。

加齢とともに、生活活動・運動が不足していくと、体力は全体的に弱くなり（フレイル）、筋量が減少して筋機能も低下する（サルコペニア）。日本整形外科学会が提唱しているロコモティブ・

シンドロームも同じであり、これらは、自立した生活活動を妨げ、生活水準を低下させていく。

そこで、スクワットをはじめとする筋トレが推奨されるが、高齢になるほどアナボリック・レジスタンスが高まり、筋タンパク合成が起こりにくくなる[8]ので、より高タンパク質な食事を意識して摂る必要がある。ところが、高齢になって体力が落ちてくると、食欲も低下し、タンパク質が豊富な肉・魚介類・卵・大豆製品などのおかずや、牛乳・乳製品を敬遠しがちになってくる。よって、このような食品を日頃から積極的に摂るように指導されなければならない。

また、暑熱障害による死亡事故数は、男女とも70代以降に高くなるため、水分補給を心がけ、野外では帽子の着用、屋内においてはエアコンの活用により快適に暮らすようにすることも大事である。

11. 摂食障害と予防

摂食障害は、食事の量や食べ方など、食事に関連した行動の異常が続き、体重や体形のとらえ方などを中心に、心と体の両方に影響が及ぶ病気を指す。

代表的なものは、①神経性やせ症（拒食症）、②神経性過食症、③過食性障害である。摂食障害は10代から20代の若者がかかることが多く、女性の割合が高いが、年齢、性別、社会的・文化的背景を問わず誰でもかかりうる病気である。日本で医療機関を受診している摂食障害患者は1年間に21万人とされているが、それ以外に治療を受けたことがない人や、治療を中断している人も多い。アスリートにおいては、幼少時から専門のトレーニングを行ってきた者、長期にわたる減量を経験した者に多く、コーチからの厳しい体重管理、コーチの変更、ケガなどを契機に発症している。

摂食障害にかかると、心身の成長・発達と健康、人間関係、日常生活や、学業、職業などの社会生活に深刻な影響を与える。また、やせや栄養障害、嘔吐などの症状によって、身体の合併症を来し、うつになったり免疫機能の低下を招き、時には生命の危険にもつながる。

摂食障害の影響が大きく、長くならないうちに、摂食障害のサインや症状に気づいたら、できるだけ早く専門家に相談し、医療機関での治療を受ける必要がある。

予防としては、自身の体格と理想的な体格を正しく認識し、ボディイメージを歪めないように指導することが大事である。そのための規則正しい生活のあり方、適切な運動処方と食事内容をもって支援することが望まれる。

（杉浦克己）

▶引用・参考文献
1) 文藝春秋: Number kids管理栄養士が教える「強い身体をつくる」毎日の献立, p.98, 2003.
2) Coyle, E.F., et al.: Muscle glycogen utilization during prolonged strenuous exercise when fed carbohydrate. J. Appl. Physiol. 61: 165-172, 1986.
3) Ivy, J.L., et al.: Muscle glycogen synthesis after exercise: effect of time of carbohydrate ingestion. J. Appl. Physiol. 64: 1480-5, 1988.
4) Morifuji, M., et al.: Dietary whey protein increases liver and skeletal muscle glycogen levels in exercise-trained rats. Br. J. Nutr. 93: 439-445, 2005.
5) Horswill, C.A.: Effect of bicarbonate, citrate, and phosphate loading on performance. Int. J. Sport Nutr. 5: S111-S119, 1995.
6) Nattiv, A., et al.: American College of Sports Medicine. American College of Sports Medicine position stand. The female athlete triad. Med. Sci. Sports Exerc. 39: 1867-1882, 2007.
7) 能瀬さやかほか: Health management for female athletes Ver.3―女性アスリートのための月経対策ハンドブック―, 東京大学医学部附属病院女性診療科・産科,2018.
8) Moore, D.R., et al.: Protein ingestion to stimulate myofibrillar protein synthesis requires greater relative protein intakes in healthy older versus younger men. J. Gerontol. A. Biol. Sci. Med. Sci. 70: 57-62, 2015.

6 章

運動と医学

生活習慣病

1. 生活習慣病とは

　生活習慣病とは、文字どおり日常生活における運動や食事などの生活習慣が原因で発症する疾患である。この言葉は欧米ではなじみが少なく、日本独自に用いられてきた医学用語である。古くは「成人病」と言われ、悪しき生活習慣と加齢とともに起こる典型的な病気とされてきたが、成人以外で発症することも多く、近年は生活習慣病という用語に統一された。生活習慣病に似た用語としては、世界保健機関（World Health Organization：WHO）が非感染性疾患（Non-Communicable Diseases：NCDs）という用語を用いている。その中でNCDsは、「不健康な食事や運動不足、喫煙、過度の飲酒、大気汚染などにより引き起こされる、がん・糖尿病・循環器疾患・呼吸器疾患・メンタルヘルスをはじめとする慢性疾患の総称」と定義されている。わが国においても、総死亡数のうちの8割はNCDsが原因とされており、NCDsの予防は高齢化によって増大する医療費是正のためにも喫緊の課題となっている。

　WHOによると、NCDsによる死亡のほとんどは心血管疾患で、年間1790万人が死亡し、次いでがん（930万人）、呼吸器疾患（410万人）、糖尿病（150万人）の順となっている[1]。近年、世界122か国における生活習慣病の発症および死亡リスクに対する身体不活動の寄与についての報告がある[2]。その中では、冠動脈疾患、糖尿病、肺がん、大腸がん、および総死亡リスクに対する身体不活動の影響（寄与危険度割合）が、世界平均よりも日本のほうが1.5〜2倍程度高いことが報告されている（図1）。この研究では、国民の身体不活動を解消することによって、日本の平均寿

命はさらに1歳程度高まると予想している。

　2007年の「国民栄養調査」の結果では、運動不足（身体不活動）によるNCDsと外因による死亡者数は年間5万2200人であり、死因に関連す

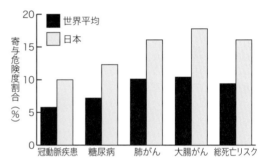

図1●生活習慣病の発症と死亡リスクに対する身体不活動の影響　　　　　　　（文献2より作成）
ここで寄与危険度割合は、身体不活動群と身体活動群を比べた際の発症率や死亡率の差を表している。

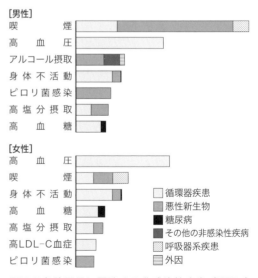

図2●危険因子に関連する非感染性疾患（NCDs）と死亡者数　　　　　　　（文献3より）
死亡者数はグラフの長さで相対的に示されている。

る危険因子としては喫煙、高血圧に次いで第3番目であったと報告されている[3]。男女別では男性が喫煙、高血圧、アルコール摂取、身体不活動、ピロリ菌感染、高塩分摂取、高血糖の順で、女性においては高血圧、喫煙、身体不活動、高血糖、高塩分摂取、高LDLコレステロール血症、ピロリ菌感染の順となっている（図2）。ピロリ菌感染は胃がん発症リスクを高めることが知られており、原因疾患としても悪性新生物（がん）がほぼ100％を占めている。喫煙や高血圧、高血糖、血

中脂質異常、ピロリ菌感染は、医療分野での対策が十分に行われているが、身体不活動や高塩分摂取は個人の生活習慣に委ねられているのが現状である。身体不活動と死亡リスクとの関係については、近年、体力や身体活動量の信頼性の高い測定が行えるようになったことによって、国内外の数多くの研究が世界中で示されてきた。多くの経済的な負担を伴わない身体不活動の解消は、今後のNCDs、すなわち生活習慣病の予防策として重要であると言える。

2. 生活習慣病の種類と身体活動との関係

生活習慣病の種類は膨大であり、歯磨きの習慣を怠った結果である虫歯なども生活習慣病の1つである。現在のわが国の死亡に関連する3大疾患は、がん、循環器疾患、呼吸器疾患であり、特にがん、循環器疾患と身体活動との関係については最近多くの研究で報告されている。

1 がん

がんは日本の死亡原因の第1位を占めており、2020年にがんで亡くなった人は38万人で、死亡総数のおよそ3分の1を占めている。アメリカスポーツ医学会（American College of Sports Medicine：ACSM）では、高い身体活動量によってリスクが減少するがんを13種類挙げている（肺がん、膀胱がん、直腸がん、頭頸部がん、結腸がん、骨髄がん、白血病がん、子宮内膜がん、胃がん、腎がん、食道腺がん、肝がん、乳がん）。WHOが最近発表した「身体活動・座位行動ガイドライン」においても[4]、身体活動量に関連するがんが7種類挙げられている（膀胱がん、乳がん、結腸がん、子宮内膜がん、食道腺がん、胃がん、腎がん）。

日本人を対象とした最近の研究では、非喫煙、活発な身体活動（1日の総身体活動量で男性37.5メッツ・時/日、女性31.5メッツ・時/日以上）、

表1●5つの健康習慣とその組み合わせによる10年間のがん罹患率（文献5より）

[男性] (%)

健康習慣の種類	45歳	50歳	55歳	60歳	65歳	70歳
いずれもなし	3.87	5.82	9.62	16.45	23.73	28.68
単独の影響						
非喫煙(1)	2.64	3.98	6.62	11.46	16.75	20.45
節酒(2)	3.37	5.07	8.40	14.44	20.94	25.41
塩蔵品を控える(3)	3.47	5.22	8.65	14.84	21.50	26.07
活発な身体活動(4)	3.50	5.27	8.73	14.99	21.70	26.31
適正BMI(5)	3.74	5.63	9.31	15.94	23.02	27.85
組み合わせ						
(1)+(2)	2.29	3.46	5.77	10.02	14.71	18.00
(1)+(2)+(3)	2.05	3.10	5.17	9.00	13.25	16.25
(1)+(2)+(3)+(4)	1.85	2.80	4.68	8.17	12.05	14.80
(1)+(2)+(3)+(4)+(5)	1.79	2.71	4.53	7.90	11.66	14.33

[女性] (%)

健康習慣の種類	45歳	50歳	55歳	60歳	65歳	70歳
いずれもなし	4.45	5.47	6.74	8.31	10.23	12.58
単独の影響						
非喫煙(1)	3.67	4.52	5.57	6.88	8.48	10.46
活発な身体活動(2)	3.93	4.84	5.96	7.35	9.07	11.17
適正BMI(3)	4.12	5.07	6.25	7.71	9.50	11.70
節酒(4)	4.21	5.18	6.38	7.87	9.69	11.93
塩蔵品を控える(5)	4.21	5.19	6.40	7.88	9.71	11.96
組み合わせ						
(1)+(2)	3.24	3.99	4.93	6.08	7.51	9.28
(1)+(2)+(3)	3.00	3.70	4.57	5.64	6.97	8.61
(1)+(2)+(3)+(4)	2.84	3.50	4.32	5.34	6.60	8.16
(1)+(2)+(3)+(4)+(5)	2.69	3.32	4.10	5.06	6.26	7.74

適正BMI（男性21〜27、女性19〜25）、節酒（アルコール摂取1日150g/週未満）、塩蔵品を控える（0.67g/日未満）、の5つの生活習慣とがん発症との関連が指摘されている[5]。その結果を見ると、男女とも身体活動量が多いほど、今後10年間のがん罹患リスクが有意に低下するとともに、男性では結腸がん、肝がん、すい臓がん、女性では、胃がんで有意な罹患リスクの低下が認められている。さらに、上記の5つの生活習慣をすべて実践しているグループは、5つとも実践していないグループと比較して、男女ともがん罹患率がほぼ半減することが確認されている（表1）。

② 心血管疾患

心臓リハビリテーションは、わが国の循環器病棟においても運動や生活習慣の改善プログラム等を用いて積極的に行われている。日本心臓リハビリテーション学会は、「心臓リハビリテーションとは、心臓病を持つ方々の体力や不安・抗うつ状態を改善し、社会復帰を実現し、病気の進行を防ぎ、再発・再入院を減らすことをめざして、運動療法・生活指導・カウンセリングなどを行うプログラム」と定義している[6]。通常は、呼気ガス分析装置や心電図、血圧計等を用いて運動中の医学的情報を収集する運動負荷試験を実施し、有酸素性能力や運動の可否を判断するとともに、その結果にもとづいた有酸素性運動やレジスタンス運動、ストレッチング等を含む運動プログラムを作成し、専門スタッフの管理のもとで対象者に最適な運動療法が行われる。

身体活動量と疾病発症を関連づけた初期の研究の1つとして、1953年にモリスらが発表したロンドンバスの運転手とその車掌の心筋梗塞発症率の比較が挙げられる[7]。バス運転手の仕事は、大半が座業であるため身体活動量は極めて少ないが、車掌の場合は立位で作業するため仕事中でもある程度の身体活動量が確保できると考えられる。この研究では、バス運転手の心筋梗塞の発症率は、車掌よりも2倍以上高かったと報告されている。また、日本人を対象とした追跡調査では、心血管

疾患による死亡リスクと平日の身体活動量との間には有意な関連は認められるものの、脳卒中や心筋梗塞による死亡リスクとの間には有意な関連性は認められなかったと報告されている[8]。日本人労働者の平日と余暇時間の身体活動量を比較した研究では、肉体労働や重機を扱う労働者など平日の身体活動量の高い者ほど余暇時間の身体活動量が低いという結果も認められる[9]。一般的に、身体活動量を高めるために仕事を変えるということは困難だろう。したがって、身体活動量と死亡リスクの関係を評価する場合は、仕事中や平日のみならず週末などの余暇時間を含む総合的な身体活動量を評価する必要があると考えられる。

40〜79歳の日本人男女を対象に、8つの健康習慣に基づく健康スコアと心血管系疾患による死亡リスクとの関係について検討した研究がある[10]。この場合の健康スコアとは、フルーツを毎日食べる（ジュースを含む）、魚を毎日食べる、牛乳を毎日飲む、ウォーキングやスポーツを1日1時間以上、適正体重（BMI 21.0〜25.0）、煙草を吸わない、適正なアルコール摂取（1日46g未満）、適正な睡眠時間（5.5〜7.4時間）の基準を満たしている総数を示している。その結果、健康スコアが0〜2のグループに対して、7〜8のグループでは、心血管疾患による死亡リスクが男性で65%、女性で76%低下すると報告されている。健康スコアが大きいほど死亡リスクに対する利益が高いという結果は、多くの先行研究と一致している。

③ 糖尿病

糖尿病は代謝性疾患の1つに位置づけられ、インスリンの利用不能やインスリン抵抗性等による血糖値の上昇が特徴である。世界の糖尿病患者の数はおよそ5億人にのぼり、日本においても糖尿病が強く疑われる人の数は1000万人と推定されている[10]。1型糖尿病は、膵臓のランゲルハンス島にあるβ細胞が障害されてインスリンが産生できなくなることが原因となる。このため、インスリン注射によって血糖値を調整する治療が必要と

なる。1型糖尿病は先天的な場合が多く子どもや青年に多くの発症例が認められる。一方、2型糖尿病は、遺伝的な要因に加えて身体不活動や過食などの生活習慣が加わって発症すると考えられている。糖尿病患者のほとんどは2型に分類され、中高年者に多く発症する。

糖尿病患者は、たとえ仕事中の身体活動量が少なくとも、週末などの余暇時間あるいは通勤時にある程度の身体活動を行うことによって、死亡リスクを大きく低下させることができるという研究結果も報告されている[12]。

④ 高血圧

WHOでは、140/90mmHg（収縮期血圧140mmHg、拡張期血圧90mmHgの意味）以上を高血圧と定義している。わが国の「高血圧治療ガイドライン2019」によると、正常血圧は120/80mmHg未満とし、Ⅰ度高血圧の基準をWHOと同様に140/90mmHg以上と定義している[13]（表2）。わが国において高血圧に分類される人の数は、およそ4300万人とされており、そのうち適切に血圧がコントロールされている人は1200万人にとどまる。

余暇時間における1週間10メッツ・時の身体活動量の増加は、高血圧のリスクを6％減少させ、身体活動の増加に伴って効果が見られる（つまり、いわゆる「量反応関係」が認められた）という調査報告がある[14]。また、通常の中高強度の有酸素性運動によって、血圧が平均11/5mmHg低下したが、レジスタンス運動の効果は限定的であっ

たという調査報告もある[15]。この報告では、競技アスリートに対する将来の高血圧発症を危惧しており、アスリートの高血圧の評価と治療に関しては、運動負荷試験の実施等、特定の考慮事項を適用する必要があるとしている。

⑤ 肥満

一般に、肥満は体脂肪の過剰な蓄積状態と定義され、内分泌異常や遺伝、服薬など原因が明白である二次性肥満、そして過食、食行動異常、運動不足などが原因となる原発性肥満に分類される。肥満症は、原発性肥満でかつ健康障害（耐糖能障害、脂質異常症、高血圧、高尿酸血症、脂肪肝、整形外科的疾患等）を伴う者と定義され、内臓脂肪面積が$100cm^2$以上（内臓脂肪型肥満）もしくはBMIが35以上（高度肥満）の場合をいう。原発性肥満に該当するが健康障害が認められない者については、単純肥満に分類される。2019年の「国民健康栄養調査」によると、肥満者（BMI≧25）の割合は男性33.0％、女性22.3％であり、この10年間でみると、女性では有意な増減はみられないが、男性では有意に増加している[16]。一方、日本内科学会をはじめとする合同8学会が発表したメタボリックシンドロームの基準は、内臓脂肪型肥満（腹部周囲径：男性85cm以上、女性90cm以上）を基盤として、高血圧（130/85mmHg以上）、高血糖（100mg/dl以上）、血中脂質異常（中性脂肪150mg/dl以上またはHDLコレステロール40mg/dl未満）のうち2つ以上を合併した状態と定義される[17]。

表2●成人における血圧値の分類　　　　　　　　　　　　　　　　　　　（文献13より改変）

分　類	診察室血圧（mmHg）			家庭血圧（mmHg）		
	収縮期血圧		拡張期血圧	収縮期血圧		拡張期血圧
正常血圧	＜120	かつ	＜80	＜115	かつ	＜75
正常高値血圧	120〜129	かつ	＜80	115〜124	かつ	＜75
高値血圧	130〜139	かつ／または	80〜89	125〜134	かつ／または	75〜84
Ⅰ度高血圧	140〜159	かつ／または	90〜99	135〜144	かつ／または	85〜89
Ⅱ度高血圧	160〜179	かつ／または	100〜109	145〜159	かつ／または	90〜99
Ⅲ度高血圧	≧180	かつ／または	≧110	≧160	かつ／または	≧100
（孤立性）収縮期高血圧	≧140	かつ	＜90	≧135	かつ	＜85

※診察室血圧と家庭血圧の2つが示されているのは、同じ人でも測定する環境によって値が違う傾向があるからである。

表3 ● 身体活動量と肥満率の関係　　（文献18より改変）

活動時間 （分／日）	被験者数	調　整 オッズ比	95 ％ 信 頼 区　　　　間	カイ二乗 検　　定
低強度の身体活動				
4.3 ～ 38.1	158	1.00		
38.2 ～ 48.1	158	0.76	0.44 ～ 1.31	
48.2 ～ 58.8	157	0.89	0.51 ～ 1.55	
58.9 ～ 73.8	157	0.92	0.52 ～ 1.62	
73.9 ～ 162.3	158	0.53	0.29 ～ 1.00	
全体のオッズ比		0.998	0.990 ～ 1.006	P=0.65
中強度の身体活動				
0.0 ～　6.7	158	1.00		
6.8 ～ 13.6	158	0.67	0.38 ～ 1.17	
13.7 ～ 21.9	157	1.05	0.59 ～ 1.85	
22.0 ～ 32.0	157	0.63	0.33 ～ 1.22	
32.1 ～ 101.4	158	0.51	0.25 ～ 1.05	
全体のオッズ比		0.994	0.980 ～ 1.208	P=0.38
高強度の身体活動				
0.0	214	1.00		
0.1 ～　0.9	236	1.07	0.66 ～ 1.73	
1.0 ～　1.9	107	1.24	0.65 ～ 2.36	
2.0 ～　4.9	142	0.94	0.45 ～ 1.96	
5.0 ～ 34.7	89	0.56	0.22 ～ 1.46	
全体のオッズ比		0.910	0.834 ～ 0.922	P=0.03

※調整オッズ比が1より小さいほど肥満率が低いことを示している。統計的に有意な関係がみられたのは、高強度の身体活動をしている群のみ（P=0.03）だった。

18 ～ 84歳の日本人を対象とした横断研究では、BMIが25以上の肥満者の割合は男女合わせて22％であり、中高強度の身体活動を実施している群の肥満者の割合は有意に低かったと報告している[18]。しかし、強度別に詳しく見ると、低強度（1 ～ 3メッツ）および中強度（4 ～ 6メッツ）では、身体活動量とBMIに有意な関係は認められなかったが、高強度（7 ～ 9メッツ）では、高い身体活動量を確保している者ほど肥満率は有意に低かった（表3）。

米国人を対象とした横断研究では、最大酸素摂取量（$\dot{V}O_2max$）が最も低い群は、最も高い群より、メタボリックシンドロームの発症率が6倍以上高く、身体活動量が最も低い群は、最も高い群より、メタボリックシンドロームの発症率が2倍高いことが報告されている[19]。またオーストラリア人男女を対象にして、1日に占める座位時間とメタボリックシンドロームのリスクとの関連性について横断的な検討も実施されている[20]。その結果をみると、座位時間の長い群では、短い群と比較して、腹部周囲径や中性脂肪が有意に高い値を示すことを報告している。さらにテレビの視聴時間とメタボリックシンドロームのリスクとの関連について検討すると[21]、1日のテレビの視聴時間が1時間増加することによって、運動量とは独立して、メタボリックシンドロームの発症率が26％上昇する可能性が示されている。

6 脂質異常症

脂質異常症は、血中コレステロールなどの血中脂質の分泌異常である。脂質異常症の原因は多様であるが、主に食事や生活習慣によるものと遺伝的要因による家族性のものが知られている。厚生労働省が発表しているわが国の脂質異常症の患者数はおよそ220万人であり、このうち男性は64万人、女性は156万人で、女性は男性の2.4倍多かった[22]。「動脈硬化性疾患予防ガイドライン2022年版」が発表する最新の診断基準では、脂

表4 ● 脂質異常症の診断基準　　　　　　　　　　　　　　　　　　　　　　　　　　　　　　　　　（文献23より改変）

疾　患　名	診　断　基　準
高LDLコレステロール血症	LDLコレステロール値140mg/dl以上
境界域高LDLコレステロール血症	LDLコレステロール値120 ～ 139mg/dl以上
低HDLコレステロール血症	HDLコレステロール値40mg/dl未満
高トリグリセライド血症	中性脂肪150mg/dl以上（空腹時採血）　中性脂肪175mg/dl以上（随時採血）
高non-HDLコレステロール血症	non-HDLコレステロール値170mg/dl以上
境界域non-HDLコレステロール血症	non-HDLコレステロール値150 ～ 169mg/dl

※空腹時は10時間以上の絶食を、また空腹時であることが確認できない場合を「随時」とする。
※HDL（High Density Lipoprotein）は高密度リポタンパク質、LDL（Low Density Lipoprotein）は低密度リポタンパク質のことをさす。

質異常症は、高LDLコレステロール血症、低HDLコレステロール血症、高トリグリセライド血症などに分類されている[23]（表4）。以前は空腹時採血の値しか基準がなかったが、このガイドラインでは、高トリグリセライド血症の診断基準に、空腹時だけでなく随時採血の基準値が追加されている。

平均年齢60歳の米国人を対象に、身体活動量と血中脂質の変化との関連を検討した報告では、1日の中高強度身体活動時間は、超低密度リポタンパク質（VLDL）粒子の大きさと逆相関し、30分間の座位行動の中高強度身体活動への置き換えは、VLDL粒子の減少に有意に関連していたと報告されている[24]。

3. 生活習慣病の運動処方

1 生活習慣病予防のための身体活動指針

WHOは、近年「身体活動・座位行動ガイドライン」を発表している[25][26]。その中で示されている公衆衛生上の推奨事項は、「性別、文化的背景、社会経済的地位に関係なく、5歳から65歳以上までのすべての集団と年齢層を対象としており、その人の能力に関係なくすべての人にかかわるものである」と述べられている。本項では、WHOの成人（18〜64歳）および高齢者（65歳以上）における、有酸素性身体活動、筋力向上活動、座位行動時間の指針を紹介する（表5）。このガイドラインでは、成人・高齢者ともに、中強度の有酸素性身体活動は少なくとも1週間に150〜300分、高強度の有酸素性身体活動であれば少なくとも1週間に75〜150分、筋力向上活動は少なくとも1週間に2日が推奨されている。高齢者では、これに加えて、機能的な能力の向上と転倒予防のために、週の身体活動の一環として、機能的なバランスと筋力トレーニングを重視した多様な要素を含む身体活動（マルチコンポーネント身体活動）を1週間に3日以上行うべきであるとしている。

わが国においても、2013年に改訂された「健康づくりのための身体活動基準2013」が発表されている[27]。これは「健康づくりのための運動基準2006」が改訂されたものである。さらに、これを国民に普及するための「アクティブガイド〜健康づくりのための身体活動指針」では、「プラス10（今より1日10分多く歩こう）」のような目標が設定されている[28]。

表5●WHO身体活動・座位行動ガイドライン（日本語版）：成人および高齢者　　　　　（文献25、26より作成）

活動の種類	推奨される内容
有酸素性身体活動	健康効果を得るためには、1週間を通して、中強度の有酸素性の身体活動を少なくとも150〜300分、高強度の有酸素性の身体活動を少なくても75〜150分、または中強度と高強度の身体活動の組み合わせによる同等の量を行うべきである。
	さらなる健康増進のために： 1週間を通して、中強度の有酸素性の身体活動を300分以上に増やす、150分以上の高強度の有酸素性の身体活動を行う、または中強度と高強度の身体活動の組み合わせによる同等の身体活動を行うことで、さらに健康効果を得られる可能性がある。
筋力向上活動	さらなる健康増進のために： 成人では健康増進のために、週2日以上、すべての主要筋群を使用して実施する中強度の筋力向上活動を行うことが推奨される。
座位行動	［減らそう］ 座りっぱなしの時間を減らすべきである。 ［置き換える］ 座位時間を身体活動（強度は問わない）に置き換えることで、健康効果が得られる。

（日本語版作成：日本運動疫学会、国立健康・栄養研究所、東京医科大学公衆衛生学分野）

② 生活習慣病関連疾患患者のための運動療法

「ACSMにおける運動処方の指針」は、1975年に初版（英文）が出版されて以来、およそ5年ごとに改定され、2022年に原著第11版（英文）が出版されている[29]。「ACSMにおける運動処方の指針」では、生活習慣病患者に対する有酸素性運動、レジスタンス運動、ストレッチングにおいて推奨されるFITT（Frequency：頻度、Intensity：強度、Time：時間、Type：種類）が掲載されている。いずれも、疾患者に対する運動指導は、主治医の判断にて行う必要がある。事前の医師立ち会いによる運動負荷試験が必須であり、運動の可否と至適運動強度をあらかじめ設定する。運動指導現場においても、運動中は指導者の立ち会いのもと、心電図や血圧等の医学情報をモニターし、運動中の疾患の再発や合併症の発症に備え、ただちに医療機関へ連絡できる体制が必要である。

糖尿病患者のための運動療法を表6に示した[29]。糖尿病患者では、血糖値のコントロールに注意を払う必要がある。特に低血糖（血糖値70mg/dl未満）は重要であり、運動プログラムの最終作成段階では運動前後の血糖値を確認する。インスリン摂取を行っている者に対しては、日常の運動プログラムにおいても運動前後の血糖値のモニタリングが必要となる。ACSMでは、運動前の適した血糖値の範囲を90～250mg/dlと設定している。よく見られる低血糖の症状としては、震え、衰弱、異常な喉の渇き、緊張感、不安、口と指の疼き、

表6●糖尿病患者のための運動療法　　　　　　　　　　　　　　　　　　　　　　　　　　　　　（文献29より改変）

	有酸素性運動	レジスタンス運動	ストレッチング
頻度	3～7日/週 活動のない日を連続2日以内にする	連続しない2日/週、できれば3日/週	柔軟性とバランス 2～3日/週
強度	中高強度（「中等度」から「とてもきつい」の間で対象者の経験に基づく）	中等度（50～69％1RM）から筋力の上昇に応じて高強度（70～85％1RM）	締め付け感もしくはわずかな不快感を伴うまで伸ばす バランス運動は低～中強度
時間	1型および2型ともに1週間に150分	少なくとも8～10種目、1～3セット、10～15回、1セットで疲労に近い状態にする	10～30秒のスタティックストレッチングを各運動2～4回繰り返す バランス運動はどのような時間でも可
種類	大筋群を使用した連続的でリズミカルな運動（例えば歩行、自転車こぎ、スイミング）、持続的な活動もしくはHIIT	マシン、フリーウエイト、伸縮性バンド、自重	スタティックストレッチング、ダイナミックストレッチング、その他のストレッチングやヨガ

※HIIT：高強度インターバルトレーニング

表7●高血圧患者のための運動療法　　　　　　　　　　　　　　　　　　　　　　　　　　　　　（文献29より改変）

	有酸素性運動	レジスタンス運動	ストレッチング
頻度	5～7日/週	2～3日/週	柔軟性 2～3日/週
強度	中強度（40～59％VO$_2$RもしくはHRR、RPE12～13）	中等度（60～70％1RMから80％1RMまで可能、高齢者や初心者は40～50％から始める）	締め付け感もしくはわずかな不快感を伴うまで伸ばす
時間	1日30分以上の連続もしくは累積運動	大筋群を使用する種目を2～4セット、8～12回、計20分以上、運動する 筋肉群に応じて休息日を挟む	10～30秒のスタティックストレッチングを各運動2～4回繰り返す、各運動は主要な筋腱単位を合計60秒、1セッション10分以内
種類	大筋群を使用した連続的でリズミカルな運動（例えば歩行、自転車こぎ、スイミング）	マシン、フリーウエイト、伸縮性バンド、自重	スタティックストレッチング、ダイナミックストレッチング、PNF

※VO$_2$R：予備酸素摂取量、HRR：予備心拍数、RPE：主観的運動強度、PNF：固有受容性神経筋促進法

空腹感などがある。低血糖のリスクは、主に有酸素性運動中および直後に高くなるが、運動後最大12時間以上発生する可能性があるため、食事と投薬の調整が必要となる。

高血圧患者のための運動療法を表7に示した[29]。高血圧患者における運動療法プログラムの作成に際しては、事前の運動負荷試験によって、運動中の血圧値の動向を確認する必要がある。ACSMでは、運動中の血圧の許容範囲を220/105mmHg未満と定めている。高血圧患者における運動療法においても、有酸素性運動、レジスタンス運動、およびその両方を実施するコンバインド運動が適応可能であるが、レジスタンス運動の重りの挙上の際の吸気や息こらえは急激な血圧上昇やめまい、さらには失神を引き起こす可能性があるため、こ

のような行動は避けるべきである。βブロッカー等の一部の降圧剤は体温調節機能や中枢神経系に影響を及ぼすため、運動中の発汗や心拍数を用いた強度管理に注意する必要がある。また同じく降圧剤であるαブロッカーやカルシウム拮抗剤等は運動終了後の急激な血圧低下を招くこともあるため、クーリングダウンは安静時近くの心拍数に下がるまで実施するべきである。

肥満患者のための運動療法を表8に示した[29]。肥満患者およびメタボリックシンドロームの対象者における運動療法の重要な目的は体重減少にある。そのため日常生活の中で、10分以上の短い時間の中高強度身体活動を累積させるとともに、座位時間の置き換え（立位や低強度～中高強度活動等）や長時間の座位時間を避けるようにする。

表8 ● 肥満患者のための運動療法　　　　　　　　　　　　　　　　　　　　　　　　　　（文献29より改変）

	有酸素性運動	レジスタンス運動	ストレッチング
頻度	5日/週以上	2～3日/週	柔軟性 2～3日/週
強度	初期強度は中強度から（40～59% VO₂RもしくはHRR）、高強度（60% VO₂RもしくはHRR以上）はより効果的	中等度（60～70% 1RM）、筋力および筋量増加に伴って徐々に上昇させる	締め付け感もしくはわずかな不快感を伴うまで伸ばす
時間	1日30分（150分/週）から開始し、1日60分以上（250～300分/週）	大筋群を使用する種目を2～4セット、8～12回	10～30秒のスタティックストレッチングを各運動2～4回繰り返す
種類	大筋群を使用した連続的でリズミカルな運動（例えば歩行、自転車こぎ、スイミング）	マシン、フリーウエイト、自重	スタティックストレッチング、ダイナミックストレッチング、PNF

※VO₂R：予備酸素摂取量、HRR：予備心拍数、PNF：固有受容性神経筋促進法

表9 ● 脂質異常症患者のための運動療法　　　　　　　　　　　　　　　　　　　　　　　（文献29より改変）

	有酸素性運動	レジスタンス運動	ストレッチング
頻度	5日/週以上で最大限のカロリー消費まで	2～3日/週	柔軟性 2～3日/週
強度	40～75%VO₂RもしくはHRR	中等度（50～69%1RM）から高強度（70～85%1RM）、筋力増加に伴って上昇させる	締め付け感もしくはわずかな不快感を伴うまで伸ばす
時間	1日30～60分、減量もしくは体重維持のためには1日50～60分以上の運動が推奨される	筋力向上のためには2～4セットを8～12回、筋持久力向上のためには2セット以上で12～20回	10～30秒のスタティックストレッチングを各運動2～4回繰り返す
種類	大筋群を使用した連続的でリズミカルな運動（例えば歩行、自転車こぎ、スイミング）	マシン、フリーウエイト、自重	スタティックストレッチング、ダイナミックストレッチング、PNF

※VO₂R：予備酸素摂取量、HRR：予備心拍数、PNF：固有受容性神経筋促進法

レジスタンス運動は臨床的に有意な体重減少をもたらさない場合もある[30]。減量によるエネルギー制限中では筋タンパク質の合成が阻害される等の理由で、筋量の増大や安静時代謝の減少を防止できないという報告もある[31]。そのため減量を目的とした運動プログラムは有酸素性運動に焦点を置くべきであると考えられる。5〜10%を超える減量は医療による措置が必要となるため、一般的にはこれ以上の体重減少を設定しないようにする。

脂質異常症患者のための運動療法を表9に示した[29]。脂質異常症患者においては、メタボリックシンドロームや高血圧等の他の生活習慣病の合併に注意し、もしそれらがあれば他の疾患の運動療法ガイドラインについても参照する。一部の脂質低下薬（スタチンやフィブリン酸等）は筋痛を起こす場合がある。まれに、これらの薬剤は重度の筋肉損傷を引き起こす可能性があるため、運動中に個人が異常なまたは持続的な筋痛を経験した場合は、医師に相談する必要がある。

（真田樹義）

▶引用・参考文献

1) WHO: Noncommunicable diseases. https://www.who.int/news-room/fact-sheets/detail/noncommunicable-diseases [参照日：2022.05.01]
2) Lee, I.M., et al.: Effect of physical inactivity on major non-communicable diseases worldwide: an analysis of burden of disease and life expectancy. Lancet, 380 (9838): 219-29, 2012.
3) Ikeda, N., et al.: What has made the population of Japan healthy? Lancet, 378 (9796): 1094-105, 2011.
4) WHO: Physical activity. https://www.who.int/news-room/fact-sheets/detail/physical-activity [参照日：2022.05.01]
5) Charvat, H., et al.: Impact of five modifiable lifestyle habits on the probability of cancer occurrence in a Japanese population-based cohort: results from the JPHC study. Prev. Med., 57(5): 685-9, 2013.
6) 心臓リハビリテーション学会. https://www.jacr.jp/ [参照日：2022.06.14]
7) Morris, J.N., et al.: Coronary heart-disease and physical activity of work. Lancet, 265 (6795): 1053-7, 1953.
8) Shibata, Y., et al.: Physical activity and cardiovascular disease in Japan: the Jichi Medical School Cohort Study. Journal of epidemiology / Japan Epidemiological Association, 20(3): 225-30, 2010.
9) Takao, S., et al.: Occupational class and physical activity among Japanese employees. Soc. Sci. Med., 57(12): 2281-9, 2003.
10) Eguchi, E., et al.: Healthy lifestyle behaviours and cardiovascular mortality among Japanese men and women: the Japan collaborative cohort study. Eur. Heart J., 33(4): 467-77, 2012.
11) 日本生活習慣病予防協会. https://seikatsusyukanbyo.com/statistics/2017/009436.php [参照日：2022.06.14]
12) Hu, G., et al.: Occupational, commuting, and leisure-time physical activity in relation to total and cardiovascular mortality among Finnish subjects with type 2 diabetes. Circulation, 110(6): 666-73, 2004.
13) 日本高血圧学会高血圧治療ガイドライン作成委員会. 高血圧治療ガイドライン2019. https://www.jpnsh.jp/data/jsh2019/JSH2019_hp.pdf [参照日：2022.06.14]
14) Liu, X., et al.: Dose-response association between physical activity and incident hypertension: A systematic review and meta-analysis of cohort studies. Hypertension, 69(5): 813-20, 2017.
15) Borjesson, M., et al.: Physical activity and exercise lower blood pressure in individuals with hypertension: narrative review of 27 RCTs. Br. J. Sports Med., 50(6): 356-61, 2016.
16) 厚生労働省. 令和元年国民健康・栄養調査結果の概要. https://www.mhlw.go.jp/content/10900000/000687163.pdf [参照日：2022.06.14]
17) メタボリックシンドローム診断基準検討委員会. メタボリックシンドロームの定義と診断基準. 日本内科学会誌, 94: 188-203, 2005.
18) Yoshioka, M., et al.: Long-period accelerometer monitoring shows the role of physical activity in overweight and obesity. Int. J. Obes. (Lond.), 29(5): 502-8, 2005.
19) Lakka, T.A., et al.: Sedentary lifestyle, poor cardio-respiratory fitness, and the metabolic syndrome. Med. Sci. Sports Exerc., 35(8): 1279-86, 2003.
20) Thorp, A.A., et al.: Deleterious associations of sitting time and television viewing time with cardio-metabolic risk biomarkers: Australian Diabetes, Obesity and Lifestyle (AusDiab) study 2004-2005. Diabetes Care, 33(2): 327-34, 2010.
21) Dunstan, D.W., et al.: Associations of TV viewing and physical activity with the metabolic syndrome in Australian adults. Diabetologia, 48(11): 2254-61, 2005.
22) 厚生労働省. 平成29年 (2017) 患者調査の概況. https://www.mhlw.go.jp/toukei/saikin/hw/kanja/

17/dl/05.pdf [参照日：2022.06.14]

23) 日本動脈硬化学会. 動脈硬化性疾患予防ガイドライン2022年版 (案) の主な改訂点について. https://www.j-athero.org/jp/gl2022 (案) 主な改訂点/ [参照日：2022.06.14]

24) Phillips, C.M., et al.: Replacement of sedentary time with physical activity: Effect on lipoproteins. Med. Sci. Sports Exerc., 50(5): 967-76, 2018.

25) 日本運動疫学会, 国立健康・栄養研究所, 東京医科大学公衆衛生学分野. 身体活動・座位行動ガイドライン (日本語版), https://apps.who.int/iris/bitstream/handle/10665/337001/9789240014886-jpn.pdf?sequence=151&isAllowed=y [参照日：2022.06.14]

26) WHO. Guidelines on physical activity and sedentary behaviour: at a glance. Geneva: World Health Organization, 2020.

27) 厚生労働省：運動基準・運動指針の改定に関する検討会. 健康づくりのための身体活動基準2013. https://www.mhlw.go.jp/stf/houdou/2r9852000002xple.

html [参照日：2022.06.14]

28) 厚生労働省：運動基準・運動指針の改定に関する検討会. 健康づくりのための身体活動指針 (アクティブガイド). https://www.mhlw.go.jp/stf/houdou/2r985200002xple.html [参照日：2022.06.14]

29) American College of Sports Medicine. ACSM's Guidelines for Exercise Testing and Prescription. 11th edition, Lippincott Williams & Wilkins, 2022.

30) Donnelly, J.E., et al.: American College of Sports Medicine Position Stand. Appropriate physical activity intervention strategies for weight loss and prevention of weight regain for adults. Med. Sci. Sports Exerc., 41(2): 459-71, 2009.

31) Macfarlane, D.J., et al.: Very short intermittent vs continuous bouts of activity in sedentary adults. Prev. Med., 43(4): 332-6, 2006.

スポーツ傷害

1. スポーツ傷害とは

スポーツ傷害は、外傷と障害に分けられる（表1）。外傷は1回の外力によって組織が損傷されるものである。そのため受傷機転が明確であることが多い。また、外傷は、皮膚に傷のあるケガ（創傷）と皮膚に傷のないケガ（挫傷）に分類され、代表的なスポーツ外傷は主に捻挫が多く、骨折、脱臼、靱帯損傷、筋挫傷、肉離れ、腱断裂、脳振盪などが挙げられる。外傷の症状としては、急性炎症として疼痛、腫脹、熱感、発赤、機能障害が起きることが特徴である。一方、障害とは、繰り返されるストレスによって組織が徐々に損傷するものである。代表的な障害は、投球障害肩、膝蓋腱炎（ジャンパー膝）、内側上顆炎（テニス肘）、シンスプリントなどが挙げられる。これらの多く

表1 ● スポーツ外傷と障害の違い

	外力	発症	部位	症状	創
外傷	1回	急性	すべて	疼痛、腫脹、熱感、発赤	開放性、非開放性
障害	反復	慢性	付着部、腱、靱帯、骨、筋肉	主として運動痛	非開放性

（文献1を改変）

は、ランニングやジャンプ、投球などを連続的かつ反復した動作を繰り返すことによって組織の炎症や破綻を生じると言われている。

ここでは、スポーツにおける外傷と障害を「傷害」と定義し、トレーニング指導者として押さえておきたい、主なスポーツ傷害発生要因とその予防について触れる。

2. スポーツ傷害発生の要因

スポーツ傷害発生の要因は、主に内的要因と外的要因の複数が関係する（表2）。内的要因は、年齢や性別、身体組成、筋力、柔軟性、技術レベルなど個人の中に存在し、変化しうる要素である。一方、外的要因は、競技ルール（コンタクトの有無など）や使用する用具、環境（天候やサーフェ

イスなど）である。これらのうち、1つだけが要因となるのではなく、様々な要因が相互に関連することで傷害の発生につながる可能性がある。そのため、トレーニング指導者は、考えうる様々なリスク要因を想定し、傷害予防対策を講じたうえでトレーニング指導をすることが重要である。

3. スポーツ傷害の予防の考え方

トレーニング指導者は、各種トレーニングを選手へ指導する中で、様々な負荷や刺激を身体へ与えていく。選手の身体を強くすることやパフォー

マンスを向上させるためのトレーニング処方である一方、その時々の状況に見合ったトレーニング負荷や強度、量などを処方しなければ、オーバー

内的リスクファクター
- ○年齢
- ○性別
- ○身体組成
  - (例：体重、体脂肪量、骨密度、形態測定)
- ○健康
  - (例：傷害の既往歴、関節不安定性)
- ○体力
  - (例：筋力／パワー、最大酸素摂取量、関節可動域)
- ○解剖
  - (例：アライメント、顆間窩幅)
- ○技術レベル (例：スポーツ特有の技術、姿勢の安定性)

競技選手の傷害体質 → 競技選手の傷害感受性 → 傷　害

外的リスクファクターへの曝露
- ○人的要因
  - (例：チームメイト、対戦相手など)
- ○保護用具
  - (例：ヘルメット、すね当てなど)
- ○スポーツ用品 (例：靴、スキー)
- ○環境
  - (例：天気、雪氷状況、床面、競技環境の整備・点検)

誘　因
- ○プレー状況
- ○選手／対戦選手の行動
- ○生体力学的特性

表2●傷害要因モデル

（文献2、3より）

ワークにより、スポーツ傷害を発生させてしまうことにつながる可能性もある。これらは、トレーニング指導者としての知識の他、選手やチームスタッフ（コーチ、医師、トレーナーなど）と連携を図りながら年間のトレーニング計画を立案および遂行していくことも傷害予防には重要である。

また、競技特性や選手個々の身体特性を理解することも正しいトレーニング処方の要点の1つである。そのため、対象となる選手やチームの各競技に多いとされるスポーツ傷害や前述した傷害発生要因や既往歴などの把握に加えて、スポーツ傷害の予防法などを把握しておく必要がある。

4. スポーツ傷害の特徴とその予防

1 頸部の傷害

(1)頸椎捻挫

頸椎捻挫は、ラグビーでのタックルやスクラム、柔道やレスリングなどの格闘技種目などのコンタクトスポーツで生じることが多い。また、コンタクトスポーツ以外にも、体操競技や水泳の飛び込み、スキーやスケートでの転倒時の衝突などで発生することがある。受傷すると、頸部から肩へかけての痛みや頸部の可動域の制限、上肢の知覚障害、筋力低下だけではなく、長期にかけて頸部痛や頭痛、めまいなど多彩な症状を呈することもある。スポーツにおける特性を理解し、受け身やコンタクト時の正しい動作の習得だけではなく、正しい姿勢発揮をするための頸部、肩甲帯周囲、体幹部の安定性を図るためのトレーニングが必要となる。

(2)バーナー症候群

ラグビーやアメリカンフットボール、格闘技などにおける相手とのコンタクトや転倒時の受傷機転が多いとされる。頸部の正常可動域を超えて強い外力が加わることで、過度な頸部の屈伸や側屈、回旋により神経が牽引または圧迫され（図1）、頸部から上肢にかけての痛みや痺れ、筋力低下などが見られる。頸椎捻挫と同様に、スポーツにお

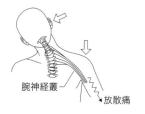

ストレッチ損傷：左肩からタックルをし、頭部が右側へ、左肩が下方へ強く押され、腕神経叢に牽引力が生じる。

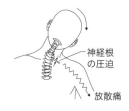

神経根圧迫損傷：頸椎が左側屈強制されることにより左神経根が圧迫を受け、左上肢に放散痛を生じる。

図1●バーナー症候群の受傷機転　　（文献6を改変）

ける特性を理解し、受け身やコンタクト時の正しい動作の習得や、正しい姿勢発揮をするための頸部、肩甲帯周囲、体幹部の安定性を図るためのトレーニングが必要となる。

② 肩関節の傷害

(1)肩関節脱臼

　肩関節脱臼の多くは前方脱臼であり、肩関節の外転・外旋肢位を強制されることにより損傷しやすい。受傷機転として、ラグビーやアメリカンフットボール、柔道などのコンタクトスポーツや、スキーなどの転倒時などが挙げられる。若い年代で肩関節脱臼の初回受傷をすると反復性に移行しやすいと言われており、受傷後の患部の初期固定やリコンディショニングが重要となる。肩関節の求心位を保つために腱板筋群（インナーマッスル）のトレーニングや、肩関節および肩甲骨周囲筋群（アウターマッスル）を中心とした筋力トレーニングをバランスよく実施することが必要となる（図2）。また、肩関節が不安定な状況下でも肩関節周囲筋群が瞬時に対応できる瞬時筋力発揮能力の強化などの神経−筋協調性のトレーニングを行う。

(2)投球障害肩

　投球障害肩は、野球やバレーボール、テニス、ハンドボールなどのオーバーヘッドスポーツにおいて、投球動作を繰り返すことで肩関節の引っかかりや痛みなどの投球に支障をきたす症状が発生する。これらの症状が発生する原因は、上肢のオーバーユースやコンディショニング不良、投球フォームなど様々な要因が関わるとされている。特に身体機能の面においては、肩関節周囲だけではなく、股関節や体幹部も含めた柔軟性や可動性、筋力を確保しておくことが必要である。また、下肢から上肢にかけての協調性も必要となる。

③ 肘関節の傷害

(1)肘関節脱臼

　スキーやスノーボードなどでの転倒、ラグビーや柔道でのコンタクトスポーツにおいて、手をついて転倒した際に肘関節へ大きな外力がかかることで受傷することが多い。肘関節全体に腫れや痛み、変形などが見られ、骨折や靱帯損傷、肘関節以外の部位（肩関節や手関節）の合併損傷をすることもある。転倒時の受け身の習得だけではなく、

■インナーマッスルのトレーニング

肩関節下垂位での内旋方向へのトレーニング　　肩関節下垂位での外旋方向へのトレーニング

■アウターマッスルのトレーニング

自重での腕立て伏せ　　　　　　　チューブでのロウイング

図2●肩関節周囲の筋力トレーニング

手押し車　　　　　　　　　　腕立てジャンプ　　　　　　　　　腕立てジャンプ（着地）

図3●肘関節の固定力を高めるトレーニング

手をついた際に関節を防御的に固定させるために、上肢を中心とした筋群の瞬時筋力発揮能力をつけておくことも予防の1つである（図3）。

⑵肘関節内側上顆炎・外側上顆炎

野球やテニス、ゴルフなどで肘の内側や外側の腱付着部に生じる痛みであり、内側型より外側型が多いと言われている。内側上顆炎は野球の投球時やテニスでのフォアハンド、ゴルフのスイング動作を行うことで、前腕回内筋群や屈曲筋群に反復的なストレスを受けることにより生じる。一方で、外側上顆炎はテニスのバックハンドストロークでのインパクト時のストレスにより前腕回外筋群や伸筋群に痛みが生じる。患部の炎症が見られる場合は局部のアイシングやアイスマッサージの他、内側上顆炎であれば前腕回内、屈曲筋群のストレッチングや筋力トレーニング、外側上顆炎であれば、前腕回外、伸展筋群のストレッチングや筋力トレーニングを行う。

④ 手関節の傷害

⑴三角線維軟骨複合体損傷

野球やゴルフ、剣道、体操競技などの手関節を酷使する競技において、手関節の尺側部にある三角線維軟骨複合体（TFCC）が損傷することにより、手関節背屈や尺屈時の痛み、不安定性、手関節の回内外制限など、手関節尺側の運動時痛や運動制限が見られる（図4）。握力や前腕など手関節周囲を中心とした筋力トレーニングの他、多関節の可動性を確保する。また、手関節へのストレスを軽減するために、サポーターやテーピングをすることも有効である。

⑤ 腰背部の傷害

⑴腰椎椎間板ヘルニア

椎間板ヘルニアとは、脊椎の間にある椎間板の線維輪が破綻し、椎間板内の髄核が飛び出すことをいう（図5）。一般に、椎間板に荷重ストレスによる軸圧や回旋ストレスが加わることによって起こりやすい。典型的な症状は、腰部の痛みと神経障害（下肢痛）などが見られる。予防には脊柱

を支えるための筋力強化が重要であり、特に腹圧を高めるための腹直筋、内腹斜筋、外腹斜筋、腹横筋などの腹筋群を強化する必要がある（図6）。また、脊柱の生理的弯曲を維持できるように体幹部や股関節を中心とした動作の習得等を行うことも予防に効果的である。

⑵腰椎分離症

腰椎分離症は、腰椎の椎体の後方にある突起部

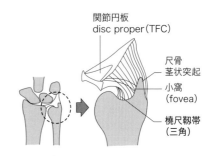

図4●TFCCの構造
中心部の関節円板と周囲靱帯組織からなる線維軟骨–靱帯複合体である。 （文献7より）

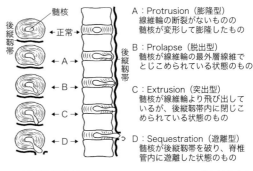

図5●腰椎椎間板ヘルニア （文献8より）

A：Protrusion（膨隆型）
線維輪の断裂がないものの髄核が変形して膨隆したもの

B：Prolapse（脱出型）
髄核が線維輪の最外層線維でとじこめられている状態のもの

C：Extrusion（突出型）
髄核が線維輪より飛び出しているが、後縦靱帯内に閉じこめられている状態のもの

D：Sequestration（遊離型）
髄核が後縦靱帯を破り、脊椎管内に遊離した状態のもの

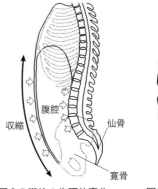

図6●脊柱の生理的弯曲 （文献8より）

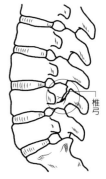

図7●腰椎分離症 （文献9より）

の椎弓の疲労骨折であり、特に発育期の過度なスポーツ活動によって発生しやすい。発症動作の特徴は、過度な体幹の伸展運動や回旋運動の繰り返しであり、腰椎の後方の棘突起の衝突によるストレスにより疲労骨折を生じると考えられている（図7）。特に腰椎前弯姿勢で症状が誘発されるため、その姿勢を助長させないように腹圧を高めるための腹筋群のトレーニングを実施する。また、腰椎と骨盤、下肢とを連結する筋である腸腰筋、大腿直筋の柔軟性低下も腰椎の前弯を助長するため、これらのストレッチングが有効である。

6 股関節の傷害

(1)鼠径部痛症候群

スポーツ選手における鼠径部周辺の痛みは、サッカーやラグビー、アイスホッケーなどのキック動作や方向転換動作によって鼠径部へ高負荷がかかることで発症しやすいと言われている。鼠径部周辺に痛みの原因となる局所の器質的問題が見られない場合、体幹、骨盤、下肢の可動性や安定性、協調性に問題があり、鼠径部周囲に痛みを生じる原因となることが多い（図8）。股関節周囲の可動性や安定性を獲得するためのトレーニングや、症状の発症に関与しうるキック動作や方向転換動作などに応じた股関節と体幹、上肢、下肢の協調性を意識したトレーニングが予防に必要となる。

7 膝関節の傷害

(1)膝関節前十字靱帯損傷（ACL損傷）

前十字靱帯（ACL）の受傷形態には、接触型と非接触型があり、接触型では、コンタクトスポーツにおいて、膝関節の外方または後方から接触され、膝関節が外反しながら内前方へ膝崩れを起こすことによって発生することが多い。一方、非接触型では、ストップやターン、ジャンプの着地などにおいて、膝関節が内前方へ崩れることによって発生しやすく、受傷機転で多い肢位として、knee-in toe-outが挙げられる（図9）。この肢位では、つま先に対して膝が内側を向き、脛骨が外

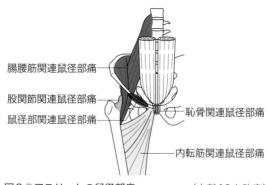

図8●アスリートの鼠径部痛　　　（文献13を改変）

腸腰筋関連鼠径部痛
股関節関連鼠径部痛
鼠径部関連鼠径部痛
恥骨関連鼠径部痛
内転筋関連鼠径部痛

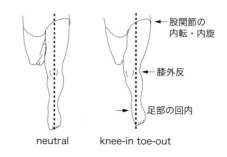

図9●下肢の動的アライメント　　　（文献6より）

股関節の内転・内旋
膝外反
足部の回内
neutral　　knee-in toe-out

旋するため、膝崩れしやすくなる。また、膝関節伸展機構が効率よく働くことができないため、自体重を支持することが難しい。大腿四頭筋を中心とした筋力強化を図るとともに、膝が内側に入らないための固有感覚機能や動作習得などのトレーニングを取り入れていくことも大切である。

(2)膝関節半月板損傷

スポーツでの半月板損傷は、主に外傷に起因するものや先天的な形状に起因するもの、加齢変化に起因するものがある。特に、外傷に起因する損傷は、繰り返すストレスによる損傷や捻りや衝撃による1回の大きな外傷やACL損傷など他の靱帯との合併損傷がある。大腿四頭筋を中心とした膝関節周囲筋の筋力強化が重要であり、関節軟骨損傷や半月板損傷を続発させないためにも、膝関節への圧縮、回旋ストレスや剪断力による負担を考慮したトレーニングが肝要である。

(3)膝蓋靱帯炎（ジャンパー膝）

膝蓋靱帯炎は、ジャンパー膝とも呼ばれ、ジャンプや急激なストップ、ターンを繰り返すことに

よって誘発される。痛みは、膝蓋骨下の膝蓋腱または膝蓋腱付着部に生じることが多く、膝蓋骨縁上に生じることもある（図10）。原因は、膝関節伸展機構における力発揮および衝撃吸収の非効率などが考えられる。特に、大腿四頭筋の筋力不足や柔軟性の低下がその要因として挙げられる。また、外反膝（X脚）などの下肢アライメント異常も関係する。大腿四頭筋を中心とした下肢の筋力強化やストレッチングを行い、膝蓋腱付着部へのストレスを軽減するとともに、運動強度や量の調整も必要である。

8 大腿部の傷害

(1)ハムストリングス肉離れ

肉離れは筋の損傷であり、身体の各部位の肉離れの中でもハムストリングスの肉離れは多く、特に筋腱移行部に多く発生する傾向がある。主に、陸上競技やサッカーなど全力疾走（スプリント）時に見られ、ハムストリングスに伸張性収縮が働く際に損傷の危険性が高くなる（図11）。受傷を誘発する要因として、筋力および柔軟性の低下と神経－筋協調性の低下による筋の収縮・弛緩の機能的な不具合などが、関係していると考えられる。ハムストリングスの機能（二関節筋や筋の形状など）を意識して、ストレッチングや筋力強化（図12）および素早い動きづくりを行うことが重要である。

(2)大腿部前面の打撲（チャーリーホース）

サッカーやラグビーなどのスポーツにおいて、選手同士の衝突やタックルで大腿部打撲による筋挫傷を起こすことを、通称チャーリーホースという。膝が大腿部前面に当たった場合、相手選手の膝と自分の脚の大腿骨の間に大腿四頭筋が挟み込まれる（図13）。この場合、大腿骨の表面にある中間広筋が損傷されやすい。

大腿部前面の打撲による筋挫傷は可動域制限が残りやすいことから、受傷後の処置は肉離れの処置とは異なり、損傷した筋を伸張させた肢位で冷却する。このことで、筋の短縮による可動域制限を予防することにつながる。

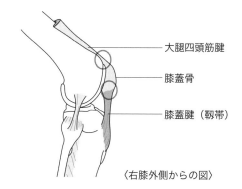

〈右膝外側からの図〉

大腿四頭筋腱
膝蓋骨
膝蓋腱（靭帯）

図10●膝関節膝蓋靭帯炎における痛みの部位

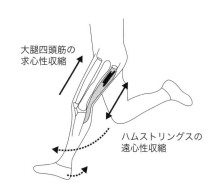

大腿四頭筋の求心性収縮

ハムストリングスの遠心性収縮

図11●ハムストリングス肉離れの発生しやすい場面
（文献6より）

膝関節屈曲動作でのトレーニング　股関節伸展動作でのトレーニング

図12●ハムストリングスの機能を考慮したトレーニング

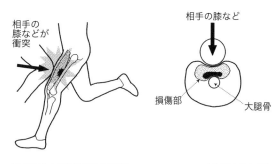

相手の膝などが衝突

相手の膝など

損傷部　大腿骨

図13●大腿部前面の打撲　（文献15より）

9 下腿部の傷害

(1)アキレス腱断裂

アキレス腱断裂は、20歳前後および中年層に多く発生すると言われており、受傷機転は、ジャンプやストップ、ターンなどの跳躍動作や方向転換動作、踏込み動作など、下腿三頭筋に急激な伸張性収縮が働く切り返し局面で多くみられる。

予防には、下腿三頭筋の筋力強化とともに、ストレッチングなどにより、下腿三頭筋の柔軟性を十分に獲得することが大切である。また、受傷機転の多くが、下腿三頭筋への伸張性収縮が働く切り返し局面であることを考慮し、ウォームアップやトレーニングにおいても反動を使うエクササイズを取り入れる必要がある。

(2)シンスプリント（脛骨過労性骨膜炎）

シンスプリントは、脛骨過労性骨膜炎とも呼ばれ、脛骨内側や後内側に沿った痛みが多い（図14）。発生原因は様々な見解があるが、ランニングの接地時やジャンプの着地時に下腿後面内側（ヒラメ筋、長趾屈筋、後脛骨筋）が疲労し、筋の柔軟性も低下して筋の付着部である脛骨後内面に、過度の牽引ストレスが繰り返し加わることで痛みが生じると考えられている。特に、ランニングやジャンプなどの荷重動作を伴う運動や、硬い路面での運動に注意したり、トレーニング量を段階的にプログラミングする必要がある。また、足部の過回内によって脛骨内縁のストレスが増加するため、扁平足や回内足の選手には足底板を利用することも有効である。

10 足関節・足部の傷害

(1)足関節内反捻挫

捻挫とは主に靱帯損傷を指す。足関節内反捻挫は、足関節を内反方向に捻ることにより足関節外側部の靱帯（前距腓靱帯、踵腓靱帯、後距腓靱帯

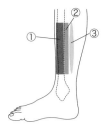

①脛骨の前から内側面
②内側縁
③内側縁の後方の筋群

図14●シンスプリントの圧痛部位（文献10より）

前距腓靱帯の部分断裂

［Ⅰ度］

前距腓靱帯の完全断裂

［Ⅱ度］

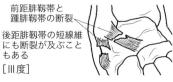

前距腓靱帯と踵腓靱帯の断裂
後距腓靱帯の短線維にも断裂が及ぶこともある

［Ⅲ度］

図15●足関節内反捻挫の重症度
（文献15より）

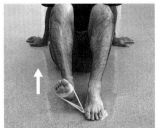

足関節背屈動作

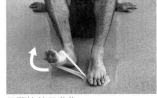

足関節外反動作

図16●足関節周囲筋のチューブトレーニング

(a)正常

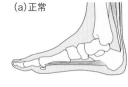

(b)扁平足

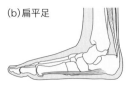

(c)甲高足

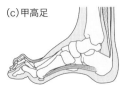

図17●足部のアライメント
(a) 正常のアライメント。(b) 扁平足：足の縦アーチが低下しているアライメントであり、衝撃吸収に乏しい。(c) 甲高足：足の縦アーチが高すぎるアライメントであり、足底部の柔軟性に乏しい。

など）が損傷することである（図15）。特に、スポーツでは片脚でのジャンプの着地時やストップ、ターンなどの方向転換時などに多くみられる。内反捻挫の予防には、受傷機転とは逆の外反方向に関わる足関節背屈、外転、外返しに関与する前脛

表3●各外傷における主な予防のためのトレーニングとストレッチング

部位	傷害名	予防のトレーニング	予防のストレッチング
頸	頸椎捻挫	・頸部、肩甲骨周囲、体幹部の筋力トレーニング、瞬時筋発揮力トレーニング	・頸部 ・肩関節周囲 ・肩甲骨周囲
	バーナー症候群	・頸部、肩甲骨周囲、体幹部の筋力トレーニング、瞬時筋発揮力トレーニング	・頸部 ・肩関節周囲 ・肩甲骨周囲
肩	肩関節脱臼	・肩関節周囲のインナーマッスルトレーニング ・肩関節周囲、肩甲骨周囲のアウターマッスルトレーニング ・肩関節の瞬時筋発揮力トレーニング ・肩関節の固有受容覚トレーニング	・肩関節周囲 ・胸部 ・肩甲骨周囲
肘	肘関節脱臼	・肩関節周囲、肩甲骨周囲、肘関節周囲の筋力トレーニング ・肩関節、肘関節周囲の瞬時筋発揮力トレーニング ・肩関節、肘関節の固有受容覚トレーニング	・肩関節周囲 ・肩甲骨周囲 ・上腕部 ・前腕部
膝	膝前十字靱帯損傷	・大腿部前面・後面、股関節周囲の筋力トレーニング ・knee-in toe-outを予防するための固有受容覚トレーニング	・大腿部前面・後面 ・股関節前面・後面（殿部）
	膝半月板損傷	・大腿部前面・後面、股関節周囲の筋力トレーニング ・knee-in toe-outを予防するための固有受容覚トレーニング	・大腿部前面・後面 ・股関節前面・後面（殿部）
大腿	ハムストリングス肉離れ	・大腿部後面の筋力トレーニング（単関節、多関節） ・神経・筋協調性トレーニング	・大腿部後面
	大腿部前面打撲	・大腿部前面の筋力トレーニング（受傷後から復帰に向けて）	・大腿部前面
下腿	アキレス腱断裂	・下腿後面の筋力トレーニング ・足関節周囲のSSCトレーニング	・下腿部後面
足	足関節内反捻挫	・足関節周囲の筋力トレーニング ・足趾のトレーニング（内在筋） ・内反を予防するための固有受容覚トレーニング	・下腿部前面・後面

表4●各障害における主な予防のためのトレーニングとストレッチング

部位	傷害名	予防のトレーニング	予防のストレッチング
肩	投球障害肩	・肩関節周囲のインナーマッスルトレーニング ・肩関節周囲、肩甲骨周囲のアウターマッスルトレーニング	・肩関節周囲 ・胸部 ・肩甲骨周囲 ・股関節周囲
肘	肘関節内側上顆炎	・肘関節周囲の筋力トレーニング（前腕回内・手関節掌屈筋群） ・肩関節、肩甲骨周囲の筋力トレーニング	・前腕回内・手関節掌屈筋群
	肘関節外側上顆炎	・肘関節周囲の筋力トレーニング（前腕回外・手関節背屈筋群） ・肩関節、肩甲骨周囲の筋力トレーニング	・前腕回外・手関節背屈筋群
手	三角線維軟骨複合体損傷	・手関節周囲の筋力トレーニング	・手関節周囲
腰	腰椎椎間板ヘルニア	・体幹部の筋力、安定性トレーニング	・腰背部 ・大腿部前面・後面 ・股関節前面・後面（殿部）
	腰椎分離症	・体幹部の筋力、安定性トレーニング	・腰背部 ・大腿部前面 ・股関節前面
股関節	鼠径部痛症候群	・股関節周囲筋の筋力、安定性トレーニング ・上肢、体幹、下肢の協調性トレーニング	・股関節周囲
膝	膝蓋靱帯炎	・大腿四頭筋の筋力トレーニング	・大腿部前面 ・股関節前面
下腿	シンスプリント	・下腿前面・後面の筋力トレーニング ・足趾のトレーニング	・下腿後面 ・足底、足趾
足	足底筋膜炎	・足底筋群、足趾のトレーニング	・下腿後面 ・足底、足趾

骨筋や腓骨筋群の強化（図16）、不安定な場所でのバランス強化、方向転換動作などの習得が必要である。

(2)足底筋膜炎

急なトレーニング量の増加や硬い路面でのランニング、体重増加、足部アライメント異常（扁平足や甲高足）が原因となり（図17）、足底の踵骨付近に付着している足底筋膜に痛みが発生することが多い。足底部への過剰な衝撃を軽減するために、足趾および足底筋群の筋力トレーニングやス

トレッチングをはじめ、下腿三頭筋などのストレッチングを行う必要がある。また、硬い路面でのランニングや体重増加後の荷重運動（ジャンプなど）に注意をするなど、足部への負担を考慮したトレーニング量や内容を工夫することが必要である。

以上の各傷害における主な予防のためのトレーニングとストレッチングを表3、4に示した。

---

4. 成長期に多いスポーツ傷害とその予防

1 離断性骨軟骨炎

離断性骨軟骨炎は、小・中学生などの若年層に多い骨軟骨障害である。主に、膝関節や肘関節、足関節に見られ、スポーツにより繰り返されるストレスや障害などにより、関節内の軟骨が損傷し、血流障害を起こすことで骨が壊死する。その中でも、野球や体操競技などの肘関節に負荷がかかる競技では、肘関節の離断性骨軟骨炎が多く発症する。肘関節にかかわらず、各関節へ負担のかかりにくい動作の習得や身体機能に関わるコンディショニング、トレーニング量のコントロールなどが重要である。また、予防や早期発見を目的とした検診を受けることも有効である。

2 オスグッド病

オスグッド病は成長期において身長が急激に伸びる時期に多く見られる障害である。身長の増加により大腿四頭筋が過緊張し、膝蓋靱帯が付着している脛骨粗面に大きな牽引力が加わることで、脛骨粗面部の圧痛や運動時痛、腫脹、患部の突出がみられる。大腿四頭筋を中心としたストレッチングを実施することや、身長測定の値から身長が急激に伸び始める成長スパートを把握し、オスグッド病をはじめとした骨端症の発症リスクが高い時期であることを認識して、成長に応じたトレーニング内容やトレーニング量のコントロールなどをすることが必要である。

---

5. 加齢に伴うスポーツ傷害とその予防

1 変形性膝関節症

中高年の女性に多いとされており、日常生活での立ち上がり時や歩行時などに痛みが発生する。進行すると、痛みや腫れ、関節水腫、可動域制限などがみられる。スポーツ選手の場合、膝関節半月板損傷や靱帯損傷、下肢のアライメント異常により変形性膝関節症を発

股関節屈曲動作　　　　　　股関節外転動作

図18●チューブを使用した非荷重での股関節周囲筋トレーニング

症しやすいが、一般的には加齢による関節軟骨の摩耗だけではなく、遺伝や肥満、下肢アライメントなどが要因となる。これらの予防は、体重を支持するための大腿四頭筋や股関節周囲を中心とした筋力トレーニングが必要となるが、痛みが出現しない肢位や非荷重での筋力トレーニング、ストレッチングを行うことが有効である（図18）。

6. 女性に多いスポーツ傷害とその予防

1 疲労骨折

　女性アスリートにおいて、「女性アスリートの三主徴」（5章2節参照）と定義される、利用可能エネルギー不足、視床下部性無月経、骨粗鬆症の疾患があるアスリートでは、疲労骨折をはじめとした疲労性骨障害のリスクが高まることが明らかとなっている。これらの起点は、利用可能エネルギー不足（運動によるエネルギー消費量に見合ったエネルギー摂取量が確保されていない状態）が関係し、無月経や骨粗鬆症（骨密度の低下）を引き起こす要因となる。それだけではなく、アスリートの中でも、荷重がかかる競技に比べ、水中競技では過重負荷がかからないため、他競技と比較して骨密度が低いことも言われている。これらは、骨形成のためにも適切な負荷での荷重をかけたトレーニングが必要である。また、骨量最獲得時期とされるジュニア期からの低骨量の予防やスクリーニングが重要である。

2 膝蓋大腿関節傷害

　大腿骨と膝蓋骨で構成されている、膝蓋大腿関節部に痛みや引っ掛かりを感じる症状が特徴で女性に多い。要因は、下肢アライメントが影響するX脚（図19）や膝蓋骨が内側に寄ってみえるやぶにらみ膝（squinting patellae）（図20）が下肢のねじれを誘発することで発症しやすいとされる。下肢のねじれが大きくなることで、大腿四頭筋などの膝伸展機構の効率が悪くなり、体重支持などの際に必要な下肢の衝撃吸収機能が低下する。予防としては、痛みなどの症状がない範囲での大腿四頭筋や股関節周囲を中心とした筋力トレーニングを実施する。また、荷重をかけた状態でのトレーニング時は、下肢のアライメントに留意しな

O脚：膝の外側の張力が増す。また、O脚と合併して脛骨内反が見られることが多い。

X脚：膝の外側に圧迫力がかかる。膝の外反応力が強まると、膝内側に伸張ストレスがかかる。

図19●下肢のアライメント

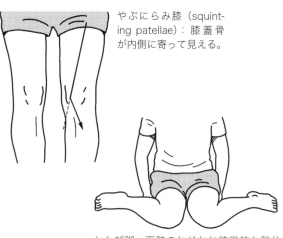

やぶにらみ膝（squinting patellae）：膝蓋骨が内側に寄って見える。

とんび脚：下肢のねじれに特徴的な肢位であり、下腿を外側に開いて容易に座ることができる。

図20●下肢のねじれ

がらトレーニングを実施する必要がある。

（山本利春・清水伸子）

▶引用・参考文献
1) 小出清一，福林徹ほか編：スポーツ指導者のためのスポーツ医学，南江堂，p.28，2000.
2) Meeuwisse, W.H.: Assessing causation in sport injury - A multifactorial model, Clin. J. Sport Med. 4(3): 166-170, 1994.
3) Bahr, R., Krosshaug, T.: Understanding injury mechanisms: a key component of preventing injuries in sport. Br. J. Sports Med., 39(6): 324 329, 2005.
4) 山本利春：測定と評価，ブックハウス・エイチディ，2007.
5) 中嶋寛之監修：新版スポーツ整形外科学，南江堂，2011.
6) 日本スポーツ協会編：公認アスレティックトレーナーテキスト ③スポーツ外傷・障害の基礎知識，日本スポーツ協会，2019.
7) 臨床スポーツ医学編集委員会：予防としてのスポーツ医学，文光堂，2008.
8) 川野哲英：ファンクショナルエクササイズ，ブックハウス・エイチディ，2004.
9) 高澤晴夫ほか：スポーツ傷害 予防・処置・リハビリ，西東社，1997.
10) 宗田大編：復帰を目指すスポーツ整形外科，メジカルビュー社，2015.
11) 広瀬統一ほか編：アスレティックトレーニング学，文光堂，2019.
12) 東京大学医学部附属病院女性診療科・産科: Health Management for Female Athletes Ver. 3—女性アスリートのための月経対策ハンドブック—，2018.
13) 高平尚伸編：股関節スポーツ損傷，メジカルビュー社，2020.
14) 能勢さやか編：女性アスリートの健康管理・指導Q&A，日本医事新報社，2020.
15) 日本体育協会編：公認アスレティックトレーナーテキスト ③スポーツ外傷・障害の基礎知識，日本体育協会，2007.

救命救急法

1．スポーツ現場における救急対応の重要性

　スポーツ現場では、激しい身体活動を行う一方で、事故や傷害が発生するリスクも隣り合わせである。そのため、万一事故や傷害が発生した際には、迅速に的確な救急対応を施すことが、選手のその後のスポーツ活動に影響を及ぼすこととなる。

　スポーツ現場での救急対応は、表1に示すように、日常生活での事故や傷害発生に比べて、発生場所や傷害の種類などが想定可能であるため、トレーナーやトレーニング指導者は、あらかじめ指導現場における救急体制の確立や緊急時対応計画を立案したり、日頃からスポーツ現場における基本的な救急対応を習得しておくことが必要である。

表1●一般的な救急対応とスポーツ現場での救急対応の違い

	一般的な救急対応	スポーツ現場での救急対応
行為者	一般市民（バイスタンダー）	主にドクターやトレーナーまたは指導者・大会役員
発生場所	どこで起きるか分らない（日常生活場面）	スポーツ現場（競技場、練習場）
外傷・傷病の種類	想定不能	想定可能
緊急時対応計画	な　し	必　要
関わりの範囲	医療者引継ぎまで	競技復帰まで
資器材	通常なし	事前に準備可能

2．外傷の救急対応（皮膚に傷のないケガの処置）

1 皮膚に傷のないケガ（挫傷）の種類とその処置

　挫傷は、皮膚に傷のないケガを指し、代表的な外傷としては、捻挫や脱臼、骨折、肉離れ、靱帯損傷などが挙げられる。これらの外傷発生時には、患部の炎症（発赤、熱感、腫脹、機能障害）が起こる。この炎症が拡大すると、ケガの重症度が悪化したり回復の遅延などに影響する。そのため、外傷時（挫傷）の応急処置として、患部の状態を把握したうえで、RICE処置を行うことが必要である。

2 RICE処置とは

　RICE処置とは、Rest（安静）、Ice（冷却）、Compression（圧迫）、Elevation（挙上）の4つ

Rest（安静）：運動を中止し、患部を安静に保つ。痛みや内出血を抑え、ケガの悪化を防ぐ。

Compression（圧迫）：血管や周囲の組織を圧迫し、内出血や腫れを抑える目的がある。患部に氷を当てた上から弾性包帯（バンテージ）で圧迫する。

Ice（冷却）：冷やすことで痛みや腫れを抑え、ケガの範囲を最小限にとどめ、悪化を防ぐ。

Elevation（挙上）：患部を高く挙げた状態（できれば心臓より高く）に保つ。内出血や腫れを抑える目的がある。

図1●RICE処置（足関節の場合）

の手技の頭文字を用いた、外傷時の代表的な処置方法である（図1）。

Rest（安静）は、運動を中止することで全身の血液循環を抑えて患部への血流量を減らすとともに、患部を固定することで損傷部位の動揺を防ぎ、局所的な安静を図るために行う。

Ice（冷却）は、患部を冷却することで、炎症によって過剰に高まった局所の熱感を下げる。また、冷却により血管を収縮させることで、血流量を減らし、二次的低酸素症を抑制することができる。

Compression（圧迫）は、損傷した細胞や毛細血管から細胞液や血液が漏出する現象（内出血）を抑える効果がある。患部を圧迫することにより、大量に血液が流れ込むのを抑制するとともに、血液が残留するのを防ぐ。圧迫しすぎることで、血行障害や神経障害を引き起こさないように注意が必要である。

Elevation（挙上）は、患部を心臓より高く挙げることで、物理的に患部への血流を緩やかにし、患部からの静脈の流れを促進する効果がある。そのため、患部の内出血が抑えられる。

これらの4つの手技を同時に1回につき約20分を目安として1〜2時間に1回繰り返す。なお、すべての手技が行えない場合は、これらのうちの1つでも行うことで、ある程度の効果を得ることができる。

③ RICE処置の実際

RICE処置に必要な物品は、氷、ビニール袋または氷嚢、弾性包帯（バンテージ）である。さらには、必要に応じて患部を安定させるための副子（シーネ）などの支持物、患部を挙上して安定させるための台や毛布などを準備しておくとよい。

(1)アイスパックのつくり方（図2）

効果的なRICE処置をするためには、アイスパックを正しくつくることが重要となる。アイスパックをつくる際には、ビニール袋に適量の氷を入れ、板状になるように

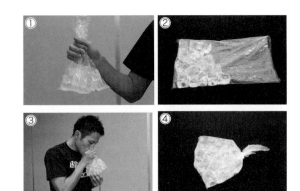

①氷を適量とり、ビニール袋へ入れる。
②平らな場所で氷を隙間なく敷き詰める。
③袋の中の空気を吸いながら袋を縛る。
④完成。
図2●アイスパックのつくり方

氷を平らに敷き詰める。そして、袋の中の空気を吸いながら真空状態にし、空気が入らないようにビニール袋を結ぶ。

アイスパックを板状につくることで、患部の皮膚表面に密着するため、熱の伝導率も上がり、圧迫した際にも均圧をかけやすくなる。

(2)主な部位別RICE処置

①肩関節捻挫（図3）

傷病者に楽な姿勢をとってもらい、患部の痛みや変形などを確認する。大きな変形がある場合は、それ以上無理に動かしたり、変形を戻そうとせず、RICE処置を行い、可能であれば三角巾やバンテージで固定をする。

②ハムストリングス肉離れ（図4）

傷病者に楽な姿勢を取ってもらい、患部の痛みや腫れ、皮膚の色、変形（凹み）などを確認する。

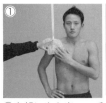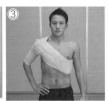

①患部に氷を当て、手を腰に当ててもらう。
②腕に数周バンテージを巻き、肩の上から氷を固定しながら、斜めに胸を通り背中へ。
③背中を通り、元の位置に戻ったら、脇の下を通り、同じように数周巻く。
図3●肩関節捻挫のRICE処置

ハムストリングスの筋肉を緩めた状態で、患部全体にアイスパックを当て、圧迫する。

③足関節内反捻挫（図5）

　傷病者に楽な姿勢を取ってもらい、患部の痛みや腫れ、皮膚の色、大きな変形などを確認する。可能な限り足関節を90度に保ち、バンテージは小趾を引き上げるように外反方向へ巻き、圧迫・固定をする。

4 RICE処置の留意点

⑴凍傷・神経障害

　冷却する氷の温度が低すぎたり、冷却時間が長い場合または圧迫が強すぎる際に、皮膚が凍結することで凍傷の原因となることがある。また、圧迫が強すぎると血行障害や神経障害を引き起こすこともあるため、注意が必要である。

⑵コールドスプレーの使用

　コールドスプレーは、一時的な患部の痛覚麻痺を目的として使用することに効果がある。そのため、応急処置としての冷却効果は十分得ることができない。また、コールドスプレーを使用する際に、患部に近づけて吹きかけたり、長時間使用すると凍傷の恐れがある。

⑶湿布薬の使用

　湿布薬は、温湿布と冷湿布があり、どちらも消炎・鎮痛を目的としているが、それらの特徴を理解しておく必要がある。温湿布は皮膚に温感を与える成分が血行促進を促すため、外傷時に使用すると症状を悪化させる可能性がある。一方、冷湿布は、冷たさや清涼感を感じるものの冷却効果は低いため、外傷時の応急処置としてのアイシングは湿布よりも氷を用いることが望ましい。ただし、アイシングを実施することができない移動時や就寝時などには効果的である。

⑷アイシング時の禁忌事項

　アイシング実施時の禁忌事項として確認しなければならないこととして、寒冷刺激に対する過敏症（寒冷蕁麻疹やチアノーゼ）がある場合はアイ

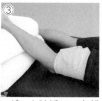

①うつ伏せの状態で膝を軽く曲げハムストリングスを弛緩し、患部に氷を当てる。
②バンテージで圧迫しながら、氷を固定する。
③圧迫、固定後は毛布などを利用し、軽く膝を曲げた状態で安静を保つ。

図4●ハムストリングス肉離れのRICE処置

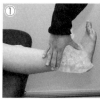

①患部に氷を当て、足関節は極力90度を保つ。
②バンテージで圧迫、固定をする。バンテージを巻く際に、足関節を捻った方向とは逆に小趾を上に引き上げるように巻く。
③圧迫、固定後は毛布などを利用し、患部を心臓より高く挙げる。

図5●足関節内反捻挫のRICE処置

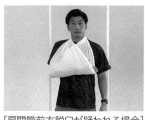

［肩関節前方脱臼が疑われる場合］
患側の前腕が地面と水平の位置を目安に、三角巾で腕を吊る。

［アキレス腱断裂が疑われる場合］
下腿の前面に副子を当て、足関節軽度底屈位、膝関節軽度屈曲位で下腿三頭筋を弛緩させる。患部に氷を当ててバンテージで固定をする。

図6●外傷時の固定法

シングの適応にならないため注意が必要である。

5 各種外傷への固定法（図6）

　スポーツ現場では、外傷発生後、医療機関へ搬送する際などに患部の固定を施すことで、痛みや不安を取り除いたり、組織の二次的損傷を予防することにつながる。固定に必要な三角巾や弾性包帯（バンテージ）、副子（雑誌、段ボール、ソフトシーネなど）を準備しておく必要がある。前述したRICE処置と固定法を併用することで、患部を冷却・圧迫しながら搬送が可能となる。

3. 外傷の救急対応（皮膚に傷のあるケガの処置）

① 皮膚に傷のあるケガ（創傷）の種類とその処置

　皮膚に傷のある開放性のケガ（創傷）には種類があり、皮膚表面が削り取られたような擦り傷（擦過傷）や皮膚表面の傷口が線状の切り傷（切創）、皮膚表面の傷が点状の刺し傷（刺創）などがある（図7）。

　それぞれの特徴として、擦過傷は、深さはなくても傷の面積が広く、出血や痛みがあり、傷の範囲が広いために感染を起こしやすいので、患部の保護が重要になる。切創は、傷口が開きやすく出血が多いことがしばしばある。また、傷口が深い場合は縫合が必要なこともある。刺創は、傷口は小さくても、深くまで損傷していることもある。そのため、感染を起こしやすい。その他にも、傷の種類は多くあるが、正しい処置や判断をするには、それぞれの特徴を理解しておく必要がある。

② 止血法

⑴止血法の重要性

　特に、創傷部からの出血が多い場合は、患部をきれいにすることよりも、出血を止めること（止血）が優先となる。人の血液は、体重1kg当たり約80mℓであり、一時にその3分の1以上の血液を失うと命の危険を及ぼすため、早急に止血をする必要がある。また、傷病者が出血を見たり、500mℓ程度の血液が急速に失われると、ショック症状を起こす場合があるため、出血量が少量でも速やかに止血を行うことが重要である。

⑵止血法の実際

　止血を施す際には、感染予防のための手袋やビニール袋、清潔なガーゼやタオルなどが必要となる。出血が多い場合の対応として、止血帯（ターニケット）を準備しておくとよい。また、止血後に血液が付着した手袋やガーゼ類を破棄するビニール袋も併せて持ち合わせておく必要がある。

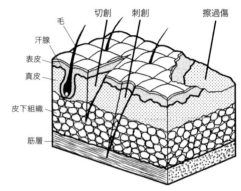

図7●傷の種類（切創、擦過傷、刺創）

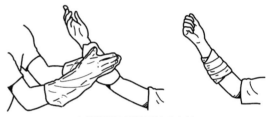

右前腕部の直接圧迫止血法

図8●直接圧迫止血法　　　　　　　　　（文献3より）

上腕部から出血がある場合の直接圧迫止血法（腋窩動脈）

図9●止血点圧迫止血法
（文献3より）

①直接圧迫止血法

　傷口を清潔なガーゼなどで直接圧迫することにより、傷口から血液が流れるのを止める方法である。患部を心臓より高く挙げて止血を行う（図8）。基本は、直接圧迫止血法にて止血を実施し、直接圧迫止血法での止血が不可な場合は、以下の止血法を実施する。

②止血点圧迫止血法

　出血している傷口から傷病者の心臓に近い部分の動脈（止血点）を圧迫することにより、血流を抑制し、出血を止める方法である（図9）。直接圧迫止血法を基本とし、直接圧迫止血法がすぐに

行えないときに応急的に行う。

③止血帯圧迫止血法

出血量が多く、直接圧迫止血法では止血が困難な場合、止血帯を利用して止血を行う。特に、太い血管の損傷や、勢いよく出血がある動脈性出血などの場合選択する。止血帯は、専用の止血帯（ターニケット）または三角巾と棒を使用する。出血部から約5〜8cm、心臓に近い部分に止血帯を巻き、圧迫する。圧迫時に必ず止血時刻を記録し、医療機関へ搬送する（図10）。ただし、止血帯が使用可能なのは四肢のみとなる。

③ 創傷処置

(1)創傷処置の必要性

傷口をそのままにしておくと患部が化膿したり、傷の治癒が遅くなり痕跡が残ったりすることにつながる。そのため、出血が少ない場合は、患部を水で洗浄した後に消毒と患部の保護をして創傷部に雑菌が入らないように注意しなければならない。

(2)創傷処置の実際

創傷処置を施す際には、止血法と同様に、感染予防のための手袋や清潔なガーゼ、創傷部を洗浄するための水、消毒液、絆創膏などの被覆材が必要となる。処置をする際は、手を洗うなどして清潔にしたり、直接傷口に綿やティッシュなどを使用すると、細かい繊維が傷口に残ることで治癒の妨げになることなどに留意する。

①擦過傷の処置

傷口を流水で洗浄し、傷口の汚れや異物がある場合は、痛みを伴わないように、流水を当てながらガーゼなどで洗浄する。洗浄した後、消毒をして絆創膏やガーゼ、その他被覆材などで患部の保護をする。

②切創、裂創の処置

傷口の止血をした後、擦過傷と同様に流水での洗浄と消毒、保護を行う。切創や裂創（皮膚が裂けてできる傷）の場合は、傷口が開いてしまい、再度出血をすることもあるため、傷口の大きさなどによっては、患部の保護をして医療機関の受診をすることが必要な場合もある。

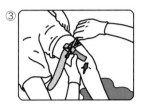

①止血帯（ターニケット）を巻き、バンドを止める。
②出血が止まるまで棒（ロッド）を回す。
③止血が確認できた後、棒（ロッド）を固定する。
④ストラップに止血帯（ターニケット）の装着時間を記録する。

図10●止血帯止血法でのターニケットの使用方法

（文献3より）

④ 止血法・創傷処置の留意点

(1)ショック症状の対応

出血により血圧が下がることで全身の血液循環が悪くなりショック症状を引き起こす。ショックを起こす原因は様々であるが、外傷時では、外出血だけではなく内出血でも起こりうることがあり、骨折や脱臼時にもみられることがある。

ショック症状は、顔面蒼白や呼吸が浅く速い状態、脈拍が弱く速い状態、虚脱状態など様々であり、このような症状が見られた場合、医療機関へ搬送をする。

(2)感染予防

止血や創傷処置を施す際には、傷病者の傷口からの感染の他、処置者自身も感染対策に注意をしなければならない。処置をする場合は手を洗い、使い捨ての手袋などを使用して血液を絶対に素手で触れないことが重要である（図11）。手袋を外す際にも皮膚に触れないように外し、ビニール袋などに密閉して破棄する。

万一、血液が身体へ付着してしまった場合はすぐに洗い流す。また、床などに付着した場合は、血液をタオル等で拭きとった後に洗浄・消毒を行う。

①手袋に付着した血液に触れないよう留意する。
②片方の手袋の外側をつまむ。
③血液が付着している面を裏返しにしながら手袋を外す。

④外した手で手袋をもう片方の手で握る。
⑤手袋の内側をつかみ、もう片方の手袋を裏返す。
⑥付着した血液が裏返しになっている状態で袋に密閉し、破棄する。

図11 ●血液の付着した手袋の処理

4. 一次救命処置

一次救命処置（Basic Life Support：BLS）は心肺蘇生法、AED（自動体外式除細動器：Automated External Defibrillator）を用いた除細動、気道異物除去の3つを示す。ここでは、心肺蘇生法とAEDを用いた除細動を中心に触れる。

1 一次救命処置の必要性

心停止や呼吸停止が疑われる場合、一刻も早く119番通報を行い、救急車が現場へ到着するまでの間に迅速で的確な処置が施されなければならない。総務省消防庁の報告（「令和2年版救急・救助の現況」）によると、通報から救急車が現場へ到着するまでの平均所要時間（全国）は8.7分である。また、一般市民が目撃した心停止のうち、救急車到着までに心肺蘇生をした場合としなかった場合では、1か月後の生存者数が約1.9倍、1か月後の社会復帰者数は約2.8倍と報告されてい

る。このことから、緊急時にその場に居合わせた人（バイスタンダー）によって、いかに早く心肺蘇生が開始されるかどうかが、救命率を上げるために必要となる。また、救命効果を高めるためには、「救命の連鎖」として、①心停止の予防、②心停止の早期認識と通報、③一次救命処置（心肺蘇生とAED）、④二次救命処置と心拍再開後の集中治療が示されており、①～③までをバイスタンダーが現場でいち早く対応できるかが期待されている（図12）。

2 一次救命処置の手順

一次救命処置の流れは図13のアルゴリズムに沿って対応する。

(1)反応の確認

傷病者が倒れている場合、周囲の状況を確認して二次事故等の危険性がなければ傷病者に近づき、

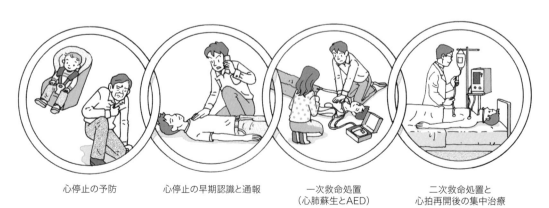

心停止の予防　　　　心停止の早期認識と通報　　　　一次救命処置　　　　二次救命処置と
　　　　　　　　　　　　　　　　　　　　　　　　（心肺蘇生とAED）　　心拍再開後の集中治療

図12 ●救命の連鎖

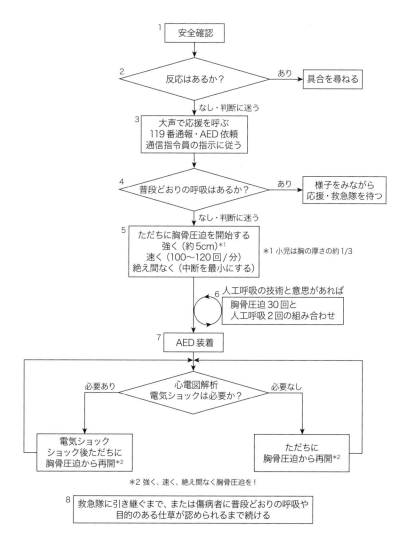

図13●BLSアルゴリズム　　　　　　　　　　　　　　　（文献7を改変）

全身の状態を観察する。

　反応の確認は、傷病者の肩を叩きながら、「もしもし、大丈夫ですか」と数回呼びかける（図14）。この刺激に対して目を覚ます、声を出す、手足を動かすなどの反応が見られない場合は、心停止の可能性が高い。反応がない場合または反応の有無に迷う場合は、119番通報をして通信指令員の指示を仰ぐ。

⑵119番通報・AEDの手配

　傷病者の反応がない場合は、「誰か来てください！」と協力してくれる人を呼ぶ。協力者に「あなたは119番通報お願いします」と救急車を呼ぶこと、「あなたはAEDを持って来てください」と近くにAEDがある場合は持って来ることを依頼する（図15）。

⑶呼吸の確認

　傷病者が正常な（普段どおりの）呼吸をしてい

図14●反応の確認

協力者を呼ぶ

救急車を要請する

AEDを要請する

誰か来てください

あなたは119番通報をお願いします

あなたはAEDを持ってきてください

図15●119番通報・AEDの手配

るかどうか、胸と腹部の動きを観察する（図16）。高い位置から10秒以内で見下ろし、呼吸がない、またはあえぐような不規則で異常な呼吸（死戦期呼吸）である場合はただちに胸骨圧迫を行う。

⑷胸骨圧迫

胸骨圧迫の効率的な方法は、以下の通りに行う。

- 傷病者の胸の真ん中（胸骨の下半分）に片方の手掌基部を当て、その手の甲の上に、もう片方の手のひらを重ね合わせる（図17）。
- 肘を伸ばしたまま傷病者の胸が約5cm沈む力で真上から下へ垂直に押す。強く（約5cm沈む力）、速く（1分間に100〜120回のリズム）、絶え間なく（中断を最小にする）圧迫することが重要である（図18）。
- 胸骨圧迫は30回連続で行い、1回ごとの圧迫後は傷病者の胸が元の高さまで戻る（解除）ようにする（圧迫と解除）ことで、血液を全身に循環させる。

⑸人工呼吸

人工呼吸は、感染予防のためにフェイスマスクやフェイスシールド等を使用して以下の通りに行う。

- 30回の胸骨圧迫後、救助者の片手を傷病者の額に置き、頭部を後方に後屈させ、もう一方の手の指を下顎に当て、持ち上げ、気道確保を行う（頭部後屈・顎先挙上：図19）。
- 気道確保をした状態で、口対口の人工呼吸を行う。傷病者の額に置いた、救助者の手の親指と人差し指で傷病者の鼻をつまみ、自らの口を大

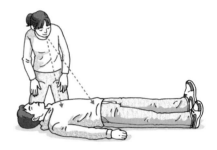
図16●呼吸の確認

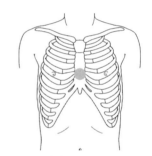
図17●胸骨圧迫の圧迫点

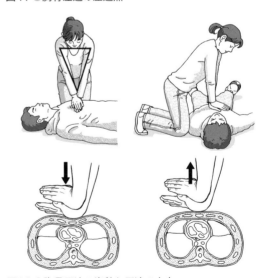
図18●胸骨圧迫の姿勢と圧迫の方向

きく開いて傷病者の口を覆い、密着させて呼気を吹き込む。呼気は傷病者の胸が上がるのを見ながら、1回に1秒間かけ2回吹き込む（図20）。人工呼吸による胸骨圧迫の中断時間を10秒以内とするため、吹き込みは2回までとし、人工呼吸をやり直すことはしない。

(6) AEDの装着・心電図解析

AEDが到着したら、ただちにAEDの電源を入れる。電源を入れると自動的に音声メッセージが流れるため、それに従って以下の通り進める。

- AEDの電源を入れ、音声メッセージを聞く
- 傷病者の衣服を取り除き、前胸部を露出する。このとき、前胸部が濡れている場合はタオル等で拭きとり、貼り薬などがある場合は取り除く。
- 電極パッドを傷病者の右胸（右鎖骨の下）と左脇の下（乳頭の左斜め下）に貼り付け、コネクターを差し込む（または差し込まれているか確認する：図21）。
- 自動的にAEDが解析を行う。その際、AEDの音声に従い、傷病者には誰も触れないようにする。
- 「電気ショックが必要です」の音声メッセージが流れたら、傷病者に誰も触れていないことを確認して、ショックボタンを押す。

(7) 電気ショック終了

電気ショック後、AEDの音声メッセージに従い、心肺蘇生法を継続する。その後、AEDの心電図解析により電気ショックが必要であれば、音声メッセージに従い操作を行う。不要の場合は心肺蘇生を繰り返し行う。

③ 心肺蘇生を中止してよい条件

次のような場合は、心肺蘇生を中止してよいが、それ以外の場合は原則、心肺蘇生を継続する。

- 心肺蘇生を行っている際に、傷病者が目的をもった動作（手を払いのけるなど）や自発呼吸、声を出すなどが見られる場合、心肺蘇生を中止し、回復体位をとらせる（図22）。回復体位をとっている最中も経過観察を行う。
- 救急隊が到着し、引継ぎをする場合は心肺蘇生

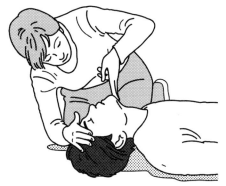

図19●気道確保（頭部後屈・顎先挙上）
気道確保を行うことで、舌により閉塞された気道が開通する。

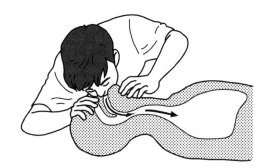

図20●人工呼吸

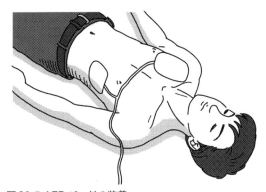

図21●AEDパッドの装着
心臓を右から左下へ挟み込むようにAEDパッドを貼り付ける。

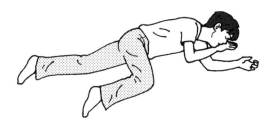

図22●回復体位

法を中止する。その際、傷病者に装着したAEDは、電源を入れたままにし、AEDパッドも貼り付けたままにする。

● 救助者自身に疲労や危険が迫り、心肺蘇生法の実施やAEDの操作が困難になった場合は中止する。

5. 頭頸部外傷の対応

1 頭部・頸部の外傷

頭頸部外傷は、頭部を直接打ち付けるなどの直接外力損傷と、激しく振られた場合に発生する加速損傷がある。特に、加速損傷では、脳内の血管が強く引っ張られることで出血し、急性硬膜下血腫などの重症例が起こりやすいとされる。また、頭部外傷が疑われる場合は、頸部外傷も合併している可能性を念頭に置いて対応することが必要である。そして、頭頸部外傷は時間とともに症状が悪化する場合もあるため、常に最悪の状態を疑って対応する必要がある。

2 頭頸部外傷発生時の対応手順

(1)反応の確認

傷病者が倒れている場合、周囲の状況を確認して傷病者に近づき、頭頸部を固定して傷病者の反応の確認をする。頭頸部の固定は、声掛けをした際に傷病者の頸部が動かないよう、傷病者の足元から近寄る。「頭を打ったので頭頸部を固定します。そのまま動かないでください」と声を掛ける。反応が無い場合は、周囲の人に119番通報とAEDの手配を協力依頼する。

(2)意識状態の確認

救助者が傷病者の足側から頭頸部の固定をした状態で、意識状態の確認をする（図23）。「今何をしていましたか？」「ここの場所はどこですか？」「あなたの名前は何ですか？」「対戦相手のチームはどこですか？」などの質問をする。質問に対して正常に返答できない場合は、意識状態に問題ありと判断し、日本昏睡スケール（Japan Coma Scale）（表2）のB（2桁）以上であればただちに119番通報をする。

図23●頭頸部の固定
駆け付けた際に救助者の両手を傷病者の側頭部（耳）に、前腕を胸に当て、頭頸部を固定する。

表2●日本昏睡スケール（Japan Coma Scale）

A：刺激しなくても覚醒している状態（1桁で表現）
1…だいたい清明だが、今ひとつはっきりしない
2…見当識*障害がある
3…自分の名前、生年月日が言えない
B：刺激すると覚醒するが、刺激を止めると眠り込む（2桁で表現）
10…普通の呼びかけで容易に開眼する
20…大きな声、または身体を揺さぶることにより開眼する
30…痛み刺激を加えつつ呼びかけを続けるとかろうじて開眼する
C：刺激しても覚醒しない状態（3桁で表現）
100…痛みに対し、手で払いのけるような動作をする
200…痛み刺激で少し手足を動かしたり、顔をしかめる
300…痛み刺激に反応しない

*見当識：時間・場所・人について、正しく認識できるか否かを調べる。時間はその日の年月日、おおよその時刻、場所は試合や練習の行われている場所、人は監督やコーチ、同僚などの顔を見て名前を言わせる。1つでも間違えたら見当識障害があると判断する。

（文献1より）

(3)眼球運動の確認（脳振盪症状の確認）

各種状態の確認を行うために、傷病者の頭部側から固定をするため、協力者とタイミングを合わせて頭頸部の保持を交代する。協力者が頭頸部を保持した状態で、救助者が眼球運動の確認を行う。眼球運動の確認方法は、傷病者の顔の前に指を示し、指が何本見えるか、示す指の本数を変えて数

回確認をする。次に、1本の指を示し、傷病者に頭頸部は動かさずに目で指を追うように指示する。救助者は、上下左右にゆっくりと動かし、眼球が正しく動いているか確認を行う（図24）。眼球運動に問題がある場合は、傷病者をその場から動かさずに119番通報をし、救急隊へ引き継ぐ。

(4)神経・運動機能障害の確認（頸椎・頸髄損傷の確認）

神経障害の確認は、傷病者の四肢に触れ、感覚の有無を確認する。左右の上腕→前腕→大腿部→下腿部全体を救助者の手掌部でなぞるように交互に触れる。「どこを触られていますか？」「左右で違いはありますか？」など感覚の有無や左右の感覚の違いを確認する（図25）。

運動機能障害の確認は、傷病者に各関節運動を指示し、左右の手を握れるか（握力の確認）、肘関節、膝関節を曲げることができるか、足関節を動かすことができるか、左右交互に確認する（図26）。神経および運動機能に問題がある場合は、傷病者をその場から動かさずに119番通報をし、救急隊へ引き継ぐ。

(5)バランスチェック

意識状態、脳振盪症状、神経・運動機能の問題がなければ、傷病者をサポートしながらゆっくりと上体を起こして座位から立位姿勢になってもらい、頭痛や吐き気等の症状がないか確認をし、バランステストを行う。

バランステストは、「利き足を前に置き、その踵に反対の足のつま先をつけて立ちます。体重は両方の足に均等にかけます。両手は腰に置いて目を閉じ、20秒間姿勢を保ってください。姿勢が乱れたら、再度姿勢をとって続けてください」と指示をする。評価は、20秒間で目を開ける、手が腰から離れる、よろける、倒れるなどのエラーが6回以上ある場合や、開始の姿勢を5秒以上保持できない場合は脳振盪を疑い、プレーの続行は不可として経過観察を行う。問題がない場合についても、経過観察を行い、症状の変化に注意する。

図24●眼球運動の確認
傷病者の頭側から頭部保持をした状態で、傷病者の目の前に指を出し、眼球運動の確認を行う。

図25●神経障害の確認
傷病者の上肢・下肢に触れ、感覚の有無や左右差を確認する。

図26●運動機能障害の確認
傷病者が関節運動ができるか確認をする。

3 プレー再開の判断

頭部および頸部に衝撃を受けた場合は、時間の経過とともに状態が変化したり、軽度の症状の場合でも安易にプレーを再開し、再び衝撃を受けることで致命的なダメージを与えかねない。そのため、受傷当日に運動を再開するためには慎重に判断する必要がある。

脳振盪の評価として、前述したような意識状態の確認や眼球運動の評価、バランステストなどが

脳振盪を疑ったときのツール（CRT 5©）

こどもから大人まで 脳振盪を見逃さないために

これらの競技団体が承認しています

FIFA OLYMPIC WORLD RUGBY FEI

脳振盪を疑ったら、速やかにプレーを中止する

頭を打つと、ときに命にかかわるような重い脳の損傷を負うことがあります。このツールは、脳振盪を疑うきっかけになる症状や所見についてご案内するものですが、これだけで脳振盪を正しく診断できるわけではありません。

ステップ1：警告−救急車を呼びましょう

以下の症状がひとつでもみられる場合には、選手を速やかに、安全に注意しながら場外に出します。その場に医師や専門家がいない際には、ためらわずに救急車を呼びます。

- くびが痛い／押さえると痛む
- ものがだぶって見える
- 手足に力が入らない／しびれる
- 強い頭痛／痛みが増してくる
- 発作やけいれんがある
- 一瞬でも意識を失った
- 反応が悪くなってくる
- 嘔吐する
- 落ち着かず、イライラして攻撃的

注意
- 救急の原則（安全確保＞意識の確認＞気道／呼吸／循環の確保）に従う。
- 脊髄損傷の有無を早期に評価することはとても重要。
- 応急処置の訓練経験がない人は、（気道確保の際を除き）選手を動かさない。
- 応急処置の訓練経験がない人は、ヘルメットなどの防具を外さない。

ステップ1の症状がなければ、次のステップに進みます。

ステップ2：外から見てわかる症状

以下の様子が見られたら、脳振盪の可能性があります。

- フィールドや床の上で倒れて動かない
- 素早く立ち上がれない／動きが遅い
- 見当違いをしている／混乱している／質問に正しく答えられない
- ボーっとしてうつろな様子である
- バランスが保てない／うまく歩けない
- 動きがぎこちない／よろめく／動作が鈍い／重い
- 顔にもけがをしている

ステップ3：自分で気がつく症状

- 頭が痛い
- 頭がしめつけられている感じ
- ふらつく
- 嘔気・嘔吐
- 眠気が強い
- めまいがする
- ぼやけて見える
- 光に過敏
- 音に過敏
- ひどく疲れる／やる気が出ない
- 「何かおかしい」
- いつもより感情的
- いつもよりイライラする
- 理由なく悲しい
- 心配／不安
- 首が痛い
- 集中できない
- 覚えられない／思い出せない
- 動きや考えが遅くなった感じがする
- 「霧の中にいる」ように感じる

ステップ4：記憶の確認（13歳以上の選手が対象です）

以下の質問（種目により修正が可能です）に全て正しく答えられないときは、脳振盪を疑います。

- 今日はどこの競技場／会場にいますか？
- 今は試合の前半ですか、後半ですか？
- 先週／前回の対戦相手は？
- 前回の試合は勝ちましたか？
- この試合で最後に点を入れたのは誰ですか？

脳振盪が疑われた場合には…

- 少なくとも最初の1〜2時間は、ひとりきりにしてはいけません。
- 飲酒は禁止です。
- 処方薬も市販薬も、原則として飲んではいけません。
- ひとりで家に帰してはいけません。責任ある大人が付き添います。
- 医師からの許可があるまで、バイクや自動車を運転してはいけません。

このツールはこのままの形であれば、自由に複写して個人やチーム、団体、組織に配布していただいてかまいません。ただし、改訂や新たな電子化には発行元の許可が必要で、いかなる内容変更も再商標化も販売も禁止です。

脳振盪が疑われた場合には、競技や練習をただちに中止します。たとえすぐに症状が消失したとしても、医師や専門家の適切な評価を受けるまで、プレーに復帰してはいけません。

© Concussion in Sport Group 2017
（日本語版作成：日本脳神経外傷学会 スポーツ脳神経外傷検討委員会）

図27 ● スポーツにおける脳振盪認識ツール（CRT 5©）　　　　　　　（文献11より）

必要となるが、より早く脳振盪に気付くためのツールとしてCRT 5©（Concussion Recognition Tool 5）（図27）を用いてもよい。少しでも症状などがあてはまる場合や評価に迷う場合は、その日の運動を中止し、当日に医療機関（脳神経外科）を受診する必要がある。また、頸部の症状として神経障害や運動障害が見られない場合でも、頸部の痛みや力を入れることができない場合は運動を中止する必要がある。

④競技復帰の留意点

頭頸部外傷後の競技への復帰は、ともすれば生命や重篤な障害に関わることもあり、慎重に判断しなければならない。医学的なガイドラインに従い、段階的に運動を再開するとともに、必ず専門医の指示に従う必要がある。

---

6. 熱中症の対応

①熱中症とは

熱中症とは、気温や湿度が高い状況下で起こる症状の総称であり、特に、長時間暑熱環境下にいることで体内に熱がこもり、体温調節機構がうまく働かなくなることで様々な症状が発症する。スポーツ活動中の事故としては、心停止や頭頸部外傷と同様に重篤な障害や死亡につながる恐れのある傷病である。そのため、熱中症の予防はもちろんのこと、熱中症が疑われた際は迅速な対応が重要である（図28）。

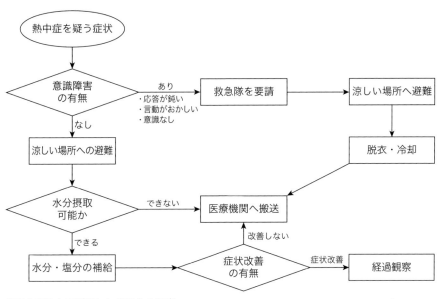

図28 ● 熱中症が疑われる場合の対応

2 熱中症発生時の対応手順

(1)意識障害の有無の確認

　熱中症を疑う症状が見られた場合、まずは意識障害の有無を確認する。呼びかけに対して応答が鈍かったり、言動がおかしい、反応がない場合はただちに119番通報をして救急車の要請をする。救急隊が到着するまで、傷病者を涼しい場所へ移動させ、脱衣と冷却をしながら経過観察を行い救急隊へ引き継ぎを行う。一方、意識障害はないと判断した場合は涼しい場所へ移動して衣類を緩めるなどの対応を行う。

(2)水分摂取の可不可の確認

　意識障害が疑われない場合は、涼しい場所へ移動した後に水分摂取を行う。摂取が可能な場合は、スポーツドリンクなどで水分と塩分を補給すると同時に身体の冷却等も行う。水分摂取が不可能な場合は、症状が悪化することも考えられるため、速やかに医療機関へ搬送する。

(3)症状改善の確認

　水分摂取や身体の冷却を行うとともに、症状が改善する場合は、引き続き経過観察を行い症状の変化に注意が必要となる。一方、改善しない場合については速やかに医療機関へ搬送する。

3 その他の留意点

(1)熱中症が疑われる場合の水分摂取

　大量に汗をかいたときは、真水または塩分濃度の低い水のみを摂取すると、体内の電解質のバランスが崩れ、熱痙攣（筋痙攣）や体調不良を引き起こしかねない。スポーツドリンクに塩分を足したものや、生理食塩水（0.9％食塩水）など、濃い目の食塩水で水分と塩分摂取をすることが望ましい。

(2)熱中症が疑われる場合の身体冷却

　特に、熱射病のような高体温の状態では、いち早く身体を冷却することが重要である。方法としては、全身を浸す氷水浴が最も効果的であると言われており、医療スタッフが対応可能な場合には氷水浴または冷水浴が推奨される。一般的には、水道水をホースで全身にかけ続ける、水道水散布法や氷水で濡らしたタオルを全身に被せ、同時に扇風機で風を送る方法、アイスパックを頸動脈、腋窩動脈、鼠径動脈に当てて冷やすなどの方法を用いるとよい。

（山本利春・清水伸子）

▶引用・参考文献

1) 公益財団法人日本スポーツ協会: 公認アスレティックトレーナー専門科目テキスト ⑧救急処置.
2) 山本利春, 吉永孝徳: スポーツアイシング, 大修館書店, 2001.
3) 日本赤十字社: 救急法講習教本 (14版), 2019.
4) 総務省消防庁: 令和2年版 救急・救助の現況, 2020.
5) 日本ライフセービング協会: 心肺蘇生法教本, 大修館書店, 2016.
6) 日本救急医療財団心肺蘇生法委員会: 改訂5版 救急蘇生法の指針2015 (市民用), へるす出版, 2016.
7) 一般社団法人日本蘇生協議会: JRC蘇生ガイドライン2020, 医学書院, 2021.
8) 広瀬統一ほか編: アスレティックトレーニング学 アスリートに必要なクリニカル・エビデンス, 文光堂, 2019.
9) 公益財団法人日本スポーツ協会: スポーツ活動中の熱中症予防ガイドブック, エヌ・ビー・ディー, 2019.
10) 日本臨床スポーツ医学会学術委員会脳神経外科部会: 第2版 頭部外傷10か条の提言, 2015.
11) 荻野雅宏, 中山晴雄ほか: スポーツにおける脳振盪に関する共同声明―第5回国際スポーツ脳振盪会議 (ベルリン, 2016) ―解説と翻訳. 神経外傷, 42(1): 1-34, 2019.

運動と心理

運動と心理の基礎理論

1. 運動とこころ

1 こころと「心」

　「こころ」とは何で、どこにあるのか。運動ができるようになると嬉しいという感情が湧くし、頑張って運動を続けようという意思も芽生える。動画を見てタイミングを記憶することもできる。このように感情や意思、記憶といった体験から、私たちには確かに「こころ」があると実感はできるが、しかし「こころ」は身体に比べて目に見えづらく、そのとらえ方も人によって多様である。アスリートに対して、あなたの「こころ」はどこにあるかと聞くと、頭（脳）を指す人もいれば、胸（ハート）に手を当てる人もいる。中にはスピリットや魂だという人もいるかもしれない。

　学術的にも、研究の文脈によっては「こころ」を精神的（mental）と訳す場合と、心理的（psychological）と訳す場合とがあり、その概念は多様である。医学領域を中心に、身体に対比するときに「精神」が用いられやすく、行動科学領域では「心理」の表現が用いられやすい。

　医師や脳神経科学者であれば、「こころ」は「脳」であるというかもしれない。実際に特定の感情や記憶と関連して活性化する脳の部位のあることなども分かっており、脳が精神的機能の中核を司っていることは間違いない。しかし、「無心でプレーしたら会心のヒットが打てた」というとき、その「こころ」は脳のみにとどまらず、脊髄から末梢神経を通じて身体全体に広がって外部環境とつながっており、その線引きは意外と難しい。したがって医学では「こころ」は身体の対比として精神という言葉で表現されることが多い。

　一方、行動科学として発展を遂げてきた心理学では、目に見えない「こころ」を客観的に観察可能な行動（身体と環境との相互作用）から推測し、行動の背景にある感情や意思、記憶を「心」と定義している。たとえば、熱心に運動教室やジムに通う様子（行動）から、きっとこの人はやる気があるのだろうと、その人の「心」を推測するのである。森は「心は身体―環境システムの別称である」と定義し、その上で脳はどのような役割を果たしているのかを考えるべきだとしている[1]。この考えは「心」と身体の関係を考えるうえできわめて重要な枠組みとなっている。

2 運動と心の関係：2つのアプローチ

　スポーツ心理学では、上記のように行動との関連から心を定義しつつ、運動と心の関係について2つの方向性からアプローチしている（図1参照）。1つ目は運動から心への矢印、すなわち運動やスポーツは心の発達や健康状態にどう影響するか、という視点である。たとえば、体育・スポーツが性格形成に及ぼす影響については1960年代から繰り返し調査がなされており、質問紙調査を用いた研究では、スポーツ選手は非スポーツ選手に比べて、情緒的に安定しており、思考的には外交的

運動は心にどのように影響するか

運　動　　　　　　　　　心

心は運動にどのように影響するか

図1 ●スポーツ心理学研究における運動と心の関係

で社交的であり、行動的特徴としては活動的で男性的であることが確かめられている。性格検査の種類を変えても同様の結果が得られることから、とりわけ発育発達期にある子どもたちにとって、適切な運動が社会的に望ましい性格の形成に役立つのではないかと考えられている。なお、初期の研究では、このような運動のポジティブな効果を期待して、少年院でのスポーツによる性格治療の研究もなされていた[2]。

また、運動やスポーツの実施が心の健康（メンタルヘルス）の保持増進に役立つことは広く知られており、たとえば厚生労働省は「身体活動や運動が、メンタルヘルスや生活の質の改善に効果をもたらす」ことを認め、「健康日本21」では具体的な身体活動の目標値を定めている[3]。適度な運動により、ストレスが発散され、良質な睡眠や休養にもつながることから、心身の健康の保持増進や疾病の予防に役立つと考えられている。特に、運動によりセロトニンのような神経伝達物質が脳内で分泌されることから、精神医学領域ではうつ病の運動療法として、有酸素性運動やインターバルウォーキングなどが取り入れられている。

以上から運動は性格形成やメンタルヘルスの保持増進に役立つことが知られている。

③アスリートにおける運動と心の関係

図1にはもう1つの方向性として、心から運動への矢印、すなわち心の状態は運動にどのように影響するかという方向性が示されている。たとえば、気分が良いといつもより長い距離をランニングできたりする。またアスリートであれば、大事な大会で緊張しすぎてあがってしまい、実力を発揮できないようなケースがあてはまる。このように、心の持ちようが運動パフォーマンスに影響を及ぼすことから、アスリートを対象としたスポーツ心理学の実践研究が盛んになされている。その研究成果は、後述の通り、試合場面での実力発揮を目指すメンタルトレーニング技法として整理され、心理的スキルのトレーニングにより、あがりの予防を含め、より良いパフォーマンス発揮がもたらされると考えられる。

また普段の練習やトレーニングにおいても、心の持ちようが技能の上達や運動の成果に関わっていることが確かめられている。いわゆる、意識した練習や質の高い練習がこれにあたる。これは運動学習理論として整理され、指導現場で活用されている。

2. 運動とやる気

①やる気と動機づけ

心のありようが運動やパフォーマンスにどのように影響するかを考える際に、やる気は最も大きな心理的要因の1つとして取り上げられている。筆者の経験では、プロスポーツチームでも、ジュニア年代のチームでも、コーチから最も多く聞かれる質問は、「アスリートのやる気を高めるためにどうすればよいか」である。たとえば私たちは、どんなに頑張るぞとこころに決めていても、翌日にはそのやる気が失せているといったことをたびたび経験する。そのため、アスリートをやる気に

させることは実は難しい。なぜならやる気は気分や感情に属するものであり、変わりやすいものだからである。

このようなことから、心理学ではやる気のような一過性の気分を扱うのではなく、行動の背景にある理由、つまり動機づけとして考える。そして動機づけには、行動喚起機能、行動維持機能、行動調整機能、行動強化機能の4つの機能があると仮定している[4]。たとえば、シェイプアップした友人に触発されてジムに通うことを決意した場合、健康的に痩せたいという動機が運動参加という行動を「喚起」したと考える。その動機がより明確

になれば、行動は「維持」され、多少困難があっても「調整」して継続するようになる。成果などが実感できれば動機づけが一層高まり、ジムへ通う日数が増えるなど、行動は「強化」される。動機づけと気分は無関係ではないが、動機づけが明確であれば、多少気分がのらなくても行動は喚起され継続される。この例からもやる気と動機づけの違いがわかるだろう。

② 動機づけの種類

動機づけには種類のあることが知られている。先のジムに通う例では、健康的に痩せたいという目的のために、運動が手段として行われている。一方、ジムに通っているうちに、気持ちよく汗を流すことが楽しく感じられ、運動そのものが目的に変わるような例も見受けられる。前者を外発的動機づけ、後者を内発的動機づけと呼び、同じジムに通うという行動にも異なる種類の動機づけが確認できる。

これまで両者は二分法的に、対立する概念と考えられることが多かった。特に内発的動機づけは、楽しさや満足感に特徴づけられており、実施者の自律性や自己決定の度合いの高いことから、外発的動機づけに比べて、行動への影響の強い、好ましい動機づけと考えられてきた。実際に、運動が楽しいと感じている参加者は、医師に運動を勧められて仕方なくジムに通う参加者よりも継続する割合は高いと予想され、内発的動機づけが望まし

いと考えられてきた。

最近の研究からは、このような二分法的な考えではなく、自己決定の度合いによって、外発的動機づけの段階から内発的動機づけに至る連続体モデルが仮定されている（表1参照）。このモデルでは、全く動機づけのない非動機づけに始まり、外発的な動機づけにも様々な種類があり、運動を継続する過程で楽しさを享受できれば、外的調整から統合的調整を経て、内発的な動機づけへとシフトしうることが確かめられている[5]。

③ 運動への動機づけを高める方法

動機づけを高めるためには褒めるなど報酬を与えるとよいとか、目標設定が大切であるといったことを見聞きする場合があるが、動機づけが表1のように多様であることを考えると、対象者のおかれた状況に合致した関わりが求められる。

動機づけもなく、参加する意思もない非動機づけの場合、実際に運動を始めるまでには、無関心期、関心期、準備期、実行期のような行動変容の段階があることが知られており、それぞれの状況にあった関わりが必要となる。無関心期であれば、運動の効果を説明したり、実際に運動に取り組んでいる参加者の様子を見学させたりして（モデリング効果）、興味・関心をもたせることが重要となる。その際、運動するとどのような変化が起こるかを想像してもらったり（結果予期）、頑張ればきっとできるだろうと思わせたりすること（効

表1 ● 動機づけの連続体モデル

動機づけの種類	動機なし	外発的動機づけ				内発的動機づけ
自己調整 （内在化）	な し	外的調整	取り入れ的調整	同一化的調整	統合的調整	内発的調整
スポーツに 参加する理由	「やりたいと思わない」	「やらないと親から叱られるから」 「指導者に褒められたいから」 「部活はほぼ強制参加だから」	「やらなければならないから」 「やらないと不安だから」 「やることが義務だから」	「自分にとって重要だから」 「将来のために必要だから」 「人間形成に役立つから」	「やりたいと思うから」 「自分の価値観と一致しているから行う」 「自分にとって人生の一部だから」	「楽しいから」 「やりがいを感じるから」 「好きだから」
自己決定 の度合い	低い ← → 高い					

（文献5をもとに筆者が作成）

表2●スマートな目標設定の原則

S	具体的であること (specific)	メンバー1人ひとりが、目標達成場面を具体的にイメージできる内容にすること。
M	測定可能であること (measurable)	目標について、どの程度達成できたのかが、客観的(数量的)に把握できること。
A	達成可能であること (achievable)	自分たちの努力次第で達成可能な内容（行動目標）にすること。
R	合理的であること (reasonable)	目標を達成することの意味がはっきりしていること。
T	達成期限のあること (timed)	いつまでに、何を、どうやって達成するのかがはっきりと示されていること。

Rはrelevant（目的との関連が明確、妥当であるの意味）とすることもある。

力予期）が有効となる。準備期では、シューズやウエアの購入を勧めたり、体験コースなどへの参加を促したりすることで、運動への参加動機が高まるだろう。実行期では、自己効力感（運動に対する自信）を高め、運動継続へとつなげることが重要である。運動に苦手意識をもっている参加者も想定されることから、うまくできたという成功体験を積めるよう、課題を工夫したり、参加者の努力を褒めたりして、ポジティブな経験（報酬）を与えることが有効となる。

その後、実際に運動を始めても、その期間が6か月未満の場合は、まだ習慣として根付いておらず、ドロップアウト（離脱）が起こりやすいと言われている。参加の動機も褒められたいから（外的調整）、やらないといけないから（取り入れ的調整）といった外発的動機づけに特徴づけられていることが少なくない。RyanとDeciの自己決定理論[5]では、自律性に加え、有能性と関係性が充足されれば内発的動機づけに向かうと仮定している。自分の意思で参加している、あるいは自分が主体であるという感覚（自律性）、自分にはやれる能力があることを確かめたいという感覚（有能性）、そして周囲の仲間と親しく感情的に交流できているという感覚（関係性）をもたせるような工夫が必要となる。

自律性を高めるには次に示すような目標設定を行うことが有効である。まず自ら主体的に目標を設定することで、行為の主体が自分であるという感覚が生まれやすい。その場合、表2に示すSMARTの5つの頭文字で表されるスマートな原則に基づいて目標設定を行うと、動機づけを高めることが期待できる。次に、定期的に達成状況を確認しながら振り返りを行うことで、有能性を高めることも期待できる。ここで設定する目標が具体的であること、合理的であること、あるいは結果目標よりも行動目標であることは、より有能性を高めるための工夫である。

3. 運動と心理サポート

① 心理サポートの種類と資格

スポーツにおける心理サポートは、主にアスリートを中心に、コーチやスタッフ、保護者などスポーツに関わる人々に対して、主にスポーツ心理学の研究知見に基づき、情報提供ならびに心理支援を行うことを指す。これまで教育や医療における心理支援は臨床心理士（日本臨床心理士認定協会）が中心に担ってきた歴史がある。一方、スポーツにおける心理サポートは、臨床心理士のほかに、スポーツメンタルトレーニング指導士（日本スポーツ心理学会）と、スポーツカウンセラー

（日本臨床心理身体運動学会）が中心となって担ってきた。特に、日本代表選手やプロスポーツ選手のように、人生をかけて競技に打ち込んでいるアスリートへの心理サポートでは、科学的知見に裏付けられた確かな援助技術が求められる。そのため臨床心理士やスポーツメンタルトレーニング指導士になるためには、学部から大学院修了までの6年間の学修で得た専門的知識に加え、現場での実習経験や指導教員によるスーパービジョンが課されている。2017年9月に法の施行により、公認心理師が国家資格として誕生したことから、上記の資格をもった者の活動が基礎となり、今後はもしかするとスポーツ公認心理師のような上位資格へと発展する可能性も期待される。

　一方、スポーツメンタルトレーニングにせよ、スポーツカウンセリングにせよ、そこで扱われる技法や知識は、トップレベルのアスリートだけでなく、一般のスポーツ愛好家や部活動を楽しむ生徒やプレーヤーにとっても活用できる場合が多い。したがって、日常的に彼らと接し、技術指導をするコーチやトレーナーが心理サポートの知識や技術を習得し、指導に活用することが望まれる。学術的基盤をもたないメンタルトレーナーやメンタルコーチが指導する例も見受けられるが、JATI資格をもつコーチやトレーナーには、スポーツ心理学の科学的知識に基づいて指導を実践することが求められる。

② メンタルトレーニングの活用

　スポーツメンタルトレーニングは「アスリートをはじめとするスポーツ活動に携わる者が、競技力向上ならびに実力発揮のために必要な心理的スキルを習得することを目的とした、スポーツ心理学の理論に基づく体系的で教育的な活動である。また競技力向上・実力発揮に加えて、心身の健康や人間的成長も視野に入れた活動である」と定義されている[6]。

　わが国におけるメンタルトレーニングの歴史は古く、1964年の東京オリンピックに向けたあがり対策において、リラクセーション技法やイメー

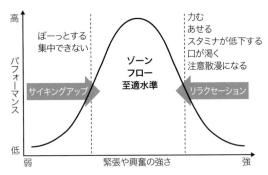

図2 ● 緊張・興奮とパフォーマンスの関係

ジトレーニングの技法を射撃選手に適用する試みがなされている。これらの心理技法に習熟することで、あがり予防に有効な心理的スキルを身につけ、競技力向上ならびに実力発揮に役立てようと考えている。

　図2は、緊張や興奮の強さ（覚醒水準）とパフォーマンスの関係を模式的に示したものである。この図からわかるように、緊張・興奮には至適水準があり（逆U字曲線）、緊張状態が高すぎるとあがりの徴候が生じ、パフォーマンスが低下する可能性が高い。このときに、リラクセーションスキルを身につけておけば、ゾーンやフローと呼ばれる至適水準まで、緊張状態を下げることができる。具体的には、呼吸法や漸進的筋弛緩法などが有効である。逆に覚醒水準が低すぎると、ぼーっとしてしまい集中できない状況が生じやすい。その場合は、短くて強い呼吸をしたり、アップテンポな音楽を聴いたり、実際に体を動かして心拍数を上げるなどしてサイキングアップをする必要がある。リラクセーションとサイキングアップは、心のエネルギーを調節する基本的な心理的スキルであり、日頃から習熟しておくことが有効である。

③ 代表的な技法と心理的スキル

　図3は、メンタルトレーニングの代表的な技法と主な心理的スキルを積み木に見立てて基礎から応用の順に並べて模式図にしたものである。メンタルトレーニングでは前述のリラクセーション技法を土台として、その上に中核技法であるイメージトレーニングを積み重ねることが大切である。

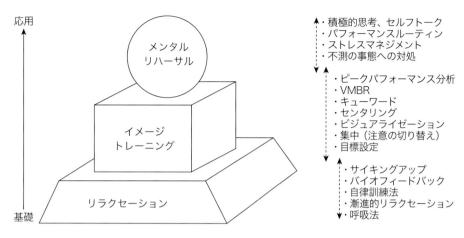

図3 ●代表的な技法と心理的スキル

(図中ラベル)

応用

メンタル
リハーサル

イメージ
トレーニング

リラクセーション

基礎

・積極的思考、セルフトーク
・パフォーマンスルーティン
・ストレスマネジメント
・不測の事態への対処

・ピークパフォーマンス分析
・VMBR
・キューワード
・センタリング
・ビジュアライゼーション
・集中（注意の切り替え）
・目標設定

・サイキングアップ
・バイオフィードバック
・自律訓練法
・漸進的リラクセーション
・呼吸法

そこでは、技術や動作の遂行場面を想像するだけでなく、理想的な心理状態を創造することで、練習やトレーニングへの意識が高まり競技力向上に役立つと期待できる。同時に様々な状況を鮮明かつ体験的にイメージすることで、本番での実力発揮にも役立つことが実験研究などからも実証されている。具体的には、目標設定と達成状況のビジュアライゼーション（視覚化）、集中や注意の切り替え、ピークパフォーマンス分析などのトレーニングが有効である。

　いよいよ本番が近づいたら、メンタルリハーサルを繰り返しておく。ここでは、イメージトレーニングの積み重ねの上に、本番のシミュレーションとして、不測の事態への対処、ストレスマネジメント、プラス思考やパフォーマンスルーティーンなどの心理的スキルを確認しておく。日本代表選手に対するメンタルトレーニング指導では、ウォームアップから国歌斉唱、プレパフォーマンスルーティーンから理想的なプレー遂行のイメー

ジ、表彰式での立ち居振る舞い、ミックスゾーンでのインタビューといった一連の流れをリハーサルしておくことが多い。部活動に取り組む生徒やスポーツ愛好家に対する指導でも、大事な場面でのメンタルリハーサルは、実力発揮に有効になると考えられる。

　ただし、急場しのぎで試合直前にリハーサルをしようとしても、緊張で足が震えているような状態ではリハーサルの効果は期待できない。図3で示したように、リラクセーションを土台にイメージトレーニングを積み重ね、競技力向上と同時に実力発揮への自信が高まってこそ、このメンタルリハーサルが有効となる。ここで紹介したメンタルトレーニングは身体練習と並行して、日々、こつこつと実施することが重要であり、それが効果を高める秘訣である。メンタルトレーニングが心の地道なトレーニングであると言われるのは、このためである。

4．スポーツカウンセリングの活用法

[1]カウンセリングマインド

　カウンセリングとは「言語的および非言語的コミュニケーションを通して、相手の行動変容を援助する人間関係である」と定義される[7]。カウンセリングの理論や技法には様々な立場や種類があるが、大きく「治すカウンセリング」と「育てるカウンセリング」の2つに分けることができる。

國分は、前者は精神科医や心理療法家が担当する治療であるのに対して、後者は誰もが遭遇する人生の課題に対する予防的・開発的な援助であるとし、教師や指導者にカウンセリングマインドをもつことを推奨した[7]。

コーチやトレーナーなどスポーツ指導者に求められるカウンセリングマインドとは、運動参加者の問題解決や行動変容など、自己実現の支援に役立つような人間関係を築くことである。そのためには、スポーツ指導に関してプレーヤーが安心して相談できるような信頼関係（ラポール）を築く必要があり、その基礎としてコミュニケーションスキルが求められる。コーチングにおける伝えるスキルに加え、カウンセリングマインドでは聴くスキルが重視され、特に傾聴、共感、受容の3つが求められる。

傾聴とは価値判断を挟まずに相手の話に全神経を集中して耳を傾けることである。共感は相手の立場になって傾聴することで、言葉にならなかった声も聴きとり、相手の感情を追体験したり、相手の立場で物事をみたりすることである。そして受容とは、そうせざるを得なかった気持ちを受け入れ、それを相手に伝えることである。傾聴、共感、受容といった言語的および非言語的コミュニケーションにより、プレーヤーとの間で深い信頼体験や感情交流に基づく人間関係を築くことが基盤となる。

②カウンセリングの理論

傾聴、共感、受容といったカウンセリングマインドをもつことがなぜプレーヤーの問題解決や行動変容を援助することにつながるのか。この説明には依拠する理論によって特徴がある。図4には代表的な3つのカウンセリング理論とその特徴を示した[8]。

行動理論（学習理論）は、認知行動療法のもととなる理論であり、人間は基本的に学習によって行動が変わると考えている。したがってこの立場の指導者は、プレーヤーの悩みに対して一定の答え（知識・技術）を提供することが多くなるだろ

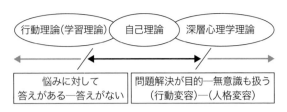

図4●代表的なカウンセリング理論　　　　　（文献8より）

う。例えば、試合で緊張して実力をうまく発揮できないという場合、あがりの予防のために呼吸法などリラクセーションスキルを教えることで問題が解決できると考える。

2つ目の自己理論は、心理学者カール・ロジャースの来談者中心療法を基盤にした理論であり、自己への気づきと洞察によって問題が解決すると考えている。プレーヤー自身が納得できる答えが出てくるまでその悩みに寄り添うことが多くなるため、助言やアドバイスよりも、支持的な関わりが多くなる。

3つ目の深層心理学理論は、無意識に目を向け、それを意識化することで人格の変容（成長・成熟）が起こると考える。学習理論や自己理論は行動の変容（例：あがりの予防）に焦点を当てているのに対し、深層心理学理論はあがってしまうそのプレーヤーのありよう（無意識的な動機）に着目しており、この点が大きな相違である。このタイプのコーチは、選手の動作や身体の訴えなどから、プレーヤーの心身の課題を感じ取り援助することができる。

このようにカウンセリング理論を知ることで、自身の指導の背景にある価値観にも気づくことができ、指導者としての資質や能力を向上させることができるだろう。

③プレーヤーズセンタード

これまでに紹介したように、コーチやトレーナーなどスポーツ指導者には、ティーチング、コーチング、カウンセリングなど対人援助に関わる心理学的知識や技能を活用し、新しい時代にふさわしいグッドコーチを目指すことが求められている。この考え方は、2012年に社会問題化したスポー

ツ指導における暴力・ハラスメント事案を受け、文部科学省に「スポーツ指導者の資質能力向上のための有識者会議」（タスクフォース）が設置され、新しい時代にふさわしいモデル・コア・カリキュラムが開発されたことによる[7]。図5に示す通り、グッドコーチに求められる資質能力の根幹（コア）には自身のコーチング哲学を支える思考・判断があり、それが実際の指導においてプレーヤーと良好な関係を築くための態度・行動につながり、そのうえで指導対象者に合ったスポーツ指導の知識・技能が求められると考えている。

　このモデルにおいて資質能力の根幹（コア）に指導哲学（思考・判断）を据えた理由は、「強くなるためには多少の体罰は許される（必要悪）」のような誤った考えと決別し、プレーヤーの成長を中心におくプレーヤーズセンタードなコーチングを目指すためである。この考えでは、従来のプレーヤー（アスリート）ファーストとは異なり、どこかに優先順位があるわけではなく、プレーヤーを中心におきながら、それを指導するコーチも自身の成長や幸福を追求することが求められる。グッドコーチの条件は学び続けることであり、サッカー元フランス代表監督のロジェ・ルメールの言葉通り「学ぶことをやめたら、教えることをやめなければならない」と考えられている。動機づけやメンタルトレーニング、スポーツカウンセリングの活用法を学ぶ理由は、より望ましい指導法の探索のためである。プレーヤーに個性があり個人差がある以上、それに対応する望ましい指導法はプレーヤーの数だけあるはずであり、学び続けることが求められている。

（土屋裕睦）

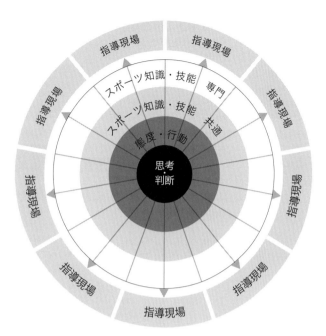

図5 ●コーチ育成モデル・コア・カリキュラム　　（文献9より）

▶引用・参考文献
1) 森直久: 心はどこにあるのですか? 心理学ワールド第50号, 2010.
2) 松田岩男, 鈴木清, 田中英彦, 近藤充夫, 市村操一, 太田哲男, 松永春代: スポーツによる性格治療の研究 (その1): 少年院におけるスポーツの指導法に関する研究. 体育学研究: 10-2, 107, 1966.
3) 厚生労働省: 21世紀における国民健康づくり運動 (健康日本21), 2013.
https://www.mhlw.go.jp/www1/topics/kenko21_11/b2.html#A25
4) 速水敏彦: 自己形成の心理—自律的動機づけ. 金子書房, 1998.
5) Ryan, R.M., & Deci, E.L.: Self-Determination Theory: Basic Psychological Needs in Motivation, Development, and Wellness. The Guilford Press, 2017.
6) 日本スポーツ心理学会: スポーツメンタルトレーニング教本 三訂版, 大修館書店, 2006.
7) 國分康孝: カウンセリングの理論. 誠信書房, 1980.
8) 土屋裕睦: スポーツカウンセリング. 荒木雅信 (編著) ここから学ぶスポーツ心理学改訂版, pp.98-107, 大修館書店, 2018.
9) 日本スポーツ協会 (当時は日本体育協会): 平成27年度コーチ育成のための「モデル・コア・カリキュラム」作成事業報告書 (スポーツ庁委託事業), 2016.

運動学習と指導法

1. 運動がうまくなるとは

1 うまい人は何が違うのか

(1)技術（テクニック）と技能（スキル）

良いパフォーマンスは様々な技術によって成り立っている。それを実行するためには技能が求められ、技能を高めるためには練習が必要となる。技術は良いパフォーマンスを生み出すテクニックであり、それを支える技能は練習によって身につくスキルである。

運動種目で求められる技術に着目すると、オープンスキルが必要な種目とクローズドスキルが必要な種目とに分けられる。球技や格技などのように対戦相手がいて、状況が常に変化するような解放された環境下で求められるのがオープンスキルである。一方、陸上競技や体操、競泳など、比較的変化の乏しい閉鎖された環境下で求められるのがクローズドスキルである。また1つの競技種目の中でも、両方のスキルが求められる場合もあり、たとえばテニスの場合、ラリーを打ち合っている場面では、刻々と変化する状況で予測や判断を行うオープンスキルが求められるが、サービスを打つ場合は、イメージどおりのショットをできるだけ正確に打つ、クローズドスキルが求められる。高い技術を身につけるためには、運動種目の特徴に合致したスキルの練習が必要となる。

(2)熟練者の特徴

運動がうまくなると共通して4つのスキルが向上すると言われている[1]。言い換えれば、うまい人に共通する特徴であり、それは状況判断、正確さ、素早さ、持続性である。運動種目の違いを超えて、初心者に比べ熟練者は、状況を的確に判断するスキルに優れている。そして、実際に運動をすると、その動作は正確で、素早いことが多い。さらに、正確さも素早さも、初心者に比べて長時間、持続させることができる。この4つのスキルを向上させることが運動指導のポイントとなる。

的確な状況判断には、状況を認知する能力に加え、変化を予測する能力に長けていることが求められる。正確さには空間を把握する能力や力量を調整する能力、タイミングをはかる能力などが複合的に関連している。一方、素早さには反応時間や切り替えの素早さが求められる。初心者では、素早さを求めれば正確さが失われるなど、両者にはトレードオフ（一得一失）の関係があり、正確に素早く動作ができること、そしてそれが長時間にわたって持続できる集中力やスタミナのあることは、熟練者の特徴である。したがって、それぞれの種目において、この4つのスキルを総合的に伸ばすことが指導の指針となる。

2 運動学習の段階

運動学習にはいくつかの段階があるが、ここでは初期、中期、後期（最終期）の3つの段階に分けて説明する[2]。

(1)初期段階

まず初期段階は、言語─認知化の段階と呼ばれる。習得しようとする動作を、指導者の言葉や教示、示範（模範的な動作を示すこと）をもとに、動作をイメージしながら理解しようとする段階である。中枢では大脳がフル回転して動作の指令を出しており、考えながらの動作となるため（随意運動）、素早さや正確性がなく、ぎこちない動き

になることが多い。過去に疑似的な技能を習得した経験のある場合は、その記憶をもとに初歩的な方策を立てて取り組むこともある。例えば、野球のバッティング経験のある人が、ゴルフのスイングを新たに学習する際に、長期記憶からバッティングのスイング動作の記憶を呼び出して、応用する例があてはまる。

⑵中期段階

学習の中期段階は運動化段階と呼ばれる。初期段階が言語─認知化、すなわちインプットの段階であったのに対して、中期段階では理解した運動や動作を実際に実施してみる、すなわちアウトプットが中心となる。ここでは、試行を繰り返しながら、モデルとなる指導者の示範や熟練者の動作と、自身がアウトプットした動作とを比較し、そのギャップを埋めつつ理想とする動作に近づける、トライ&エラー（試行錯誤）の作業が繰り返される。視覚情報をいかに自身の筋感覚情報へつなげて、動作のイメージを把握できるか、つまり運動プログラムの獲得が課題となっている。この段階での上達には個人差が大きくなるため、指導者の関わりが重要となる。

⑶後期段階

初期から中期の段階を経て、後期（最終）段階は、自動化段階と呼ばれる。中期段階で獲得を目指した運動プログラムが、大脳の関与がなくても自動的に、あるいは反射的に行われる状態を目指す。ここでは、反復練習を通じて随意運動が不随意運動へと変わり、いわば「身体が覚えた状態」が目指される。動作は自動化しているので、正確で素早く、円滑に持続して遂行される。また状況判断能力も向上しており、異なる状況ではそれに対応した動作の調整やコントロールが可能となる。時折、自転車に乗りながら携帯電話で話をしている若者を見かけたりするが、自転車に乗るという動作が自動化されているからこそできることである。しかし、注意のほとんどは携帯電話での会話に注がれており、きわめて危険な運転であることは言うまでもない。

③学習のプロセスとパフォーマンス曲線

学習のプロセスには個人差が大きい。横軸に時間（運動の経験量）、縦軸にパフォーマンス（出来栄え、運動の習得状況）を図示すると、図1に示すような4つの学習曲線が想定される。1つ目の直線型は学習者の能力と習得すべき課題が合致している理想的な例であるが、実際の指導現場ではこのような例はほとんど見ることはなく曲線になることが多い。例えば2つ目の負の加速曲線型では、初期段階から中期段階、後期段階にかけて一気にパフォーマンスが向上するが、その後パフォーマンスに伸び悩みが生じている。一方、これとは逆に3つ目の正の加速曲線型は、課題が複雑でとっつきにくく、また学習者の能力が十分でないような場合に生じうる。幼少期から専門種目を始める場合、最初は「遊び」として行う期間が長く、その後徐々に学習が加速する場合などにおいて、この曲線があてはまる。そして上記2つの曲線を組み合わせたS字型曲線もある。

長期にわたってみればこれらを複合したような曲線を確認することが多い。筆者は日本オリンピック委員会の科学サポート部門の調査研究の一環として、トップアスリートに対してインタビューを行い、パフォーマンス曲線とその変化を

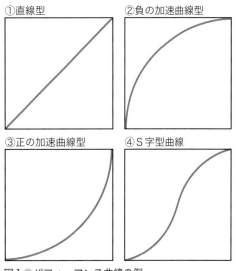

図1●パフォーマンス曲線の例

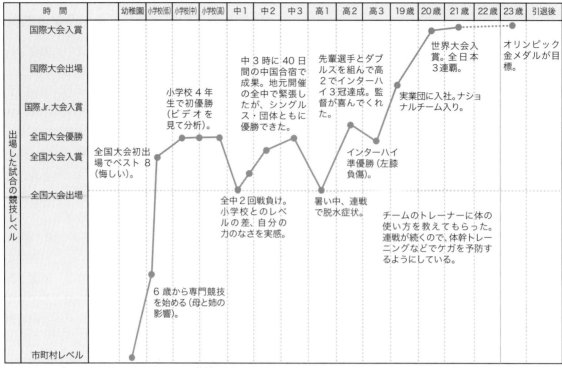

時　間		幼稚園	小学校(低)	小学校(中)	小学校(高)	中1	中2	中3	高1	高2	高3	19歳	20歳	21歳	22歳	23歳	引退後
出場した試合の競技レベル	国際大会入賞																
	国際大会出場																
	国際Jr.大会入賞																
	全国大会優勝																
	全国大会入賞																
	全国大会出場																
	市町村レベル																

中3時に40日間の中国合宿で成果。地元開催の全中で緊張したが、シングルス・団体ともに優勝できた。

小学校4年生で初優勝（ビデオを見て分析）。

先輩選手とダブルスを組んで高2でインターハイ3冠達成。監督が喜んでくれた。

世界大会入賞。全日本3連覇。

オリンピック金メダルが目標。

全国大会初出場でベスト8（悔しい）。

実業団に入社。ナショナルチーム入り。

インターハイ準優勝（左膝負傷）。

全中2回戦負け。小学校とのレベルの差、自分の力のなさを実感。

暑い中、連戦で脱水症状。

チームのトレーナーに体の使い方を教えてもらった。連戦が続くので、体幹トレーニングなどでケガを予防するようにしている。

6歳から専門競技を始める（母と姉の影響）。

図2●トップアスリートのパフォーマンス曲線の例　　　　　　　　　（文献3をもとに作成）

もたらした要因に関するヒアリング調査を行ってきた[3]。図2に示すように、そのパフォーマンス曲線は、プラトー（高原現象）やスランプ（停滞現象）に直面し、山あり谷ありの様相を見せる場合も少なくない。興味深いことに、オリンピック金メダリストを含む、トップアスリートの多くがプラトーやスランプを経験しており、コーチやト

レーナーからの指導やスポーツ医・科学サポートの利活用によって、その後飛躍する例が確認された。実際、図2に示したアスリートは、その後オリンピック金メダリストになっている。プラトーやスランプの時期では、パフォーマンス自体は停滞しているものの、心理学的に見れば、質的変化のための準備期間であったと見ることも可能である。

2.　運動学習理論

1 情報処理モデル

運動学習の初期から中期、後期段階へと移行する中でスキル獲得が進むのは、どのような心理学的メカニズムによるものか。それを考える際に、図3に示した情報処理モデルが役立つ。このモデルでは、刺激の入力から情報処理、そして反応の出力までに生じる心身の機能を示しており、例えば、跳び箱が跳べるようになるまでのプロセスは以下のように説明することができる。

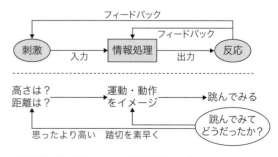

図3●跳び箱を跳ぶための情報処理モデル

まず跳び箱を前にすると、私たちはその高さや踏切までの距離といった刺激が感覚受容器である目から入力される。他の生徒の応援やアドバイスが耳から刺激として入力されることもあるかもしれない。その刺激をもとに跳び箱を跳ぶといった動作をイメージする。ここでは、中枢神経系（大脳から脊髄）で情報が処理され、運動プログラムの構築が進む。そして実際に跳んでみる、すなわち、運動神経を通じて手、足の筋といった効果器に伝えられ、運動が出力されるというプロセスとなる。

実際に跳んでみると、その結果が感覚神経を通じて中枢にフィードバックされる。もし跳び箱の上に乗りあげてしまったのであれば、思ったより高かったというフィードバックが刺激の入力を修正し、そして踏切をもっと素早くすべきだったというフィードバックが中枢における動作のイメージに伝えられ修正が行われる。何度も繰り返して練習するうちに、上記のようなエラーが検出されては修正され、やがて、高さに応じて跳び箱を跳ぶという運動プログラムが確立される。

② 運動プログラムの自動化

運動学習が中期段階から後期段階へ進むと、運動プログラムの自動化が進むため、大脳を中心とした中枢の情報処理はほとんど関与しなくなり（不随意運動）、運動遂行に配分していた注意の量を、例えば状況判断等に向けることが可能となる。高さや踏切位置が変わっても安定して跳べるようになるのはそのためである。

運動プログラムを実感するために、利き手でないほうで名前を書いてみる。普段は行わない動作にもかかわらず、比較的スムーズに名前を書くことができるだろう。これは、名前を書くという運動プログラムがすでにでき上がっており、その出力を非利き手で行っただけ、という風に考えることができる。一方、「片方の手で頭をタッピングしながら、もう一方の手でおなかを撫でてみる」という課題にも挑戦してみる。そうすると、最初は頭もおなかもタッピングしてしまったり、それ

を修正しようとすると今度は両方を撫でてしまったりするかもしれない。これは「タッピング」「撫でる」というそれぞれ別の運動プログラムがすでに備わっており、それが出力段階でぶつかり合ったため、と説明することができる。しばらく続けてみると、エラーの検出・修正を経て、「頭をタッピングしながらおなかを撫でる」という新しい運動プログラムができあがる過程を実感することができるだろう。

③ フィードバックの重要性

運動学習の情報処理モデルでは、運動の上達には運動プログラムが確立し自動化することが目標であり、その過程でフィードバックが重要になることを確認した。フィードバックは実際にやってみてどうだったかという結果の知識（knowledge of results）に基づいており、本人だけでなく、指導者がどのように与えるかによって学習の進み方に影響を与える。

たとえばフィードバックを与えるタイミングは重要である。パフォーマンスの遂行後、結果の知識を即時に与えるか、あるいは遅れて与えるかによって学習効果の異なることが知られている。一般的には即時フィードバックが好ましいと考えられがちだが、同時にその弊害も指摘されている。その1つとして、常に即時フィードバックが与えられると、自身の動作感覚と照らし合わせる内在的フィードバックが阻害され、むしろ遅延フィードバックを利用したほうが結果的に学習効果の高くなる可能性も示されている。

次にフィードバックを与える頻度について考えてみよう。例えば毎回与える条件（100%群）がよいのか、あるいは2回に1回与える条件（50%群）がよいのかを実験的に比べると、練習段階において学習効果に差は認められなかったものの、その2日後に実施された保持テストでは50%群のほうが高い成績を示した。先の即時フィードバックの例と同じく、フィードバックの与えすぎには注意が必要であることを示している。

他に、学習者の習熟の度合いに比例して、徐々

にフィードバックを減らしていく方法や、あるいは学習者が求めたときだけフィードバックを与えることの有用性なども示されている。「できた・できなかった」という結果の知識のみに過度に依存させないように配慮しながら、適切なタイミングと頻度でフィードバックを与えることができれば、運動プログラムの精緻化と同時に、練習への動機づけを高めることにもつながると考えられる。例えば、上達のこつやアドバイスはパフォーマンスの知識（knowledge of performance）と呼ばれ、改善点に関わる的確な教示が、運動学習を加速させることが示されている。

3. 効果的な指導法

1 練習方法の工夫

運動学習に関わる研究成果を活用することで、対象者に合わせたより望ましい練習方法を考えることができる。

⑴集中法と分散法

練習スケジュールについて考えてみる。毎週、月、水、金を練習日とするような、間にほかの活動や休息を入れて練習を行う場合を分散法と言う。それに対して、例えば1週間にわたって連続して強化合宿を行うような場合を集中法と呼ぶ。集中法であっても、練習の合間に適切な休息が必要であることは言うまでもないが、新しい技術や複雑な技術の習得では、むしろ時間間隔をあけることで学習した内容が保持されることが確かめられている。

そのメカニズムは、習得したスキルが短期記憶から長期記憶へと移動するためと想定されており、忘れかけたタイミングで学習することが効果を上げると考えられている（分散効果）。したがって、初心者指導の場合は分散法が適していると言えるだろう。

一方、学習者の動機づけが高く、身体的にも心理的にもスタミナのあるような熟練者の場合、集中法で練習を積むことで、技能の一層の安定や応用力の向上が期待できる。学習する内容（質と量）と、学習者の条件（技能水準、動機づけ）により、集中法と分散法のそれぞれの特徴を理解して、練習スケジュールを組むことが重要である。

⑵ブロック練習とランダム練習

次に1回の練習の組み立てについて考えてみる。テニスの練習を1時間行う際に、サーブ、フォアハンド、バックハンド、スマッシュの練習をそれぞれまとまりに分けて順に行うような練習をブロック練習と呼ぶ。一方、これらを無作為に組み合わせて行う練習をランダム練習と呼び、その効果を比較する実験がされている[4]。

その結果、練習段階ではブロック練習のほうが各技術の習得が進むものの、保持テストおよび転移テストでは、ランダム練習のほうが高い得点を示す逆転現象が確認された（文脈干渉効果）。

ブロック練習は練習時に技術の上達を実感できるため、ドリルのように固定化されて採用されることが多いが、その後の落ち込みの大きいことが特徴である。一方、ランダム練習は多様性の練習でもあり、対象者には大きな負担になる一方で、技術の定着に役立つことが示されている。また、ブロック練習のような分習法と、学習課題をひとまとめにして練習する全習法との比較では、学習

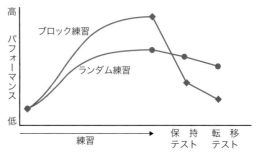

図4●ブロック練習とランダム練習のパフォーマンスの変化　　　　　　　　　　（文献4より）

者の技能の範囲であれば、実践を想定した全習法のほうが有効であることが示されている。したがって、対象者に合わせてブロック練習とランダム練習をうまく活用することが望まれる。

2 コーチング方法の工夫

(1)言葉がけの工夫

　フィードバックの重要性を論じる中で、そのタイミングや頻度について、本人の主観や主体的に振り返ることの大切さに言及した。これに加えて、人間のワーキングメモリの研究では、私たちが短期的に記憶できる量はせいぜい7±2の範囲だとも言われており、1回の指導でいくつもの事柄を伝えても、学習者には理解できない。以上から、実際のコーチング場面では、本人の求めるタイミングで、本人に伝わるような表現を用いて指導する必要がある。そのためには、簡潔でかつ具体的な言葉を用いることのほか、動きのイメージなどは比喩的な表現や擬音語・擬態語をうまく使用するとよい。これらはオノマトペと呼ばれ、動作のパワーやスピード、タイミングやリズムなど、いわゆる「こつ」を端的に伝えることに役立つ。

(2)主体性を伸ばす関わり方

　また学習者の主体性を伸ばす、プレーヤーズセンタードなコーチングでは、「…しなさい」といった指示（tell）だけでなく、「…をしてみてはどうか」「…というやり方もあるよ」という提案（sell）や、「今どんなところを意識したの？」「…はどんな感じ？」といった質問（ask）、さらに「しばらく自由にやってごらん」のような委譲（delegate）をうまく使い分けることが推奨されている。学習者を中心とした指導が目的であることから、ポジティブな言葉がけに気を配ることが大切である。「失敗するな」のような否定語や、「…しないなら試合に出さない」のように圧力をかけるような言葉は、内発的な動機づけを下げるため、使用すべきではない。

(3)教材の工夫

　動画教材を活用し、視覚的な情報を用いて指導することで、言葉では伝えづらい内容を理解させることができる。特に映像をスローモーションで流したり、静止画を拡大したり、見る角度を変えたりすることで、姿勢や体重移動、力の入れ具合や筋運動感覚の手がかりを得ることができる。視覚教材の他にも、チューブやラダー等の補助器具を活用することで、身体の一部を固定して動作の正しい感覚を身につけたり、好ましい反応を自然に導いたりすることができる。

3 個人差への対応

　効果的な指導の最も重要な鍵は、プレーヤーの個人差に対応できるかどうかにかかっている。これまで習熟度などの能力差や動機づけの違いについて言及したが、それ以外にも性差や性格特性、発達差など個人差を生み出す要因は様々である。

(1)性差

　一般に女性は男性に比べ、生理的には持続力があり心理的には感情的、依存的、受動的といった特徴が指摘される[2]。男性は短い時間で集中的に練習するのに対して、女性の指導では時間をかけて丁寧に、かつ感情面で細やかな配慮が求められる。個別の相談に応じつつ、全員に公平に接することも重要である。それに比べて男性は自尊心やプライドが高く、必要以上に細かな指示をされることを嫌う傾向が強いと言われている。

　これらは調査研究から見出された統計的な知見であり指導の心構えとして役立つ反面、この知見がジェンダーバイアスや性差別につながる固定観念にならないよう注意が必要である。実際の指導では、性差だけでなく性格特性にも配慮した指導が求められる。

(2)性格特性

　性格特性のうち、外向性—内向性を基準に両者の志向的・行動的な特徴をまとめると表1のようになる。外向的な人は外界に対して興味があり社交的である。そのため他者との交流が活発で、細かなことを反復して練習するよりも、多少不十分でも早く上達を目指すような螺旋階段方式の練習を望む傾向がある[2]。これに対して内向的な人は自身の内界に興味があり、内省的であり他者と交

表1 ●性格特性と指導時の特徴

特徴／特性	外向的性格	内向的性格
志向（好み）	スピードを好む	正確性を重視
運動向容	力強い大筋活動	細かい小筋活動
緊張度	高いほうがよい	低いほうがよい
個人変動	大きい（不安定）	小さい（安定）
動機づけ	社会的動機(名誉、賞)	達成動機(進歩、成長)
練習の特徴	螺旋階段方式	積み上げ方式

（文献2をもとに作成）

流するよりも個人でこつこつと取り組む、積み上げ方式を好む傾向がある。

(3)発達差

　私たちは生まれてから死ぬまで、ライフサイクルを生きていく。身体の発育・発達と同じように、心も人生の段階に応じて分化と統合を繰り返し、変化しながら発展していく（生涯発達）。ライフサイクル論では、出生から、子ども、大人、そして高齢者に至るそれぞれの年代にはそれぞれの発達課題があるとされ[5]、それが運動やスポーツへの関わり方にも色濃く反映されていると考えられる。たとえば学童期であれば「勤勉性vs劣等感」の対立図式において「自分はできる」という自己効力感（自信）の獲得が課題となっており、この時期の運動・スポーツの指導ではより肯定的な言葉がけや成功体験の積み重ねが求められる。

　思春期から青年期にかけては「自分は何者であるか」といった自我同一性の「確立 vs 拡散」の対立図式の中で生きており、第二次性徴や性的欲求の衝動といった身体的変化に揺れ動きながら、家族からより広い社会の中で居場所を求め自分のあり方を模索する。中にはスポーツに打ち込むことで自分のアイデンティティを確立しようとする者もいて、より高い競技レベルを目指して専門的な指導を求められる場合もある。

　成人期では「親密性 vs 孤立」の対立図式の中、家族以外の他者（パートナー）と親密な関係を構築し、新しい家族の一員として生きていくことが求められ、さらに壮年期・中年期では次の世代をどう育てていくかといったライフステージを生きていく。社会的責任も大きくなり、心理的ストレスから生活習慣病のほか、うつ病や神経症などの精神的不調も生じやすい。その予防のためにも生涯スポーツの実践がきわめて重要であり、それに役立つような指導が求められる。そして老年期では「統合 vs 絶望」の対立図式の中、自身の衰えや死を前にして人生をどうまとめるかという最大の発達課題に向き合うことになる。超高齢化社会にあって、彼らの心理・社会的な幸福（ウェルビーイング）に寄与するような運動・スポーツ指導のあり方が検討されなければならない。

4. 集団の活用

1 チームワーク

　運動を個人で行う場合と集団（グループ）で行う場合では、どちらが好ましい影響をもたらすだろうか。この問いは、集団になることのメリットとデメリットの差し引きで考えることができる。集団になることのデメリットには、社会的手抜き（social loafing）と呼ばれる現象が古くから知られており、共同作業を行う人数が増えるほど個人の力量発揮の度合いが減ることが実験的に確かめられている。メンバーが増えることで、意識的にも無意識的にも、手を抜く、つまり役割を果たさなくなることが問題となる。

　先に、個人の内発的動機づけを高めるためには自律性、有能性に加えて関係性への欲求を充足させる必要のあることに触れた（p.165参照）。運動参加の場面では、メンバー間に心と心の触れ合いや感情面での温かい交流などが感じられるような雰囲気があると、個人の動機づけが高まり、集団としての生産性も高まる。これが集団になることのメリットの1つである。

　集団に共通する目標が設定され、我々意識が生

まれると、集団はチームとして機能するようになる。一人一人にはチーム目標を達成するための明確な役割が与えられ、お互いにライバルと認め合い切磋琢磨したり（共行動効果）、お互いに励まし合ったりすると（応援効果）個人の努力量が増し、社会的促進現象が生まれる。さらにチームとしてお互いの足りないところを補い合ったり、異なる役割を共同して遂行したりすること（分業的協同）で、集団としての生産性を上げることができる。これをチームワークと呼ぶ。

チームワークが発揮された状態では、メンバー個人の総和を超えてチームが生産性を上げる場合のあることが報告されている。とりわけオリンピックにおける日本のチームスポーツでは、個人ではメダルに届かなくても団体戦やリレーになるとメダルを獲得するといったことが度々起こり、その背景にチームワークの効果が指摘されている。

② リーダーシップ

(1) PM型リーダーシップ理論

チームワークを高めるためのコーチや指導者のメンバーへの関わりをリーダーシップと呼ぶ。これまで望ましいリーダーシップとはどのようなものかについて、膨大な研究がなされてきた。優れたリーダーにはどのような特性があるかを調べる特性論や類型論などがあり、社会心理学者、三隅二不二のPM理論によれば、リーダーシップには、①目標達成機能（Performance：P機能）と②集団維持機能（Maintenance：M機能）の2つがあるとされている[6]。

P機能とは、チームのパフォーマンスを上げるために、メンバーに対して目標を達成するよう働きかける行動がその例である。他方、M機能はチーム内の人間関係を円滑にするため、小集団の対立を防ぎ、メンバーをチームにとどまらせようとする行動に特徴づけられる。図5には、スポーツ指導場面におけるそれぞれの行動例を挙げておいた。これによりいずれにもあてはまらないpm型、目標達成行動をとることの多いPm型、集団維持行動をとることの多いpM型、いずれの行動もとる

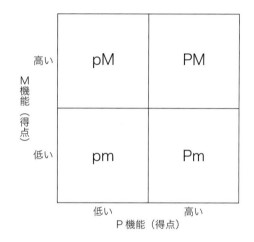

目標達成（P）機能を重視する行動例
・メンバーを最大限に活動させる
・練習量や規則を厳しくする
・指示や命令を頻繁に与える
・犯したミスの原因を追及する
・活動の経過報告を求める
・計画を綿密に立て細かく指示する

集団維持（M）機能を重視する行動例
・メンバーを支持・理解・信頼する
・好意的に気軽に話しかける
・能力発揮の機会を配慮する
・良いプレーは認める
・公平を心がけ、集団内に問題が起きたときは耳を傾ける
・気まずい雰囲気があるときは、ときほぐす心配りをする

図5 ● PM機能別にみた具体的な行動例と4類型

ことができるPM型リーダーの4類型に分けられる。PM理論では両機能の相乗効果としてその重要性が主張されており、様々な研究において、Pm型やpM型に比べ、PM型のリーダーの下でチームワークの高まることが明らかになっている。

(2) 状況対応型リーダーシップ理論

一方、メンバー（フォロワー）の成熟度によって、有効なリーダーシップスタイルが異なると考える状況対応型の理論（Situational Leadership theory：SL理論）がある[7]。この理論では、図6に示すように、縦軸を援助的行動、横軸を指示的行動の強さとして4象限に分け、メンバーの成熟度に合わせて、指示型、コーチ型（説得型）、援助型、委任型のように、有効なリーダーシップを使い分ける必要があると考えられている。畑が提

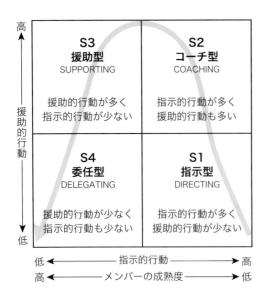

図6●状況対応型のリーダーシップ理論

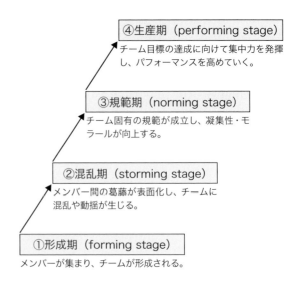

図7●チームの成長段階（タックマンモデル）

唱するボトムアップ指導[8]では、高校の部活動において、入部当初は細かくガイダンスを行い、その後部員の成熟度に合わせて、図中の太い矢印に示した通り、指示的行動から援助的行動へと関わり方を変化させ、最終的には練習メニューや試合に出場するメンバーの決定も部員たちに委任する生徒主体の指導で実績を上げ注目されてきた。このボトムアップ指導はSL理論を実証した好事例と言えるだろう。

③ チームビルディング

　チームビルディングとは、スポーツメンタルトレーニング指導士のような訓練を受けた専門家が、チームに働きかけてメンバー間の相互作用を改善し、目標達成に向けてチームワークが高められるよう支援する、組織開発の手法を用いた心理サポートのことである。

　スポーツチームはコーチやキャプテンのリーダーシップの下、チーム目標の達成を目指して成長する。そこには①形成期、②混乱期、③規範期、④生産期という、特徴的な4つの段階のあることが報告されてきた（図7参照）。チームビルディングでは、各段階における課題をうまく解決し、生産期においてチーム目標を達成できるよう支援

することが目標となる。そのアプローチは直接的か間接的かで、大きく2つに分けられる。

(1)直接的アプローチ

　直接的アプローチとは、コーチやキャプテンから依頼を受けたスポーツメンタルトレーニング指導士が、チームに出向いてメンバーに直接働きかける方法である。実施されるアクティビティには、野外活動や冒険教育（例：プロジェクト・アドベンチャー）、集中的グループ体験(例:構成的グループ・エンカウンター) 等がある。そこでは、チームに課題を与え、その解決に向けた試行錯誤の過程でチームワークを高めようとするものが少なくない。図7に基づけば、アクティビティを通じてメンバーに安全な形で「混乱期」を体験させ、チームの成長を推し進める活動であると考えることができる。

(2)間接的アプローチ

　これは組織風土へのアプローチといわれ、チームのリーダー、すなわちコーチやキャプテンへのコンサルテーション（情報提供や心理支援）が活動の中心となる。例えばリーダーシップ機能(例:PM機能）の向上、あるいはメンバーとのコミュニケーションスキルの改善を目指すワークショップの実施などがあてはまる。スポーツメンタル

レーニング指導士がチームのメンバーに直接働きかけなくても、リーダーの行動変容を通じて、チームの組織風土の改善ならびにチームワークの向上がもたらされると考える。

　コーチやトレーナーがチームビルディングの手法を活用することで、指導するチームの雰囲気を改善したり、参加者間のコミュニケーションを活発化させたりすることができる。ただし、いくつかの留意すべき点もある。例えば、チームビルディングのアクティビティでは、集団凝集性（チームのまとまり）や集合的効力感（チームとしての自信）を高めるような内容が採用されやすい。チーム内に高揚感や仲間意識が生まれる一方で、集団圧力が特定のメンバーに向かい、思わぬ形で人間関係の課題や軋轢が露呈したり、メンバーの誰かを傷つけたりするようなことも生じやすい。実施にあたっては、チームのグループダイナミクス（集団力動）を見極めることが重要であり、必要に応じてスポーツ心理学の専門家と相談しながら進めることが有効となる。

（土屋裕睦）

▶引用・参考文献
1) 大築立志:「たくみ」の科学. 朝倉書店, 1988.
2) 日本スポーツ協会: スポーツの心理Ⅰ. 公認スポーツ指導者養成テキスト―共通科目Ⅱ. 広研印刷株式会社, 2018.
3) 日本オリンピック委員会:「トップアスリート育成のための追跡調査」報告書〈第Ⅰ報〉, 2014.
4) 新畑茂充・関矢寛史: やさしいメンタルトレーニング―試合で最高の力を発揮するために. 黎明書房, 2001.
5) エリクソン, E.H. 村瀬孝雄, 近藤邦夫訳: ライフサイクル, その完結. みすず書房, 1989 (Erikson, E.H. 1982, The Life Cycle Completed: A Review)
6) 三隅二不二: リーダーシップ行動の科学. 有斐閣, 1978.
7) ブランチャード, K. 小林薫 (訳): 1分間リーダーシップ. ダイヤモンド社, 1985.
8) 畑喜美夫: 図解 ボトムアップ理論. ザメディアジョン, 2019.

索　引

付録：JATIトレーニング指導者の行動規範

　特定非営利活動法人日本トレーニング指導者協会は、国内のスポーツ選手の競技力向上や一般人の健康・体力増進等に貢献するために、トレーニング指導者に対する行動規範を制定する。

　トレーニング指導者とは、「対象者や目的に応じた科学的根拠に基づく適切な身体運動のトレーニングプログラムを作成し、これを効果的に指導・運営・管理するための知識と技能を持つ専門家」を指すものとする。

1．法令、規則、規程、国際ルール、社会的規範を遵守し、社会的な信用や品位を損なうような言動を慎み、トレーニング指導者としての地位の向上に努めます。

2．すべてのトレーニング実施者に対して公平に接し、誠実、丁寧な対応をもとに個人情報の保護や機密保持に努めます。

3．トレーニング実施者の目標達成に努力を惜しまず、創意工夫によって、最大限の能力を発揮します。

4．常に進歩、発展するスポーツ医科学に関する情報の収集と、自身の実技技能の向上に努めます。

5．科学的根拠に基づく適切なトレーニングプログラムの作成・提供に責任を持ち、安全で効果的な実技指導に努めます。

6．経験や勘だけに頼るのではなく、定期的に適切な測定と評価を行い、測定結果に基づいたトレーニングプログラムの作成や実技指導に努めます。

7．トレーニングの実施者に対して、正しい知識や情報をわかりやすく伝達するとともに、トレーニングに対する意欲を向上させる働きかけを行います。

8．トレーニング施設や器具の維持、点検、整備を行い、安全で清潔なトレーニング環境の提供に努めます。

9．他分野の専門家や関係者との協力、連携、良好な人間関係の構築に努め、必要に応じて助言を得ます。

10．万一の事故や傷害発生に備え、緊急時の対応システムを整備し、十分な訓練を定期的に行います。

11．万一、本規範に反する事態が発生した場合には、迅速に原因究明し、再発防止に努めます。

トレーニング指導者テキスト 理論編　3訂版

©Japan Association of Training Instructors, 2009, 2014, 2023

NDC780/xi, 193p／26cm

初　版第 1 刷—————	2009 年 1 月10日
改訂版第 1 刷—————	2014 年 3 月30日
3訂版第 1 刷—————	2023 年 2 月20日
第 2 刷—————	2024 年 3 月 1 日

編著者—————	NPO法人 日本トレーニング指導者協会
発行者—————	鈴木一行
発行所—————	株式会社 大修館書店
	〒 113-8541　東京都文京区湯島 2-1-1
	電話 03-3868-2651（販売部）　03-3868-2297（編集部）
	振替 00190-7-40504
	[出版情報] https://www.taishukan.co.jp

装丁者—————	井之上聖子、石山智博
組 版—————	加藤　智
イラスト—————	石川正順、落合恵子、彩考、サンビジネス、精興社
印刷所—————	横山印刷
製本所—————	難波製本

ISBN978-4-469-26947-5　Printed in Japan

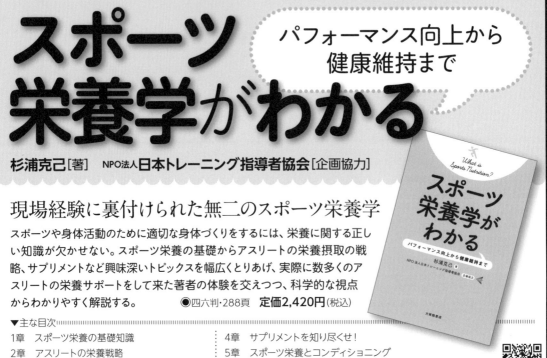